MANUEL
DES CONTRIBUABLES,

OU

RECUEIL contenant les Lois fondamentales, les Actes du Gouvernement, ainsi que les Instructions et Décisions ministérielles concernant les Contributions directes,

Adaptés au nouveau régime administratif;

A L'USAGE

DES Préfets, Sous-Préfets et Maires, pour la répartition des Contributions;

Des Directeurs, Inspecteurs et Contrôleurs, pour la formation des rôles;

Des Receveurs généraux, Receveurs particuliers et Percepteurs, pour le recouvrement;

Des Contribuables, pour les guider dans leurs réclamations.

PAR J.-G. DULAURENS,

Directeur des Contributions du département du Rhône.

IIIe. SUPPLÉMENT POUR L'AN XII.

A PARIS,
CHEZ RONDONNEAU, AU DÉPOT DES LOIS,
PLACE DU CAROUSEL.

AN XI.

NOTICE

De divers ouvrages nécessaires aux fonctionnaires attachés à la direction des Contributions.

Manuel des Contribuables, avec le Ier. et le IIe. supplément, pour les années X et XI, par J.-G.-Dulaurens, 3 vol. *in*-8°. 6 fr. — 7 fr. francde port.

Code des Cautionnemens par le même, avec le supplément, *in* 8°. 1 fr. 50 c. — 2 fr.

Guide des Percepteurs des Contributions publiques, par M. P*** ex-receveur des Contributions, *in*-8°., 1 fr. 50 c. — 1 fr. 80 c.

Code du timbre et de l'enregistrement, 1 fr. 50 c. — 2 fr.

Barême décimal par Aubry, *in*-24, 1 fr. — 1 fr. 25 c.

Manuel pratique et élémentaire des poids et mesures et du calcul décimal, par Tarbé, 1 fr. 50 c. — 2 fr.

Traité des mesures générales et de localités ou Manuel métrique, administratif et élémentaire de la contribution foncière, comparée aux nouvelles mesures, par J.-B. Renard, contrôleur des contributions, 2 vol. 6 fr. — 8 fr. 50 c.

On trouve dans le même établissement les éditions ci-après, très-exactes, et très-correctes du Code civil.

Code civil ou Recueil contenant le texte des lois décrétées en l'an 11, avec tables chronologique et alphabétique de matières, *in*-8°., caractère cicéro, beau papier, 1 fr. 80 c. — 2 fr. 40 c. franc de port.

Le même, format de poche, *in*-32, jolie édition, 1 fr. 20 c. — 1 fr. 50 c.

AVERTISSEMENT.

L'ASSENTIMENT que le ministre des finances a bien voulu donner à la publication du 3e. supplément du manuel des contribuables pour l'an 12, a été pour moi un nouveau motif d'apporter le plus grand soin au choix et à la réunion des objets qui le composent.

Je n'ai rien changé à la forme de ce recueil; les divisions en sont toujours les mêmes, et se rapportent aux quatre parties constitutives de l'impôt.

Il contient les lois, leurs motifs, les rapports auxquels elles ont donné lieu au tribunat et au corps législatif, les instructions ministérielles et les décisions propres à assurer et à faciliter l'exécution de ces mêmes lois.

On regrette infiniment de n'avoir pu réaliser le projet qu'on avait d'adord conçu, de placer à la tête de ce code, les comptes rendus par le ministre des finances. Mais ces comptes, pour être bien entendus, doivent nécessairement être accompagnés de leurs tableaux, et le cadre étroit dans lequel le manuel est circonscrit, ne comporte pas des travaux d'une aussi vaste étendue.

Ces comptes sont d'ailleurs aujourd'hui entre les mains de tout le monde; et il serait difficile après le sentiment que l'on a dû éprouver soi-même à leur lecture, d'ajouter quelque chose à l'idée qu'en a donnée le citoyen Arnould, dans la quatrième partie de son discours au Corps législatif où il présente les considérations générales sur l'administration des finances.

« Les comptes de finances, dit cet orateur, ont fait époque dans l'administration et dans la politique de la France, depuis Colbert qui dut peut-être son élévation aux comptes secrets qu'il remit à Louis XIV sur la gestion du surintendant Fouquet, jusqu'à l'heureuse innovation du compte rendu public en 1781. »

» Les débats qui, dans ces derniers temps, suivirent la publicité des comptes de finances, démontrèrent, par le conflit des jugemens sur leurs élémens et sur leurs résultats, que ces comptes avaient des vices de rédaction, dont la source était dans la marche défectueuse de l'administration des deniers publics.

» En effet, les comptes publiés par l'ancien Gouvernement pour les années 1788 et 1789, quoique les plus détaillés et les plus complets qui aient été formés jusqu'alors, étaient sensiblement imparfaits.

» Pour remédier à ces vices, l'*Assemblée constituante* avait tracé le plan et posé les bases d'une organisation du trésor public; mais dix années de troubles suspendirent cette utile exécution. C'est à partir de l'an 10, que les comptes du trésor public et des finances ont acquis pour la première fois le degré de perfection qui offre à la rédaction de chacun d'eux, pour ainsi dire, le contrôle l'un de l'autre.

» Il serait superflu, citoyens Législateurs, de vous retracer les parties de cette concordance qui attestent aujourd'hui l'exactitude de ces mêmes comptes. Vous avez été mis à portée, par le Gouvernement, d'en méditer l'ensemble comme d'en suivre les détails dans l'intérêt de vos commettans. Chaque citoyen même peut pénétrer à loisir dans toutes les ramifications des dépenses des différens exercices, à l'inspection des tableaux spéciaux qui, dans le compte *du trésor public*, présentent le développement, par chapitre et par article, des payemens effectués à chaque époque, et imputables sur les crédits des ministres et de la dette publique, conformément à la division et à la nomenclature déterminées par l'arrêté du 1er. nivose an 9.

» Si le compte du ministre du trésor public offre specialement sur *les dépenses* des bases fixes de méditation, celui du ministre des finances fournit, sous le point de vue des *recettes*, des rapprochemens à faire qui donnent la mesure de la surveillance générale et particulière exercée par un ministre probe et éclairé, sur chaque partie des revenus publics.

» Ces derniers rapprochemens n'ont point échappé au *Tribunat*. Un orateur y a remarqué que, malgré que les améliorations dans les produits des impôts sur les transactions et les consommations, fussent indubitablement un des effets de la paix, le résultat de cette amélioration présentait également l'idée de perfection dans les moyens de régie, ce qu'il déduisait d'une moindre proportion entre la quotité des frais de perception et le montant général des produits. Cette observation est particulièrement appliquable à la régie des douanes, dont les frais proportionels de recouvrement sont descendus de 36 pour cent (quotité de l'an 9) à moins de 25 pour cent; et en effet cette administration, dont la recette a si considérablement augmenté les deux dernières années, loin de hausser pour l'an 10 sa dépense dans la même proportion, paraît l'avoir réduite

de........................	10,947,000 francs,
à........................	10,086,000
Ce qui fait une économie en l'an 10 sur l'an 9 de.....	861,000

» Le Gouvernement s'est fait sans doute rendre compte des autres variations observées dans les frais de perception de toutes ces contributions, et il cherchera à en maintenir le taux modéré, s'il ne pouvait parvenir à le réduire encore sans inconvéniens pour les produits du trésor public.

» Le compte de ce ministre donne un exemple frappant des conséquences de l'ordre rétabli dans les finances, par le tableau des frais d'*escompte* pour la négociation des obligations souscrites par les receveurs des contributions directes pendant les années 8, 9, 10 et 11.

» Le résultat est d'une part, que dans le cours de prairial an 8 jusqu'au 25 du même mois, jour de la bataille à jamais mémorable de *Marengo*, le taux d'escompte des obligations était de cinq pour cent de perte par mois, ce qui correspond à 60 pour cent pour l'année; et que de l'autre part ce même escompte, pendant les 8 derniers mois de l'an 11, est fixé à demi pour cent chaque mois par le traité du 23 frimaire de ladite année : conséquemment, de l'une à l'autre époque, la différence est telle qu'il n'en coûte aujourd'hui au Gouvernement en frais de négociations pour une année, que le dixième de ce qu'il payait par mois en l'an 8 pour le même objet.

» Un dernier compte plus politique que numérique est celui *de la caisse d'amortissement.*

» Cet établissement, dont les opérations ont été rendues publiques, est géré et vérifié avec la plus scrupuleuse attention.

» En France, depuis le milieu du dix-huitième siècle, le Gouvernement avait trois fois créé et détruit un fonds spécial d'amortissement, destiné, était-il annoncé dans le premier édit de création de mai 1749, à opérer *successivement la libération des dettes de l'État.* Depuis cette époque plusieurs ministres des finances célèbres, quoiqu'à des titres bien différens, regardèrent d'un commun accord, vu les besoins du moment toujours croissans, tout fonds d'amortissement comme superflu; et les conséquences funestes de cette négligence irréfléchie de leur part, furent de léguer à l'Assemblée constituante, sans le moindre fonds spécial d'amortissement, pour 257 millions 483 mille livres d'intérêts, tant de la dette perpétuelle et viagère, que de la dette exigible, avant et après le premier janvier 1791.

» Depuis le 18 brumaire an 8, la caisse *d'amortissement*, qui en est un des heureux fruits, a opéré, sous ce dernier rapport, de manière, 1°. à éteindre au premier vendémiaire an 11, un capital sur la dette publique de 25 millions 441,100 fr. 2°. à acheter 211,399 francs de rentes qui vont aussi être biffées sur le grand livre de la dette publique; 3°. enfin, *la caisse d'amortissement* est propriétaire, dans les premiers mois de l'an 11, de 2,067,219 francs de rentes, qui forment le vingtième environ de la dette publique perpétuelle, telle qu'elle était au commencement de la présente année.

» Or, toute l'Europe sait qu'une nation voisine, nécessairement emprunteuse, n'avait pour le capital entier de sa dette publique (de 13 milliards 343,945,472 francs au 24 juin 1802) *pour fonds d'amortissement* commencé depuis 1786, que 140, 526,792 francs, c'est-à-dire dans la proportion du 94e. de la masse de sa dette; tandis qu'après seulement trois années d'existence notre caisse d'amortissement possède déjà environ le 20e. du montant de notre dette publique actuelle. Quelle énergie va donc avoir en France cette institution, lorsqu'elle jouira encore du fonds d'accroissement de 10 millions par an, que la loi du mois de ventose an 10 lui a affecté, à compter du premier vendémiaire an 12, et ainsi successivement d'année en année, jusqu'à concurrence de 70 millions.

MANUEL DES CONTRIBUABLES.

LOI GÉNÉRALE SUR LES FINANCES.

Du 4 Germinal an XI. — (Bulletin n°. 264.)

TOUT ce qui se déduit de cette loi peut se classer sous quatre parties principales ;

1°. L'état antérieur des finances de la France ;

2°. Leur état présent ou le budjet de l'an XI ;

3°. Leur état en l'an XII ;

4°. Les considérations générales sur l'administration des finances.

TITRE PREMIER.

Crédits ouverts pour les dépenses des années V, VI, VII et VIII, destinés à acquitter les rentes de cinq pour cent consolidés.

ARTICLE PREMIER.

Les crédits de deux millions sept cent mille francs, et d'un million en rentes à cinq pour cent, ouverts pour les dépenses restant à acquitter des exercices des années V, VI, VII et VIII, pourront être employés à l'acquit des dépenses desdits exercices, sans égard à la limitation des sommes affectées à chacun d'eux, et en se conformant au surplus des dispositions de la loi du 30 ventose an IX.

TITRE II.

Dépenses de l'an IX.

II. La somme de quatre-vingt-onze millions quatre cent soixante-dix-sept mille quarante-un francs, faisant, avec celle de quatre cent trente-cinq millions comprise dans les lois des 19 nivose et 30 ventose an IX, celle de cinq cent vingt-six millions quatre cent soixante-dix-sept mille quarante-un francs, est mise à la disposition du Gouvernement pour les dépenses de l'exercice de l'an IX.

III. Cette somme sera prise tant sur le produit des contributions et revenus de l'an IX, montant à 495,477,041. que sur les produits ci-après; savoir:

1°. Sur les sommes dues par les acquéreurs de domaines nationaux antérieurement aux lois des 15 et 16 floréal an X.	10,000,000.
2°. Sur le produit des rachats de rentes.	5,000,000.
3°. Sur les rentrées qui auront lieu en l'an XI sur contributions arriérées de l'an VIII et années antérieures.	8,000,000.
4°. Sur le recouvrement de diverses créances du trésor public, dont la rentrée est poursuivie.	3,000,000.
5°. Sur le produit des valeurs remises à la régie de l'enregistrement.	5,000,000.
TOTAL.	526,477,041 fr.

IV. Elle sera employée à régulariser ou acquitter les dépenses des différens ministères, comme il suit:

Dette publique, y compris les pensions.	77,000,000 fr.
Guerre.	238,000,000.
Marine.	91,000,000.
Intérieur, y compris 5,845,150 fr. pour le fonds commun des départemens.	39,095,150.
Finances	29,750,000.

Report.......	474,845,150. fr.
Relations extérieures..................	6,000,000.
Justice..............................	10,350,000.
Police générale.......................	1,500,000.
Fonds de réserve pour complément des dépenses des divers ministères...	1,781,891.
Frais de négociations à ordonnancer par le ministre du trésor public..............	32,000,000.
TOTAL.....	526,477,041 fr.

TITRE III.

Annullation d'un crédit devenu inutile pour l'an X.

V. Le crédit de trente millions en domaines nationaux, ouvert par la loi du 17 floréal an X, pour le service de cet exercice, est annullé, et imputé sur les recettes en numéraire du même exercice.

VI. Les recettes du trésor public, sur l'exercice de l'an X, en excédant des dépenses du même exercice, sont affectées aux dépenses de l'exercice de l'an XI.

TITRE IV.

Dépenses de l'an XI.

VII. La somme de deux cent quatre-vingt-neuf millions cinq cent mille francs, faisant, avec celle de trois cents millions comprise dans la loi du 20 floréal an X, celle de cinq cent quatre-vingt-neuf millions cinq cent mille francs, est mise à la disposition du Gouvernement.

VIII. Cette somme sera prise sur le produit des contributions décrétées par les lois, et sur les autres revenus publics de l'an XI.

IX. Elle sera employée à l'acquit des dépenses des différens ministères, comme il suit :

DETTE PUBLIQUE.

Dette perpétuelle.				
Aux créa. de l'Etat.	39,570,918	40,842,973.	60,829,647	64,023,482
A la caisse d'amort.	1,272,055			
Dette viagère		19,986,674.		
Six nouveaux départemens.				
Dette perpétuelle		2,677,277.	3,193,835	
—— viagère		516,558.		

DÉPENSES GÉNÉRALES DU SERVICE.

Ministère du grand-juge ministre de la justice		23,318,730	508,476,518
—— des relations extérieures		7,000,000	
Ministère de l'intérieur.			
Service ordinaire	17,000,000.	47,110,000	
—— extraordinaire	22,500,000.		
Reste du service des subsistances achetées en l'an X, et qui se consommeront en l'an XI...	7,610,000.		
Ministère des finances.			
Service ordinaire	29,047,788.	56,047,788	
Remboursement de partie des cautionnemens à la caisse d'amortissement, 2ᵉ. à-compte..	5,000,000.		
Intérêts des cautionnemens....	2,000,000.		
Pensions	20,000,000.		
Ministère du trésor public		6,000,000	
—— de la guerre	153,000,000.	243,000,000	
—— de l'administration de la guerre	90,000,000.		
Ministère de la marine.			
Service ordinaire	70,000,000.	126,000,000	
—— extraordinaire	56,000,000.		
Frais de négociations			9,000,000
Dépenses imprévues			8,000,000
TOTAL GÉNÉRAL			589,500,000

TITRE V.

X. Deux millions en rentes de cinq pour cent consolidés sont mis à la disposition du Gouvernement, pour supplément de crédit à celui accordé par le paragraphe 2 de l'article VIII de la loi du 21 floréal an X.

TITRE VI.

Fixation des contributions de l'an XII.

XI. La contribution foncière est fixée, pour l'an XII, à deux cent dix millions en principal.

XII. La répartition de cette somme entre les cent huit départemens, est faite conformément au tableau annexé à la présente, n°. I.

XIII. La contribution personnelle, somptuaire et mobiliaire, est fixée, pour l'an XII, à la somme de trente-deux millions huit cent mille francs en principal.

XIV. La répartition de cette somme est faite entre les cent huit départemens, conformément au tableau annexé à la présente, n°. II.

XV. Il sera réparti, en sus du principal de l'une et l'autre contribution, deux centimes par franc, pour fonds de non-valeur et de dégrèvement.

XVI. Chacun des départemens répartira en outre, sur le principal, pour être versé au trésor public, et servir à l'acquit des dépenses fixés énoncées au tableau ci-annexé n°. III, le nombre de centimes porté au même tableau.

XVII. Chaque département répartira également sur le principal, pour l'acquit des dépenses variables énoncées au tableau n°. IV, le nombre de centimes qu'il jugera nécessaire, sans pouvoir excéder le *maximum* fixé par la loi.

XVIII. Les conseils municipaux des villes, bourgs et villages, répartiront de plus, au centime le franc de ces deux contributions, pour leurs dépenses municipales, d'après la fixation qui en aura été faite, le nombre de centimes par franc qu'ils jugeront nécessaire, sans pouvoir excéder le *maximum* fixé pour l'an XI.

XIX. La contribution des portes et fenêtres est fixée, pour l'an XII, en principal, à la somme de seize millions.

Les propriétaires des manufactures ne seront taxés que pour les fenêtres de leurs habitations personnelles et de celles de leurs concierges et commis. En cas de difficultés sur ce que l'on doit considérer comme manufactures, il y sera statué par le conseil de préfecture.

XX. La répartition de cette somme de seize millions est faite entre les départemens, conformément au tableau annexé à la présente, n°. V.

XXI. Il sera perçu, en outre du principal de la contribution des portes et fenêtres, dix centimes additionnels par franc, affectés aux frais de confection de rôles et aux fonds de dégrèvement et de non-valeur.

XXII. Les patentes et les contributions indirectes perçues en l'an XI, seront prorogées pour l'an XII.

TITRE VII.

XXIII. Le second semestre de l'an XI et le premier trimestre de l'an XII des rentes viagères et des pensions, seront payés, sur une seule et même quittance des parties prenantes, dans le mois de nivôse prochain. Les fonds pour le paiement de ce trimestre, seront pris sur les fonds de l'an XII; et il fera partie du compte de cet exercice, qui sera rendu par le payeur général de la dette publique.

XXIV. Le sémestre nouveau des rentiers viagers et pensionnaires courra à leur profit, à compter du 1er. nivôse an XII, et ils le recevront dans le courant de messidor de la même année; et ainsi de six mois en six mois.

XXV. Les veuves et enfans des défenseurs de la patrie seront, à compter du 1er. nivôse prochain, assimilés aux autres pensionnaires de la République, et recevront comme eux leur annuel par sémestre.

TITRE VIII.

Crédit provisoire pour l'an XII.

XXVI. La somme de quatre cents millions est mise à la disposition du Gouvernement, à compte des dépenses des différens ministères pendant l'an XII.

XXVII. Cette somme sera prise sur le produit des contributions décrétées, et sur les autres revenus publics de l'an XII.

Exposé des motifs de la loi relatif au budjet de l'an XI.

Citoyens législateurs,

Vous venez d'entendre la lecture du projet de la loi qui doit régler l'administration des finances pendant le cours de l'an 11.

Dans les années précédentes, le budjet se composait de plusieurs lois séparées; il a paru convenable d'abandonner cette forme, de ne plus séparer des matières intimement liées, de réunir dans une seule loi des objets qui doivent s'expliquer les uns par les autres, et de rendre ainsi plus comparables et plus intelligibles les lois de finances.

La loi du budjet annuel, considérée séparément, n'est pas proprement le compte des finances; elle renferme la substance et les résultats de ce compte, qui se compose des comptes généraux rendus par les ministres des finances et du trésor public, et des comptes particuliers rendus par chaque ministre; elle est le complément et la conséquence de ces mêmes comptes, qui l'expliquent et la justifient.

Le compte du ministre des finances contient tous les détails et les bases du budjet de l'an 11 : là, sont exposés avec méthode et clarté, les détails nombreux d'une aussi vaste administration : et comme ce compte, citoyens Législateurs, deviendra l'objet de vos études et de vos méditations, ma tâche actuelle se trouve réduite à une explication resserrée des dispositions que contient la loi qui vous est proposée.

Le budjet d'une année ne se compose pas seulement des recettes et des dépenses propres à cette année ; la fin d'un exercice ne termine pas toutes les affaires qui lui appartiennent : il reste, à cette époque, une multitude de recettes non recouvrées et de dépenses non appurées qui nécessitent un compte annuel, jusqu'à ce que chacun de ces objets en suspens, venant à s'éteindre avec le temps, l'exercice auquel ils appartenaient disparaît du budjet : cette relation successive entre tous les exercices, est un effet de la salutaire méthode de leur séparation. Pendant un grand nombre d'années, on pourra voir dans le budjet annuel revenir plusieurs des exercices précédens, et se présenter avec ce petit nombre d'actions actives et passives qui suspendront l'apurement total de ces exercices.

La loi du budjet de l'an 11, est organisée dans ce sens : elle contient huit titres.

Le titre Ier. est relatif aux exercices des années 5, 6, 7 et 8.

Le titre II, à l'exercice de l'an 9.

Le titre III, à l'exercice de l'an 10.

Les titres IV et V, à l'exercice de l'an 11.

Le titre VI constitue les recettes pour l'exercice de l'an 12.

Le titre VII statue des mesures pour le paiement des rentes et pensions viagères.

Le titre VIII porte l'ouverture d'un crédit provisoire destiné à pourvoir à une partie des dépenses de l'an 12.

TITRE PREMIER.

La loi du 30 ventose an 9, avait affecté à l'acquittement des exercices des années 5, 6, 7 et 8, un crédit de deux millions sept cent mille francs de rentes à cinq pour cent, et un autre crédit de un million en pareilles rentes.

La même loi avait déterminé la part de chacun de ces exercices dans les crédits ouverts : ces limitations ne se trouvant point conformes aux besoins respectifs de ces exercices, dont certains exigent une portion de crédits plus forte, et d'autres moins forte, il devient nécessaire de supprimer cette condition, et d'autoriser l'emploi des deux crédits non plus à acquitter dans des portions limitées des dettes de chacun des exercices 5, 6, 7 et 8, mais à être employés selon les besoins relatifs de ces mêmes exercices.

C'est

C'est une disposition d'ordre dont le Gouvernement a reconnu la nécessité.

TITRE II.

On était loin, au commencement de l'an 9, d'avoir sur les finances de la République des notions assez précises pour tenter de les soumettre à un budjet régulier; les recettes et les dépenses, les besoins et les ressources, n'étaient aperçus que d'une manière vague et éloignée, l'ordre en finance commençait, mais ce n'était qu'un essai, et l'on ne put proposer à la loi que des appréciations.

Mais depuis, les recettes et dépenses de l'exercice se sont réalisées, et sont ainsi connues par le fait; le budjet de cet exercice doit être régularisé, et rentrer dans le domaine de la loi.

Les dépenses de l'an 9 se sont élevées à.	494,477,041 fr.
Plus, pour frais de négociations.......	32,000,000 fr.
	526,477,041
Les lois des 19 nivose et 30 ventose n'avaient accordé en crédit que...........	435,000,000
Les dépenses ont excédé les crédits de..	91,477,041 fr.

La loi présentée propose de régulariser les dépenses de l'an 9, par l'ouverture d'un crédit supplémentaire de cette somme de quatre-vingt-onze millions quatre cent soixante-dix-sept mille quarante-un francs.

Quant à la position actuelle de l'exercice de l'an 9, on voit par le compte du ministre des finances, qu'une somme de trente-un millions suffira pour le solder en entier : les moyens d'y pourvoir sont indiqués par l'article III de la loi; ils reposent sur des recouvremens arriérés et sur des ressources extérieures au service courant; le Gouvernement compte sur la réalité de ces moyens; ainsi l'an 9 sera soldé d'une manière intégrale.

TITRE III.

Les dépenses de l'an 10 sont évaluées par le budjet de cet exercice, à cinq cents millions.

Il fut ouvert un crédit de pareille somme, composé des

contributions et des revenus publics, alors évalués à	470,000,000 fr.
Et d'une affectation sur les produits des ventes des domaines nationaux	30,000,000
TOTAL	500,000,000 fr.

Les recettes, évaluées seulement à quatre cent soixante-dix millions, se sont élevées à cinq cent trois millions cinq cent vingt-un mille six cent vingt-trois francs; elles suffiront pour acquitter toutes les dépenses de l'an 10 : dès-lors la ressource extraordinaire de trente millions s'est trouvée superflue : elle est restée intacte.

Le Gouvernement propose d'annuller ce crédit, devenu inutile, et de dégager la masse des domaines nationaux de cette affectation.

TITRE IV.

Nous venons, citoyens Législateurs, de vous occuper des exercices des années 5, 6, 7, 8, 9 et 10; nous arrivons en l'an XI, et aux dispositions législatives nécessaires pour constituer le budjet de cet exercice.

Les dépenses de l'an XI sont évaluées, par l'article IX de la loi du budjet;

SAVOIR:

1°. Arrérages de la dette publique, y compris la dette des six nouveaux départemens, ci	64,023,482 fr.
2°. Service des ministres et pensions	508,476,518
3°. Frais de négociations	9,000,000
4°. Dépenses imprévues	8,000,000
TOTAL	589;500,000 fr.
La loi du 20 floréal an 10, avait ouvert un crédit provisoire de	300,000,000
Reste à ouvrir un crédit de	289,500,000 fr.

D'après les produits des premiers mois de l'an XI, et d'après des évaluations sur lesquelles le Gouvernement a le droit de compter, les recettes de l'an XI suffiront, non seulement pour acquitter toutes les dépenses de cet exercice, mais elles produiront encore un excédent au profit de l an 12.

TITRE V.

La loi du 21 floréal an 10, a ordonné qu'une loi annuelle déterminerait le montant des inscriptions de cinq pour cent consolidés, qui pourraient être portées au grand livre en conséquence des nouvelles liquidations de la dette arriérée, opérées dans le cours de la même année.

Elle a ouvert à cet effet un crédit de trois millions de rentes, destiné à la liquidation de l'ancienne dette, et un autre crédit de quatre millions destiné à la liquidation du *tiers* provisoire.

Sur le crédit de trois millions, il n'y avait de consommé, au premier vendémiaire an XI, que neuf cent soixante-dix-neuf mille neuf cent cinquante-huit francs; ce qui en restait suffira pour acquitter les liquidations qui auront lieu en l'an XI.

Sur le crédit de quatre millions, il a été consommé un million sept cent quatre-vingt-deux mille trois cent soixante-onze francs : le restant ne suffira pas à l'activité des liquidations du tiers provisoire; le Gouvernement demande un nouveau crédit de deux millions applicable à cette espèce de liquidation.

TITRE VI.

Les excédens justement espérés sur les exercices an 10 et an XI, sont un signe de prospérité, dont les effets, après avoir convenablement pourvu à tous les services, doivent s'étendre et produire un soulagement dans les contributions. De toutes celles qui pèsent sur la nation, la contribution foncière exige les premières faveurs; elle n'est probablement point exagérée en masse, mais les inconvéniens de la répartition la rendent très-onéreuse pour les départemens surchargés.

Le Gouvernement offre un premier remède, en proposant pour l'an 12, une diminution de dix millions sur la contribution foncière, qui, de deux cent vingt millions, se trouvera réduite à deux cent dix millions.

La répartition des deux cent dix millions a été faite entre

tous les départemens, dans la proportion la meilleure, c'est-à-dire la plus conforme aux renseignemens recueillis jusqu'à présent sur les inégalités réelles qui existent entre les cotisations respectives des départemens, inégalités dont les effets affligeans ne sauraient être trop tôt réparés, dont le Gouvernement poursuit l'examen avec force et constance, mais auxquelles il ne sera remédié que par le temps et par le succès des mesures qui viennent d'être prises pour vérifier avec soin les bases de la répartition.

Un tableau annexé à la loi, contient la répartition des deux cent dix millions entre les cent huit départemens.

Un autre tableau contient la répartition de la contribution personnelle, somptuaire et mobilière, fixée pour l'an 12 à trente-deux millions huit cent mille francs.

Il sera imposé deux centimes par franc de l'une et l'autre contribution pour fonds de non valeur et de dégrèvement.

Un troisième tableau fixe les dépenses administratives à payer par le trésor public sur le produit des centimes additionnels déterminés par le même tableau pour chaque département.

Un quatrième tableau contient l'état des dépenses variables à payer en l'an 12, par les départemens, sur le produit des centimes additionnels, dont le *maximum* est fixé pour chaque département par la dernière colonne du tableau.

La contribution des portes et fenêtres est fixée pour l'an 12 à seize millions : elle est répartie par un cinquième tableau. Cet impôt pesait d'une manière très-forte sur les manufactures, dont les fenêtres ne sont multipliées que comme moyen de leur industrie. Ces fenêtres seront affranchies, et la contribution ne s'étendra pas au-delà des lieux d'habitation.

TITRE VII.

En proposant à cette tribune, en l'an 10, de rapprocher le paiement des arrérages des rentes perpétuelles, et de les établir dans le mois qui suivrait l'expiration du semestre, le Gouvernement fit exprimer ses regrets sur les circonstances qui ne permettaient pas alors de prendre une mesure semblable pour le paiement des rentes viagères et des pensions. Depuis cette époque, l'abondance des ressources, la facilité des négociations, les effets de la confiance ont amené la possibilité de payer le viager et les pensions avec autant de faveur que le perpétuel, en déplaçant seulement les époques de paiement; de manière qu'à l'avenir tout ce qui sera dû du perpétuel, continuera à être payé par semestres dans les mois de vendémiaire et de germinal qui suivront l'échéance; et ce qui sera dû en viager et pensions, sera aussi payé par semestres dans les mois de nivôse et de messidor qui suivront les échéances.

Mais la dette publique perpétuelle et viagère ne souffrira plus d'aucune espèce de retard; elle sera payée à jour, à l'époque de l'échéance; ordre inconnu jusqu'à ce jour dans les fastes de nos finances.

TITRE VIII.

L'époque des sessions du corps législatif, qui n'ont lieu que dans le courant d'un exercice, nécessitent l'ouverture d'un crédit provisoire, afin de mettre le Gouvernement en état d'acquitter une portion des dépenses de l'année suivante.

Le Gouvernement demande l'ouverture d'un semblable crédit pour une somme de quatre cents millions, sur les cinq cent quatre-vingt-neuf millions, à quoi sont évaluées les dépenses de l'an 12; il a besoin de cette latitude pour faciliter ses négociations, pour en économiser les frais, pour ne laisser souffrir aucune branche du service public, et pour se mettre dans une aisance qui puisse répondre à toutes les circonstances, même à celle qu'il ne veut pas, qu'il est loin de prévoir, mais qu'exigerait cependant la sûreté de l'Etat.

Vous reconnaîtrez citoyens Législateurs, avec une pleine satisfaction, et peut-être avec étonnement, l'immense amélioration survenue dans les finances; nous ne sommes pas affranchis de tout arriéré, de tout déficit, ou réel, ou imminent, ou seulement apparent: mais les recettes ont excédé les dépenses en l'an 10 et en l'an XI. Cependant il a été pourvu avec abondance à toutes les parties du service public: des efforts dispendieux qui, on peut l'espérer, seront bientôt couronnés du succès, ont été faits pour reconquérir la plus importante de nos Colonies et pour organiser les autres; des sommes considérables ont été employées aux grandes routes, à la navigation intérieure, aux canaux et aux ports maritimes; et d'autres sommes ont été employées pour assurer les subsistances sur plusieurs points du territoire affligés par des récoltes insuffisantes.

Il est inutile de désigner la main qui a placé les finances à ce haut degré de puissance, d'ordre et de prospérité, et qui nous a fait si promptement oublier l'état d'insuffisance et de discrédit dans lequel elles étaient plongées.

Je rapprocherai les principaux points de la situation actuelle des finances de la république, et je vous rappellerai d'abord que les recettes publiques, bornées en l'an 8 à quatre cent et quelques millions, se sont élevées en l'an 9 à quatre cent quatre-vingt-quatorze millions quatre cent soixante-dix-sept mille quarante-un francs; en l'an 10, à plus de cinq cent millions; en l'an 11, à plus de cinq cent quatre-vingt-neuf millions cinq cent mille francs; elles atteindront cette somme en l'an XI, même après avoir supprimé dix millions sur la contribution foncière.

Les dépenses ont éprouvé une progression semblable, parce que les premières années de paix sont dispendieuses, parce qu'un grand Etat exige de grandes dépenses pour sa conservation et sa sûreté, et parce que le territoire de la république s'est étendu.

Le crédit public a été rétabli, le Gouvernement négocie ses valeurs à six pour cent par an; on a vu ces mêmes valeurs se négocier, il y a peu d'années, de vingt, trente à quarante pour cent.

La dette publique perpétuelle n'a reçu que de faibles accroissemens occasionnés par les liquidations de l'arriéré; ces accroissemens sont détruits en partie par les opérations de la caisse d'amortissement : cette caisse est déjà propriétaire de deux millions soixante-sept mille deux cent dix-neuf francs de rentes consolidées, c'est-à-dire, du vingtième de la dette perpétuelle.

Les accroissemens de la dette viagère ont été balancés par les extinctions, et cette dette va s'amortir chaque année dans une forte proportion.

La dette publique non fondée, celle que l'on peut appeler dette de la révolution, comprend tout le passé jusqu'à l'an 5. Son étendue n'est point encore connue; elle ne peut être fixée que par des appréciations, ou plutôt par les liquidations qui s'opèrent chaque jour.

Ces liquidations occupent toute la sollicitude du Gouvernement : elles furent long-temps inactives par l'insouciance des créanciers, qui méprisaient les valeurs avilies employées à leur paiement. Le rétablissement du crédit de ces valeurs a réveillé les créanciers qui, aujourd'hui, se pressent en foule.

Les opérations de liquidation vont rapidement, mais elles ne peuvent être précipitées ; on a trop reconnu avec combien de réserve et de soin il fallait agir pour vérifier les demandes frauduleuses qui se mêlent aux demandes légitimes.

Avec un peu de temps et une modique quantité de rentes, l'immense arriéré antérieur à l'an 5 sera éteint.

On voit, par le chapitre Ier. du compte du ministre des finances, que les moyens d'acquitter ce qui reste dû sur les exercices des années 5, 6, 7 et 8 sont établis.

Il n'est dû sur l'an 9 que trente-un millions : la loi proposée détermine les fonds pour acquitter cette somme.

Les recettes excéderont la dépense pour les années 10 et XI.

Il en sera probablement de même pour l'an 12, malgré la diminution de dix millions sur la contribution foncière.

Telle est, citoyens Législateurs, la situation des finances de la république ; elle est le fruit de la paix et de l'affermissement du Gouvernement : il la présente à la nation française comme le témoignage de ses soins et des succès qu'il a obtenus dans le rétablissement de l'ordre et du crédit public.

Rien d'incertain, rien d'équivoque dans les résultats que je viens de vous soumettre ; ils sont justifiés par le compte du ministre des finances, et par un enchaînement de preuves irrécusables ; le Gouvernement connaît ses devoirs envers la nation, et sa propre dignité : on ne supposera pas qu'il ait pu recourir à la honteuse ressource de dissimuler aucune vérité, et d'avoir employé la plus légère fiction. L'exposition que j'ai l'honneur de vous soumettre, offre une situation jusqu'alors sans exemple dans les fastes des finances de la France.

Vous acquerrez, citoyens Législateurs, la conviction de cette heureuse situation, vous en transmettrez la certitude à vos concitoyens, et vous partagerez avec eux les sentimens de confiance et d'espoir qu'il est permis aux Français d'attacher à l'avenir.

EXTRAIT du rapport de Fabre *(de l'Aude) au Tribunat, sur le titre VI de la loi du 4 germinal an XI, relatif aux contributions de l'an XII.*

Contributions directes.

Les contributions directes demandées pour l'an XII

s'élèvent, en principal et en centimes additionnels à........................... 341,780,651 f.

SAVOIR:

Le principal de la contribution foncière dans les 108 départemens..................	210,000,000 f.	
La contribution personnelle, somptuaire et mobilière....	32,800,000	
Les portes et fenêtres.....	16,000,000	276,800,000
Les patentes peuvent être évaluées à..................	18,000,000	
Total du principal...	276,800,000	
Et en centimes additionnels; savoir, seize centimes par franc sur les contributions foncière, personnelle, somptuaire et mobilière, affectés aux dépenses fixes et variables des administrations et de l'ordre judiciaire dans tous les départemens, ci..........	37,720,651 f.	
Plus, deux centimes additionnels, aux mêmes contributions pour fonds de non-valeurs et de dégrèvement, ci.	4,856,000	
Plus, cinq centimes additionnels aux mêmes contributions pour les dépenses des communes..................	12,140,000	
Plus, dix centimes additionnels au principal des portes et fenêtres, affectés aux frais de confection des rôles et aux fonds de dégrèvemens et de non-valeurs, ci..........	1,600,000	64,980,651
Plus, trois centimes au moins additionnels aux contributions foncière, personnelle, somptuaire, mobilière, et des portes et fenêtres, pour les remises des percepteurs.....	1,764,000	
Et enfin cinq centimes additionnels au principal des patentes, pour fonds de dégrèvement et non-valeurs, ci.	900,000	
		341,780,651

Report.......................... 341,780,651 fr.

Nota. Les remises des percepteurs chargés du recouvrement des patentes se prennent sur le principal, et ne doivent pas par conséquent être portées en augmentation des contributions directes.

Total général du principal et des centimes additionnels............................ 341,780,651 fr.

Il est juste, sans doute, que tous les genres de revenus contribuent aux besoins de l'Etat; mais l'on devrait enfin convenir qu'une masse contributive de 341,780,651 francs, en impositions directes, indépendamment des droits d'enregistrement, d'hypothèques et autres, qui pèsent en partie sur les propriétés foncières, est excessive, et hors de toute proportion avec les autres revenus de l'Etat.

Nous l'avons si bien démontré l'année dernière, que tout ce que nous avons dit à cet égard a demeuré sans réponse, et l'on s'est contenté, d'un côté, d'accorder aux contribuables fonciers une légère diminution, dont nous aurons bientôt occasion de parler; et, de l'autre, d'ordonner des opérations d'arpentement et d'évaluation dans quelques communes de chaque département, pour parvenir, s'il est possible, à une meilleure répartition de l'impôt foncier.

Ces deux mesures prouvent du moins que les observations du Tribunat et celles des conseils généraux des départemens ont excité la sollicitude paternelle du Gouvernement; ce qui doit faire espérer aux propriétaires fonciers d'obtenir enfin une justice complète pour l'an 13.

Après ces réflexions générales sur la masse énorme des contributions directes, et leur disproportion avec les autres revenus de l'Etat, votre Section s'est occupée de l'examen particulier de chacune de ces contributions.

Contribution foncière.

En l'an XI, elle se trouve fixée à 220,200,000 francs de principal; savoir, 210,000,000 francs dans les cent deux anciens départemens, et 10,200,000 francs dans les six nouveaux.

L'article premier du titre VI du projet, la règle pour

l'an 12 en principal, dans les cent huit départemens, à 210,000,000 francs.

C'est donc, au premier aperçu, une réduction de 10,200,000 francs, qui a dû être répartie sur tous les départemens, et qui eût diminué par conséquent du vingt-deuxième leur contribution en principal, si elle l'eût été également.

Mais, d'un autre côté, au lieu de 14 centimes additionnels qu'on avait cru suffire en l'an XI pour les dépenses fixes et variables des départemens, et que nous avions regardés au contraire comme insuffisans, on propose aujourd'hui d'imposer, pour ces dépenses en l'an 12, 16 centimes, ou deux centimes de plus, additionnels aux contributions foncière, personnelle, mobilière et somptuaire, faisant la somme de 4,856,000 francs, dont 4,200,000 fr. seront à la charge des propriétaires fonciers, et 650,000 francs à la charge des cotisés à la contribution personnelle, somptuaire et mobilière.

En distrayant des..............	10,200,000 francs.
le montant de la réduction........	4,200,000
Elle n'est plus que de............	6,000,000

A la vérité, beaucoup de départemens ne seront pas obligés d'imposer la totalité de leurs centimes variables, parcequ'on leur a laissé en général une certaine latitude. Mais l'économie que pourront faire ces départemens ne sera pas bien importante, et la réduction, sous ce nouveau rapport, ne serait d'ailleurs que locale, c'est-à-dire pour les seuls départemens qui pourraient faire leurs dépenses variables avec un centime ou une fraction de centime de moins que la quantité qu'il leur est permis d'imposer.

Mais comment, nous dira-t-on, le Gouvernement a t-il procédé pour faire la répartition du dégrèvement de 10,200,000 francs ?

Les bases de l'opération ne nous sont pas connues. Il paraît qu'on aura rassemblé les meilleurs mémoires qui ont été faits depuis l'Assemblée constituante sur la force contributive des départemens et leur surcharge plus ou moins forte, qu'on en aura fait diverses classes, et opéré en conséquence *ex œquo et bono*.

Mais, en général, tous les départemens ont eu une diminution réelle, même en calculant qu'ils seront obligés d'imposer la totalité, non seulement de leurs centimes destinés aux dépenses fixes, mais encore de ceux destinés aux dépenses variables, à raison desquelles on a laissé à la plupart d'entre eux une marge raisonnable, de manière qu'ils ne puissent point se plaindre de leur insuffisance, et en prendre prétexte pour venir demander des secours au trésor public.

Ainsi, les départemens les plus ménagés ou supposés tels, qui n'auraient eu besoin d'aucune diminution, en ont cependant obtenu une, plus faible à la vérité que celle des départemens qu'on a considérés comme moins bien traités, et ainsi de suite en remontant aux départemens les plus surtaxés.

La plus basse diminution pour les départemens les plus favorisés a été au-dessus de 14,000 francs.

Voilà ce que nous avons pu recueillir sur la manière dont a opéré le Conseil d'Etat : il serait bien difficile de lui en substituer une autre qui ne fût pas également entachée d'arbitraire.

Tout cela n'est, au reste, que provisoire, et ne préjuge rien pour la répartition qui aura lieu après que les arpentemens et les évaluations ordonnés dans les départemens auront été faits : ainsi les départemens les moins favorisés dans la répartition du dégrèvement de 10,200,000 francs, ne doivent concevoir aucune alarme, puisqu'en dernier résultat ils ont la certitude d'obtenir bientôt la justice qu'ils prétendent leur être due.

Du reste, quelque mode que l'on suive pour arriver à une bonne répartition, réclamée de toutes parts avec tant d'instance, on peut espérer tout au plus d'en approcher jusqu'à un certain point ; il y aura toujours des inégalités provenant, soit d'erreurs dans les arpentemens, soit d'évaluations inexactes, soit de l'influence que l'intérêt personnel ou local aura exercé sur les agens chargés des travaux qui doivent servir de base à la nouvelle répartition, soit enfin d'autres causes physiques et morales qu'il serait trop long d'énumérer.

Nous ne connaissons qu'un moyen efficace, quoique peut-être un peu lent, de corriger ou de rendre insensibles les vices d'une répartition inégale, et de faire en même temps prospérer l'agriculture, en lui donnant tous les encouragemens dont elle est susceptible.

C'est la fixité et l'immuabilité de la contribution.

En effet, le plus grand obstacle à l'amélioration des terres est de voir augmenter la contribution à mesure que les produits augmentent, soit par les engrais, soit par les plantations, ou que le prix des denrées s'élève; on travaille alors moins pour soi que pour le fisc, et le découragement s'empare des propriétaires. Voulez-vous attirer des capitaux à l'agriculture? faites que ces capitaux et leur produits soient exempts de toute espèce d'impôt. Ainsi, par exemple, j'achète un domaine produisant un revenu net de 1500 fr. payant 300 fr. d'impôt foncier; j'y emploie en engrais, plantations et clôtures, 30,000 fr. de capital, et mon revenu net s'élève, par ces améliorations, à 3000 fr.: si ma contribution reste la même, je ne paie plus que le dixième de mon revenu net au du lieu cinquième.

Voilà les effets nécessaires de la fixité et de l'immuabilité de la contribution: ils se sont fait sentir dans une proportion bien plus considérable dans un État voisin, où l'on trouve communément des arpens de terre dont la contribution foncière n'était que de six francs lors de la fixation, et dont le produit net est aujourd'hui de plus de 100 francs. Supposons que, dans une autre partie de ce même État, un arpent de terre de la même qualité que le précédent ne fût originairement taxé qu'à trois francs, et que l'un et l'autre produisent aujourd'hui le même revenu net; l'inégalité de la contribution sera insensible, quoique l'un des arpens paie le double de l'autre.

D'où résulte évidemment que la fixité et l'immuabilité de la contribution sont le seul moyen de rendre avec le temps, insensibles les vices de la répartition, d'attirer des capitaux à l'agriculture, et de la faire prospérer.

Contribution mobiliaire, somptuaire et personnelle.

En l'an XI, elle se trouve fixée à 32,800,000 francs de principal; savoir, 32,000,000 fr. dans les cent deux anciens départemens, et 800,000 francs dans les six nouveaux.

L'article 3 du titre VI du projet la règle pour l'an 12, en principal, dans les cent huit départemens, à la même somme.

Il n'y donc pas eu de diminution; elle se trouve au contraire augmentée de 656,000 francs, à cause des deux centimes additionnels de plus qui seront imposés en l'an 12 pour le complément des dépenses fixes et invariables des départemens, qui ont exigé seize centimes additionnels au lieu de quatorze seulement qui ont été impoés cette année pour cette nature de dépense.

Nous ne répéterons pas ici ce que nous avons dit l'année dernière : l'expérience a suffisamment prouvé que cette contribution repose sur une base qui engendre de grandes inégalités, et la rend extrêmement arbitraire. Nous insistions alors pour qu'elle fût réduite et assise sur des bases plus certaines ; nous avons aussi observé que le recouvrement était très-difficile, principalement dans les grandes villes, telles que Paris, Marseille, Rouen, Lyon, Bordeaux et Nantes, dont les états de situation présentaient des restes considérables à recouvrer.

Cet état des choses n'a guère changé depuis.

En effet, sur 8,867,987 francs, à quoi s'élève le contingent de l'an 10 en principal et centimes additionnels des départemens dont ces grandes villes sont le chef-lieu, il n'avait pu être recouvré, au premier pluviose an 11, que 6,485,259 francs, malgré les poursuites les plus rigoureuses ; en sorte que l'arriéré y est de 2,382,728 francs.

En l'an XI, le contingent en principal et centimes additionnels des mêmes départemens a été fixé à 9,157,986 francs. Il n'avait été recouvré, au premier pluviose dernier, que 779,618 francs ; Il reste par conséquent à recouvrer 8,378,368 francs.

Nous ne proposons pas au Gouvernement, comme nous l'avons fait l'année dernière, de réduire la masse de cette contribution de manière à rendre le recouvrement possible, mais seulement de convertir la moitié du contingent des grandes communes en exécution ou augmentation de droits d'octroi.

On craint qu'en chargeant trop certains objets de consommation ils ne soient introduits en fraude, à cause de la facilité qu'ont les fraudeurs d'entreposer les marchandises dans les maisons contiguës aux barrières ou aux murs de clôture des villes.

Mais en supposant que le danger soit aussi réel qu'on veut le faire entendre, il est tout simple d'empêcher que les entrepôts n'aient lieu dans un espace déterminé, sans une déclaration préalable, et même sans avoir payé la moitié du droit.

La répartition et le recouvrement de la contribution personnelle et mobilière donnent lieu à tant de plaintes, la plupart bien fondées, que la conversion de la moitié du contingent des grandes villes en droit d'octroi sera regardée comme un acte de bienfaisance de la part du Gouvernement.

Sur les centimes additionnels aux contributions foncière, personnelle et mobilière.

Il doit d'abord être réparti, d'après l'article 6 du titre VI du projet, deux centimes par franc pour fonds de non-valeurs et de dégrèvemens.

La distribution de l'un de ces centimes est réservée au Gouvernement, qui fait avec les fonds en provenant, des remises et modérations aux départemens qui ont le plus souffert de la grêle, des inondations ou d'autres accidens.

L'autre centime est à la disposition des préfets, qui accordent des remises et modérations partielles.

En second lieu, l'article 6 du même titre ordonne que chaque département répartira en outre sur le principal, pour être versé au trésor public et servir à l'acquit des dépenses fixes, énoncées au tableau n.° III, annexé au projet, le nombre de centimes porté au même tableau.

Et l'article 7, que chaque département répartira également en sus du principal, pour les dépenses variables, énoncées au tableau n.° IV, le nombre de centimes qu'il jugera nécessaire, sans pouvoir excéder le *maximum* fixé par la loi.

Les dépenses fixes s'élèvent en totalité, d'après le tableau n.° III, à	18,777,151 fr.
Et les dépenses variables, d'après le tableau n.° IV, à	18,943,500
TOTAL.	37,720,651 fr.

La première de ces sommes est destinée à acquitter les traitements des préfets, secrétaires-généraux, membres des conseils de préfectures, professeurs et bibliothécaires, des tribunaux d'appel, des juges et greffiers des tribunaux criminels, des juges et greffiers des tribunaux de première instance, des greffiers des tribunaux de commerce, des juges et greffiers de paix, et enfin les traitemens fixes et les remises des receveurs généraux et des receveurs particuliers d'arrondissement.

La seconde est destinée à acquitter les dépenses variables

des préfectures, celles de l'instruction publique, les dépenses des enfans trouvés, celles des prisons, les loyers des prétoires, des prisons, et leurs réparations, les menues dépenses des tribunaux et les dépenses imprévues de tous ces établissemens.

En comparant le contingent des centimes à imposer par chaque département dans les deux tableaux, il est évident que l'imposition pour les dépenses fixes et variables est de seize centimes additionnels.

D'ailleurs 37,720,651 francs sont exactement le produit de seize centimes additionnels à 242,800,000 francs, montant du principal des contributions foncière, personnelle, mobilière et somptuaire.

Nous avons remarqué que, pour les dépenses fixes, il y avait des départemens qui d'après le tableau, ne doivent imposer qu'un centime, tandis que d'autres devaient en imposer jusqu'à douze.

Il paraît, en général, que les départemens les plus faibles en contributions, qui dès-lors devraient imposer le plus de centimes additionnels pour leurs dépenses fixes, sont ceux qui en imposeront le moins: ainsi, par exemple, le département des Alpes-Maritimes, n'est tenu d'imposer qu'un centime pour ses dépenses fixes, tandis qu'il en imposera quinze pour ses dépenses variables; son centime pour les dépenses fixes rendra pour la masse commune, 4,496 francs, montant de ses deux contingens en principal des contributions foncière, personnelle, mobiliaire et somptuaire; et cependant ses dépenses fixes se portent, d'après le tableau n°. III, à 114,661 francs 66 centimes.

Plusieurs autres départemens n'imposent également qu'un centime pour leurs dépenses fixes, d'autres deux, d'autres trois, etc. tandis qu'ils imposent pour leurs dépenses variables quinze, quatorze et treize centimes.

Le motif de cette étonnante disparité à été d'empêcher que les départemens dont le contingent en principal est faible n'eussent recours au trésor public pour leurs dépenses variables, et de faire payer la plus grande partie de leurs dépenses fixes par les départemens qui ont en principal un contingent considérable, soit qu'ils se trouvent d'ailleurs soulagés ou surtaxés. (1)

---

(1) La loi sur les contributions de l'an XI, qui la premiere introduit

Malgré ces précautions, uniquement suggérées par l'intérêt du trésor public, et qu'a nécessitées le mode qu'on a adopté, le Gouvernement sera obligé de venir au secours de sept à huit départemens, qui seront dans l'impuissance d'acquitter leurs dépenses variables, même avec treize, quatorze et quinze centimes.

Le mode de la loi du 11 frimaire an 7 était à tous égards préférable ; nous l'avions combiné pendant plusieurs mois avec les hommes les plus instruits en matière de contributions, notamment avec l'orateur du Conseil d'État.

La Section désire que le Gouvernement se fasse rendre compte, d'ici à la prochaine session, des vices du mode actuel, et qu'il propose, pour l'an 13, celui qui présentera le moins d'inégalités et d'inconvéniens.

Indépendamment des deux centimes pour fonds de non-valeurs et des seize centimes pour les dépenses fixes et variables des départemens, l'article 8 du titre VI du projet ordonne que les conseils municipaux des villes, bourgs et villages, répartiront de plus au centime le franc des contributions foncière, personnelle, mobiliaire et somptuaire, pour leurs dépenses municipales, d'après la fixation qui en aura été faite, le nombre de centimes par franc qu'ils

---

ce nouveau mode d'imposition pour les dépenses départementales, avait donné une plus grande latitude encore pour les dépenses variables, et beaucoup trop restreint par conséquent les centimes pour les dépenses fixes : aussi est-il arrivé, d'un côté, qu'un grand nombre de département n'ont pas eu besoin d'imposer, à beaucoup près, en l'an XI, le *maximum* de leurs centimes additionnels pour leurs dépenses variables ; et, de l'autre, qu'il y a eu un déficit du cinquième environ sur les dépenses fixes qui devaient être acquittées par le trésor public.

En effet, la totalité des départemens n'a imposé en l'an XI, pour les dépenses fixes de cette même année, que........	15,232,572 fr.
Et ces dépenses s'étant élevées à..................	18,576,571
Il en est résulté que le trésor public devra fournir pour l'acquit de ces dépenses un supplément de........	3,343,999

En l'an 12, le perfectionnement qu'on a voulu donner à ce mode d'imposition (le plus inégal de tous ceux qui ont existé) produira cet effet, que beaucoup de départemens ne paieront presque rien de leurs dépenses fixes, et que les autres paieront bien au-delà de celles qui les concernent.

jugera

jugeront nécessaire, sans pouvoir excéder le *maximum* fixé pour l'an XI.

Le *maximum* était de cinq centimes par franc pour les cent deux départemens, et on l'a expressément énoncé dans toutes les lois antérieures. Le silence du projet a eu certainement un but. Il y a apparence que les dépenses municipales des six nouveaux départemens exigent plus de cinq centimes, et que le Gouvernement a voulu laisser à la disposition des conseils municipaux, en l'an 12, le même nombre de centimes dont ils ont joui jusqu'à ce jour.

Nous ne pouvons qu'approuver ce ménagement pour les usages et les habitudes des autorités constituées d'un pays nouvellement réuni.

Contribution des portes et fenêtres.

Cette contribution n'avait été établie, comme nous l'avons observé l'année dernière, doublée et triplée par les lois des 4 frimaire, 18 ventose et 6 prairial an 7, que pour les besoins de cette dernière année, et à cause des dépenses extraordinaires de la guerre.

On ne peut la considérer que comme une addition à la contribution foncière des maisons et bâtimens.

Elle était impôt de quotité ; elle devint l'année dernière impôt de répartition, et fut fixée à 16,000,000 francs en principal.

L'article 9 du titre VI du projet la fixe pour l'an 12 à la même somme.

Il ordonne en même temps que les propriétaires des manufactures ne seront taxés que pour les fenêtres de leurs habitations personnelles et celles de leurs commis et concierges, et qu'en cas de difficulté sur ce que l'on doit considérer comme manufactures, il y sera statué par le conseil de préfecture.

Nous ne pouvons qu'applaudir à cette disposition bienfaisante, et qui annonce que le gouvernement s'occupe des moyens d'encourager et de faire prospérer nos manufactures.

Du reste, au moyen de ce que l'impôt est fixé en principal à la même somme qu'en l'an XI, et que les deux départemens de *Golo* et de *Liamone* y participent, ainsi que les nouveaux départemens, il y aura pour l'an 12 une diminution au centime le franc sur les autres départemens, de la somme de 400,000 francs ; ce qui pourra compenser l'exemption accordée justement aux propriétaires de manufactures.

L'article 11 du projet ordonne qu'il sera perçu, en outre de la contribution des portes et fenêtres, dix centimes additionnels par franc, affectés aux frais de confection des rôles et au fonds de dégrèvemens et de non-valeurs.

Ce sont les mêmes centimes additionnels qu'en l'an XI, et dès-lors cet article n'exige aucune observation.

Sur la contribution des Patentes.

L'article 12 du titre VI du projet ordonne que les patentes perçues en l'an XI seront prorogées pour l'an 12.

L'année dernière le Gouvernement avait annoncé qu'il se proposait de faire de cet impôt de quotité un impôt de répartition ; il a sans doute renoncé à ce projet qui serait inexécutable en laissant subsister la loi du 1er. brumaire an 7, et celle qui a été rendue l'année dernière.

Les bases actuelles de cet impôt paraissent défectueuses : 1°. en ce qu'un banquier riche de plusieurs millions ne paie en droit fixe qu'une somme égale à celui qui commence à exercer sa profession. On a cru pouvoir corriger cette inégalité par le droit proportionnel ; mais ce droit n'établit qu'une légère différence dans les taxes, à cause de la nécessité où est le banquier qui commence d'avoir un loyer convenable pour annoncer une grande aisance et inspirer la confiance:

2°. En ce que les réclamations se multiplient à l'infini et sont accueillies pour la plupart, en sorte qu'en dernier résultat des non-valeurs considérables retombent sur le trésor public. La loi sur les contributions, rendue l'année dernière, a bien ordonné qu'il serait perçu en sus du principal cinq centimes par franc pour former un fonds de dégrèvemens et de non-valeurs; mais l'insuffisance de ce fonds se fera véritablement encore sentir dans plusieurs départemens.

Cette contribution va chaque année en décroissant ; nous l'avions évaluée l'année dernière à 21,000,000 francs, et nous ne la portons en l'an 12 qu'à 18,000,000, en y comprenant les six nouveaux départemens.

Si l'on voulait en faire un impôt de répartition, il faudrait le fixer modérément, classer les différentes professions, laisser à chacune le soin de répartir entre les membres qui l'exercent, d'après des bases bien précisées, le contingent qui leur serait assigné, sauf à faire un centime le franc, croissant ou décroissant, et à réimposer sur toute la classe dans le cas d'une injustice particulière qu'elle aurait elle-même reconnue.

Extrait du Rapport fait au Corps législatif par Arnould, Orateur du Tribunat, sur le titre V de la loi du 4 germinal an XI, relatif aux contributions directes de l'an XII.

Dans la série des revenus *du trésor public, les contributions directes* tiennent le premier rang, soit par leur nature, soit par leur *quotité*. Ces contributions directes comprennent *l'impôt foncier, la contribution mobilière, personnelle et somptuaire, les portes et fenêtres, les patentes et les centimes additionnels.*

Le montant du principal desdites contributions pour l'an 12, est de.	276,800,000 francs.
Et le total des centimes additionnels perçus en sus du principal s'élève à. . .	64,980,651
En tout, la masse des contributions directes est de.	341,780,651 francs.

Il convient de faire connaître le genre d'amélioration sur cette nature de contribution, que le Gouvernement propose au Corps législatif d'autoriser pour l'an 12, et d'indiquer en même temps les dispositions dont on s'occupe pour l'avenir. Enfin, nous devons rappeler succinctement les observations faites dans le sein du Tribunat pour concourir aux meilleurs moyens d'allègement des contributions directes.

Nous les parcourrons toutes, chacune successivement.

La contribution foncière. Son contingent principal est de 210 millions répartis entre 108 départemens, au lieu des 220 millions perçus en l'an XI sur un semblable nombre de départemens. Ce serait donc une diminution définitive sur tous, de 10,200,000 francs, si une augmentation de centimes additionnels, portée de 14 à 16 centimes, ne réduisait à 6 millions la diminution effective des 10,200,000 francs qu'offre le projet sur *le principal* de la contribution foncière pour l'an 12.

Quoi qu'il en soit, tous les départemens ont profité plus ou moins, et d'après des renseignemens de localité, de cette diminution; et les travaux entrepris pour parvenir par des arpentemens et par des évaluations, à des connaissances plus positives de la richesse relative de chaque département, donne l'espérance fondée pour tous d'obtenir justice sur leurs réclamations. Cependant l'incertitude d'un résultat complet dans ce mode de renseignement fait desirer que le Gouvernement puisse adopter un jour, en matière de *contribution foncière*, le principe fécond pour l'amélioration des terres, de la fixité et de la permanence dans la quotité de cette contribution.

Le contingent principal de *la contribution mobilière, somptuaire et personnelle* dans les 108 départemens, est le même en l'an 12 qu'en l'an XI; mais il y aura une augmentation pour certaines localités à raison d'un excédent de fixation dans la quotité des centimes additionnels élevés à 16 au lieu de 14 pour les dépenses fixes et variables de chaque département.

Le poids de ce genre de contribution, sur-tout pour la partie dite *mobilière*, continue de se faire sentir dans les grandes villes, même au désavantage du trésor public, puisque *l'arriéré* de l'an 10 se trouve être de 2,382,728 francs pour le contingent des villes de *Paris*, *Marseille*, *Rouen*, *Lyon*, *Bordeaux* et *Nantes*, et qu'il leur restait encore à acquitter 8,378,368 francs au 1er. pluviôse dernier, sur le contingent de l'an XI, en principal et centimes additionnels.

Le meilleur moyen de faire disparaître ces non-valeurs, d'empêcher toutes réclamations vraiment fondées, d'attirer au Gouvernement les bénédictions d'une classe nombreuse de citoyens industrieux qui consument leur temps en plaintes et en comparaison du présent au passé, serait indubitablement, pour assurer encore les intérêts du trésor public, de convertir une portion du contingent de la contribution mobilière en un mode de perception qui n'offrît pas les deux pires inconvéniens en matière d'impôts, le scandale de faire crier, et le désavantage de n'être pas payé.

Les portes et fenêtres. L'article 19 du titre VI du projet fixe cette contribution, pour l'an 12, à la même somme que pour l'an XI ; et le Tribunat a applaudi à la disposition du même article, qui ordonne que *les propriétaires des manufactures ne seront taxés que pour les fenêtres de leurs habitations personnelles et de celles de leurs concierges et commis. En cas de difficultés sur ce que l'on doit considérer comme manufactures, il y sera statué par le conseil de préfecture.*

Quant *aux patentes*, l'article 6 du projet de loi ordonne que les *patentes* perçues en l'an XI seront prorogées pour l'an 12.

L'année dernière le Gouvernement avait annoncé qu'il se proposait de faire de cet impôt de quotité un impôt de répartition. Ce plan n'a point encore reçu d'exécution, sans doute par des difficultés qui font desirer au Tribunat un perfectionnement dans l'assiette et le recouvrement de ce genre de contribution.

Enfin d'autres vues d'amélioration qui vont suivre ont aussi été invoquées pour l'avenir au sein du Tribunat.

Dans les deux tableaux de répartition des *centimes*, annexés au projet de loi, on remarque que, pour les *dépenses fixes*, il y a des départemens qui, d'après le tableau ne devaient imposer qu'un centime ; tandis que d'autres devaient en imposer jusqu'à 12. D'autres départemens imposent 2 et 3 centimes pour leurs dépenses fixes, tandis qu'ils imposent pour leurs dépenses variables 13, 14 et 15 centimes.

Il parait que le motif de cette étonnante disparité a été d'empêcher que les départemens dont le contingent en principal est faible, eussent recours au trésor public pour leurs *dépenses* variables, et de faire payer la plus grande partie *de leurs dépenses fixes* par les départemens qui ont en principal un contingent considérable.

On ne peut nier que ce mode de pourvoir au paiement *des dépenses fixes*, que l'on regarde avec raison comme des dépenses générales d'administration et de justice, par des taxes locales additionnelles *à la contribution foncière*, ne soit un nouveau poids ajouté à un poids déjà très-pesant lorsqu'il y a excès dans le contingent principal *des contributions directes*. Ce vice de pourvoir ainsi à des dépenses générales, se fera gravement sentir un jour, si le Gouvernement ne prépare les moyens d'asseoir *des charges générales* sur *des contributions générales*; dont le plus grand produit dans telle localité naisse de la richesse relative et non pas d'une erreur subsistante dans le contingent principal *des contributions directes*.

PREMIÈRE PARTIE.

MODE DES CONTRIBUTIONS DIRECTES

DE L'AN XII.

Les contributions directes pour l'an XII sont les mêmes que pour l'an XI.

Elles consistent : savoir ;

1°. La contribution foncière ;

2°. La contribution personnelle, somptuaire et mobiliaire ;

3°. La contribution des portes et fenêtres ;

4°. Les patentes.

Montant des contributions en principal.

Contribution foncière	210,000,000 fr.
Contribution personnelle somptuaire et mobiliaire	32,800,000
Impôt des portes et fenêtres	16,000,000
Patentes (par évaluation)	18,000,000
TOTAL	276,800,000
Deux centimes additionnels par franc sur les contributions foncière, personnelle, somptuaire et mobiliaire pour fonds de non-valeur et de dégrèvement.	4,856,000
Seize centimes additionnels aux mêmes contributions pour les dépenses fixes et variables des administrations et de l'ordre judiciaire	37,720,651
Cinq centimes additionnels aux mêmes contributions pour les dépenses des communes	12,140,000

Report..........	54,716,651
Dix centimes additionnels au principal des portes et fenêtres..................	1,6000,000
Cinq centimes additionnels au principal des patentes pour fonds de non-valeur.	900,000
Remises des percepteurs évaluées approximativement, à raison de trois centimes, taux commun de la perception..	7,764,000
	64,980,651.

Principal.......	276,800,000 fr.
Centimes additionnels	64,980,651
	341,780,651.

Nota. La quotité des centimes additionnels pour dépenses variables peut être au-dessous du maximum fixé par la loi. Ce n'est aussi que par évaluation que sont portées les dépenses communales. Ainsi les 64,980,651 fr. pourraient être susceptibles de réduction.

DEUXIEME PARTIE.

RÉPARTITION DES CONTRIBUTIONS DIRECTES.

CONTRIBUTION FONCIÈRE.

Loi du 4 germinal an XI.

ART. XI. La contribution foncière est fixée, pour l'an XII, à deux cent dix millions en principal.

XII. La répartition de cette somme entre les 108 départemens est faite conformément au tableau annexé à la présente.

ETAT de répartition de la Contribution foncière de l'an XII, entre les cent huit départemens de la République.

DÉPARTEMENS.	CONTINGENT en principal.	DÉPARTEMENS.	CONTINGENT en principal.
	fr.		fr.
Ain	1,170,000	Eure	3,670,000
Aisne	3,070,000	Eure-et-Loir	2,860,000
Allier	1,530,000	Finistère	1,420,000
Alpes (Basses)	680,000	Forêts	840,000
Alpes (Hautes)	510,000	Gard	1,810,000
Alpes-maritimes	400,000	Garonne(Haute	2,970,000
Ardèche	910,000	Gers	1,790,000
Ardennes	1,690,000	Gironde	2,980,000
Arriége	590,000	Golo	110,000
Aube	1,610,000	Hérault	2,630,000
Aude	1,930,000	Ille-et-Vilaine	1,910,000
Aveyron	2,240,000	Indre	1,100,000
Bouches-du-Rhôn.	1,520,000	Indre-et-Loire	1,850,000
Calvados	4,260,000	Isère	2,380,000
Cantal	1,430,000	Jemmape	1,900,000
Charente	2,030,000	Jura	1,320,000
Charente-infér.	2,670,000	Landes	770,000
Cher	1,140,000	Léman	500,000
Corrèze	1,100,000	Liamone	60,000
Côte-d'Or	2,540,000	Loir-et-Cher	1,580,000
Côtes-du-Nord	1,680,000	Loire	1,790,000
Creuse	880,000	Loire (Haute)	1,020,000
Doire	680,000	Loire-infér.	1,580,000
Dordogne	2,220,000	Loiret	2,330,000
Doubs	1,140,000	Lot	2,190,000
Drôme	1,260,000	Lot-et-Garonne	2,650,000
Dyle	2,350,000	Lozère	620,000
Escaut	4,000,000	Lys	3,150,000

DÉPARTEMENS.	CONTINGENT en principal.	DÉPARTEMENS.	CONTINGENT en principal.
	fr.		fr.
Maine-et-Loire...	2,880,000	Rhin-et-Mos.	1,070,000
Manche.........	3,720,000	Rhône.....	2,100,000
Marengo........	1,940,000	Roer.......	2,780,000
Marne..........	2,600,000	Samb.-et-M.	800,000
Marne (Haute)..	1,480,000	Saone(Haute)	1,460,000
Mayenne.......	2,180,000	Saone-et-Loi.	3,030,000
Meurthe........	1,690,000	Sarre.......	1,020,000
Meuse..........	1,580,000	Sarthe......	2,760,000
Meuse-infér.....	940,000	Seine.......	9,830,000
Mont-Blanc.....	660,000	Seine-infér..	5,280,000
Mont-Tonnerre..	2,190,000	Seine-et-Mar.	3,460,000
Morbihan.......	1,450,000	Seine-et-Oise	4,850,000
Moselle.........	1,920,000	Sesia.......	950,000
Nèthes (Deux)..	1,520,000	Sèvres(Deux)	1,790,000
Nièvre..........	1,420,000	Somme.....	3,630,000
Nord...........	4,080,000	Sture.......	2,240,000
Oise...........	3,110,000	Tanaro.....	1,310,000
Orne...........	2,500,000	Tarn.......	1,880,000
Ourte..........	1,300,000	Var........	1,400,000
Pas-de-Calais....	2,950,000	Vaucluse....	860,000
Pô.............	2,590,000	Vendée.....	1,710,000
Puy-de-Dôme....	2,500,000	Vienne.....	1,350,000
Pyrénées (Basses).	870,000	Vienne(Ha.).	1,080,000
Pyrénées(Hautes).	570,000	Vosges.....	1,170,000
Pyrénées-orient..	700,000	Yonne......	2,000,000
Rhin (Bas)......	2,040,000		
Rhin (Haut)....	1,800,000	TOTAL..	210,000,000

CONTRIBUTION FONCIÈRE

Des Canaux de Navigation et des Biens communaux.

Une loi du 25 février 1791 avait assujéti les canaux de navigation à la contribution foncière, à raison de leur revenu net; et cette contribution devait être fixée au taux moyen de celle supportée par les autres propriétés.

Ce principe se retrouve dans la loi du 3 frimaire an VII.

Le Gouvernement a senti la nécessité d'encourager et de multiplier ces sortes d'établissemens; et c'est dans cette vue qu'une loi nouvelle vient de modifier les anciennes et de consacrer le nouveau mode, d'après lequel les canaux doivent être cotisés à partir de l'an XIII.

Loi du 5 floréal an XI. (Bulletin, n°. 275.)

Art. Ier. Tous les canaux de navigation qui seront faits à l'avenir, soit aux frais du domaine public, soit aux dépens des particuliers, ne seront taxés à la contribution foncière qu'en raison du terrain qu'ils occupent, comme terre de première qualité.

II. A compter de l'an XIII, les anciens canaux de navigation et les francs bords, magasins et maisons d'éclusiers, dépendans du domaine public, ne seront taxés à cette contribution que dans la proportion énoncée dans l'article précédent.

III. Les autres maisons d'habitation et usines dépendantes desdits canaux, seront imposées comme les autres propriétés de la même nature.

IV. Les objets compris aux articles précédens seront imposés dans chaque commune dans laquelle ils se trouvent situés.

Exposé des motifs de la loi concernant la contribution des canaux de navigation.

Citoyens législateurs,

L'objet de la loi que nous venons vous présenter n'a pas besoin de longs développemens, et ses dispositions sont si claires et si précises qu'il nous sera facile de vous en faire reconnaître la nécessité.

Les canaux de navigation sont, comme les grandes routes, des moyens de communication; mais ils ont sur elles l'avantage inappréciable de faciliter les transports à moindres frais. Leur utilité est plus ou moins grande en raison des communications plus ou moins étendues qu'ils ouvrent, et nulle part elle ne peut être plus sensible que dans un état qui, comme la France, réunit un grand territoire dont il importe que toutes les parties puissent s'aider, soit des productions qui sont particulières à quelques-unes d'entre elles, soit des productions qui leur sont communes.

Que l'intempérie des saisons ou quelque autre cause accidentelle privent de leurs récoltes ordinaires quelques-uns des départemens, il importe qu'ils puissent être facilement approvisionnés par les autres. La diversité du sol de la France fournit presque toujours les moyens de suppléer, par l'abondance d'un canton, à la pénurie de l'autre; et l'objet important des subsistances sera assuré au moment où les canaux plus multipliés rendront les communications faciles.

Ce point de vue fixera toute votre attention, et nous n'avons pas besoin d'ajouter que, dès que les canaux fourniront des moyens de transport, ils seront employés pour toutes les denrées les plus pesantes, et ne laisseront plus les routes exposées aux mêmes dégradations; ce qui diminuera les dépenses considérables que nécessite leur entretien.

Enfin, les canaux déjà ouverts en France présentent des avantages si universellement reconnus qu'il n'est sûrement aucun de vous qui ne partage avec le Gouvernement l'opinion qu'on ne peut trop donner de protection à ces importantes propriétés, et chercher à les multiplier.

L'article premier du projet de loi dispose « que tous les » canaux qui seront faits à l'avenir ne seront taxés à la contribution foncière qu'à raison du terrain qu'ils occuperont, » comme terre de première qualité. »

Il résulte de cette disposition que la commune sur laquelle sera ouvert un canal aura l'avantage d'une nouvelle communication, sans augmentation sur sa matière imposable; et quelquefois, au contraire, avec une légère diminution.

Il en résultera aussi que les entrepreneurs du canal auront une garantie contre toutes les surtaxes et vexations que l'envie excite trop souvent contre eux, lorsqu'on voit les profits qu'ils retirent de leur entreprise, sans considérer les avances par lesquelles ils les ont achetées, et la chance qu'ils ont courue.

Le Gouvernement n'a pas cru qu'il convînt de les exempter de toute contribution; il a considéré que cette taxe serait presque insensible sur le produit ordinaire des canaux, et que l'avantage de prévenir toutes les difficultés devait la faire adopter.

L'article II étend aux anciens canaux faisant partie du domaine public la disposition de l'article Ier. Tous les motifs qui ont déjà porté le Corps législatif à adopter la proposition de ne plus taxer les forêts nationales à la contribution foncière reçoivent ici leur application. Il nous serait facile de vous donner des preuves qu'on ne peut porter plus loin l'abus de la surtaxe, qu'il ne l'a été dans quelques départemens sur ces propriétés. Cependant, la loi ne devra recevoir son exécution qu'à compter de l'an XIII, afin que le Gouvernement puisse faire régler la portion légitime du dégrèvement à accorder à chacun des départemens qui sont traversés par ces anciens canaux, et régler avec les fermiers ce dont ils devront compter au trésor public.

L'article III laisse dans la classe des propriétés ordinaires les maisons et usines qui dépendent des canaux, mais qui ne sont pas nécessaires à leur service; cette disposition a pour objet de lever toute difficulté, et de restreindre le bienfait de la loi dans des termes convenables.

Enfin, l'article IV contient une dérogation nécessaire aux lois qui avaient ordonné que les canaux seraient cotisés par départemens. Ce mode de les taxer était le seul praticable, lorsqu'on les taxait sur leur produit; mais du moment qu'on ne taxera plus que le terrain qu'ils occuperont, c'est par commune qu'il convient de les taxer.

Vous voyez, citoyens Législateurs, d'après les observations que nous venons de faire sur chaque article de la loi, que toutes ces dispositions sont également utiles et nécessaires pour atteindre le but que le Gouvernement s'est proposé. Vous voudrez, sans doute, avec lui, accorder une protection spéciale aux canaux, et vous vous empresserez de donner votre sanction à ce projet.

Loi concernant la contribution foncière des biens communaux.

Du 26 Germinal an XI.

ARTICLE PREMIER

Les fermiers et locataires des biens communaux mis en ferme ou donnés à bail, comme les biens ruraux, terres, prés et bois, ou les moulins, usines ou maisons d'habitation, seront tenus de payer, à la décharge des communes, et en déduction du prix du bail, le montant des impositions de tout genre assises sur ces propriétés.

II. Lorsqu'une commune possédera des domaines utiles dont chaque habitant profitera également, et qui ne seront pas susceptibles d'être affermés, comme des bois, pacages et marais communaux, ou des bâtimens servant à l'usage commun, et qu'elle n'aura pas de revenus suffisans pour payer la contribution due à raison desdits domaines, cette contribution sera répartie en centimes additionnels sur les contributions foncière, mobilière et somptuaire de tous les habitans.

III. Lorsque tous les habitans n'auront pas un droit égal à la jouissance du bien communal, la répartition de la contribution assise sur ce bien, sera faite par le maire de la commune, avec l'autorisation du préfet, au prorata de la part qui en appartiendra à chacun.

IV. Lorsqu'une partie seulement des habitans aura droit à la jouissance, la répartition de la contribution n'aura lieu qu'entre eux, et toujours proportionnellement à leur jouissance respective.

Motifs de la loi relative à la contribution foncière des biens communaux.

Les communes possèdent des biens dont elles doivent acquitter la contribution foncière.

Dans un grand nombre de communes cette contribution ne se paye pas, et laisse un vide dans les recettes générales de l'Etat. La cause provient de ce que chaque habitant recueille en nature une partie des fruits par l'exercice d'un droit d'usage, et que nul revenu commun, nulle somme effective n'entrent dans la caisse municipale.

Quelques préfets, pour éviter ce déficit, ont fait répartir la cote communale sur tous les habitans, sans autorisation du Gouvernement ni du ministre.

Le ministre de l'intérieur a trouvé cette mesure illégale et l'a réprouvée ; mais les préfets ont objecté la nécessité de faire payer jusqu'à quatre cents francs d'impôt à une commune qui n'a pas quelquefois cent francs de revenu, et le ministre a été entraîné à tolérer l'exécution provisoire du mode adopté par le préfet, pour éviter des non-valeurs trop considérables qui seraient toujours retombées sur les contribuables.

Cependant le Gouvernement ne peut laisser subsister un tel abus.

On ne peut imposer sur les habitans d'une commune que le *maximum* de cinq centimes par franc, à moins d'y être autorisé par une loi.

Il faut donc fixer un mode pour faire payer l'impôt dû par les communes à raison de leurs propriétés.

Ces propriétés peuvent être de trois espèces :

1°. Des domaines susceptibles de bail à loyer et de produire un revenu, comme des prés, des champs, des bois, etc. et alors sur le produit de la ferme, le montant de l'imposition doit être prélevé ; il est ainsi assuré sans imposition sur les habitans, et il suffit de charger les fermiers des biens communaux de payer à la décharge des communes, et en déduction du prix de leur bail, les impositions auxquelles les biens qu'ils tiennent à ferme sont sujets.

2°. Les propriétés communales peuvent être d'une espèce telle que la jouissance profite à chacun des habitans dans une proportion égale ou différente, ou à une portion des habitans seulement, sans produire aucun revenu susceptible d'entrer dans la caisse municipale, comme des paturages communs, des marais, pâtis, landes, etc.

Enfin, une troisième espèce de biens communaux, c'est la maison commune, celle de l'instituteur ou autre bâtiment public.

Pour ces deux dernières espèces de biens :

Il est nécessaire d'autoriser entre les habitans la répartition des contributions auxquelles ils sont sujets, si la commune n'a pas d'autre moyen d'y pourvoir dans des revenus suffisans.

La répartition se fera sur tous, si tous profitent également, si le bénéfice est égal; au prorata de la part de chacun, si elle est différente; enfin sur ceux seulement auxquels le bien communal appartient, s'il n'est la propriété que d'un certain nombre d'habitans.

Ainsi on remédie à l'énonciation insuffisante de l'art. 109 de la loi du 3 frimaire an 7, et du §. VIII de l'article 4 de la loi du 11 du même mois de la même année.

Ainsi les habitans, et le conseil municipal qui les représente, seront engagés à l'ordre, à l'économie, par les calculs de leur propre intérêt : cet intérêt sera de trouver dans les recettes communes de quoi se libérer, pour n'être pas nécessités à une dépense individuelle.

Il sera essentiel pour eux d'être de sages conservateurs, des dispensateurs prudens du bien de tous, pour que le bien de chacun ne se trouve pas affecté à une obligation générale.

Ainsi les communes seront portées à destiner une partie de leurs biens non affermés, tels que bois, landes, marais, pacages, à une mise en ferme, à une exploitation particulière qui puisse suffire au paiement de l'impôt.

Elles se décideront à demander l'autorisation pour aliéner les édifices inutiles ou d'une utilité douteuse, lorsqu'il résultera de leur possession une surcharge d'impôt que les revenus ordinaires ne couvriront pas.

Ainsi, la totalité d'un département ne se trouvera pas exposée à une réimposition qui proviendrait du fait de quelques communes, jouissant de domaines utiles sans payer les charges générales imposées pour la société.

Tel sera le résultat de la loi que je vous apporte; et il est trop utile à l'administration, trop nécessaire même à la justice de son action, pour que j'aie besoin d'en développer plus longuement les motifs.

LETTRE *du Ministre des finances, aux Préfets.*

Du 16 Germinal an 11.

Une loi du 4 de ce mois, citoyen Préfet, vient de régler les contributions directes de l'an 12, et un arrêté du Gouvernement, du 5, a déterminé les époques de la convocation des conseils généraux et d'arrondissemens.

Je vais entrer successivement dans les détails propres à vous guider dans les premières opérations à faire pour l'établissement de ces contributions.

Contribution foncière.

La contribution foncière qui était, en l'an 11, pour tous les départemens, y compris les six nouveaux, de 220,200,000 francs, est réduite, pour l'an 12, à 210 millions, et tous les départemens ont part à cette diminution.

Votre contingent en principal est de la somme de...

Contribution personnelle, somptuaire et mobiliaire.

La contribution personnelle, somptuaire et mobiliaire, est la même qu'en l'an 11.

Votre contingent en principal est de.........

Centimes additionnels.

Au principal de chacune des deux contributions, il devra d'abord être ajouté, 1°. deux centimes par franc pour fonds de non-valeurs; 2°. centimes aussi par franc pour le paiement des dépenses fixes mises à la charge du Gouvernement, et énoncées au tableau n°. 3 annexé à la loi.

Il devra en outre être imposé, également en sus du principal, la somme nécessaire pour subvenir aux dépenses variables laissées à la charge du département, sans toutefois pouvoir excéder centimes. Ces dépenses sont détaillées au tableau n°. 4, pareillement annexé à la loi.

Enfin, les communes ont la faculté d'imposer pour leurs dépenses particulières, jusqu'à concurrence du *maximum* fixé l'année dernière, non compris les taxations des receveurs des villes, bourgs et villages.

Les conseils d'arrondissement, dont la première session doit s'ouvrir le 25 de ce mois, auront à s'occuper de dresser le projet des dépenses variables de leur arrondissement ; ils auront, en outre, à donner leur avis sur les communes dont il leur paraîtra juste, d'après l'examen de leurs réclamations, de diminuer, pour l'an 12, le contingent dans l'une ou l'autre contribution.

Vous remettrez au conseil général, à l'ouverture de ses séances, les états des dépenses variables, et les avis de répartition que vous aurez reçus des conseils d'arrondissement.

Le conseil général arrêtera les dépenses variables des arrondissemens, y ajoutera celles des départemens, et il imposera les deux sommes réunies, sans excéder le *maximum* fixé par la loi.

Le conseil procédera ensuite à la répartition de la contribution foncière entre les arrondissemens. Vous devrez fixer son attention sur ceux que vous savez être grevés, soit parce qu'ils renferment des bois nationaux qui ne sont plus assujettis à l'impôt, ou des bois particuliers que l'on a continué à surtaxer ; soit parce qu'ils sont traversés par des canaux dont le revenu a été véritablement exagéré ; soit enfin par d'autres considérations locales : et il s'empressera, je n'en doute nullement, de profiter du soulagement accordé pour faire cesser les représentations justes et fondées qui parviennent au Gouvernement à cet égard.

Il procédera également à la répartition de la contribution personnelle, somptuaire et mobiliaire, en s'attachant à faire disparaître, autant qu'il lui sera possible, les inégalités de répartition qu'elle pourrait présenter.

Lorsqu'il aura terminé l'opération du répartement, il vous en remettra le résultat en deux tableaux, l'un pour la contribution foncière, l'autre pour la contribution personnelle, somptuaire et mobiliaire ; ces deux tableaux présenteront le contingent de chaque arrondissement, 1°. en principal, 2°. en deux centimes pour le fonds de non-valeurs, 3°. en centimes pour les traitemens fixes, 4°. en centimes pour les dépenses variables du département et des arrondissemens.

Je joins ici un modèle de ce tableau n°. 1.

Vous voudrez bien m'en adresser une expédition aussitôt après la clôture de l'assemblée, en faire remettre une copie au directeur des contributions, et une autre au receveur général. Je desire que ces tableaux me soient tous parvenus *dans les dix premiers jours de prairial* pour les départemens les plus éloignés.

Sur ces tableaux, vous expédierez à chaque sous-préfet un mandement pour chaque contribution. Ces mandemens, dont le modèle est également ci-joint n°s. 3 et 4, lui feront connaître le contingent de son arrondissement en principal, centimes pour le fonds de non-valeurs, traitemens fixes et dépenses variables du département et de l'arrondissement.

Lorsque le conseil d'arrondissement sera de nouveau réuni, le sous-préfet lui remettra les deux mandemens portant fixation des contingens; et le conseil devra s'occuper de la répartition entre les villes, bourgs et villages, en ne perdant pas de vue l'observation relative aux bois nationaux particuliers et aux canaux, qui devra également être prise en considération, lors du dernier degré de répartition.

Dès que la seconde répartition sera faite, le conseil d'arrondissement fera rédiger deux tableaux, l'un pour la contribution foncière, et l'autre pour la contribution personnelle, somptuaire et mobiliaire, présentant les contingens de chaque commune. 1°. en principal; 2°. en deux centimes pour le fonds de non-valeurs; 3°. en centimes pour les traitemens fixes; 4°. en fonds de dépenses variables du département et de l'arrondissement. Il remettra ces tableaux au sous-préfet, qui vous les fera passer, et en enverra une copie au receveur particulier. Vous aurez soin de m'en envoyer une expédition, et je vous serai obligé d'en remettre une copie au directeur des contributions.

Chaque sous-préfet expédiera ensuite sur ces tableaux deux mandemens, un pour chaque contribution, et les adressera aux Maires des villes, bourgs et villages, pour faire connaître à chacun les contingens de sa commune. Je joins ici des modèles de l'état de répartition, n°. 4, et des mandemens, n°s. 5 et 6.

Portes et Fenêtres.

La contribution des portes et fenêtres est fixée, pour tous les départemens de la République, y compris les six nouveaux, à 16 millions comme en l'an XI.

Ainsi votre département, qui, l'année dernière, supportait dans cette contribution une somme de. .

n'a plus qu'un contingent de. . . . .

RÉDUCTION. . . . .

Une disposition de la loi porte que les propriétaires des manufactures ne seront taxés que pour les fenêtres de leurs habitations personnelles et celles de leurs concierges et commis. Vous aurez donc soin, avant de procéder au travail qui vous est personnellement confié de la répartition de votre contingent, de vous procurer, par la voie du Directeur des contributions, des renseignemens exacts sur la diminution qui devra résulter, dans tel ou tel arrondissement, de cette disposition. Vous recommanderez la même attention au sous-préfet chargé de la sous-répartition.

Cette même loi ne présente, d'ailleurs, aucun changement; et je ne puis, dès-lors, que me référer aux instructions contenues dans la lettre que j'ai eu l'honneur de vous écrire le 20 floréal de l'année dernière.

Je joins seulement ici les modèles des tableaux de répartition et de sous-répartition, ainsi que des mandemens, sous les nos. 1, 2, 3 et 4.

Je vous serai obligé, *aussitôt votre répartition faite*, de m'en envoyer le tableau.

Patentes.

Les patentes sont absolument les mêmes qu'en l'an XI: cette contribution ne pouvant, au surplus, être assise qu'à commencer du mois de vendémiaire prochain, j'aurai l'honneur de vous en entretenir ultérieurement.

Il me reste à vous parler de la confection des rôles de la contribution foncière, de la contribution personnelle, somptuaire et mobiliaire, et de celle des portes et fenêtres; ce sera l'objet d'une lettre particulière que vous recevrez très-incessamment.

LETTRE *du citoyen* Legrand, *premier commis de la première division du ministère des finances, aux directeurs.*

J'ai l'honneur, citoyen, de vous adresser un exemplaire de la lettre que le ministre vient d'écrire au préfet de votre département, relativement au répartement des contributions foncière, personnelle, somptuaire et mobiliaire et de celle des portes et fenêtres de l'an 12. Vous y trouverez joints les différents modèles qui accompagnaient cette lettre.

Le ministre me charge de vous recommander, 1.° de rassembler et de remettre au préfet, tous le renseignemens que vous avez dû vous procurer sur les forces respectives des arrondissemens, et principalement sur la surcharge que quelques uns d'entr'eux pourraient éprouver à raison des bois nationaux, des bois particuliers et des canaux ; 2°, de mettre le plus promptement possible, le préfet à même de faire la répartition des portes et fenêtres.

Vous recevrez très-incessamment l'instruction relative à la confection des rôles dont il importera essentiellement de s'occuper sans différer.

LETTRE *du Ministre des finances, aux Préfets*

Du 30 germinal an 11.

La répartition, citoyen préfet, de la contribution foncière, de la contribution personnelle, somptuaire et mobiliaire, et de celle des portes et fenêtres, entre les arrondissemens et entre les villes, bourgs, et villages, sera incessamment terminée d'après les instructions contenues dans ma lettre du 16 de ce mois.

D'après celle que je vous avais adressée le 17 du mois précédent, par-tout, à l'époque où vous recevrez celle-ci, les répartiteurs seront nommés. Ainsi vous pouvez dès-à-présent, et sans attendre que la répartition soit faite, donner au directeur des contributions l'ordre de faire rassembler par les contrôleurs, tous les matériaux nécessaires pour que l'importante opération de la confection des rôles soit commencée le plus promptement possible.

Il existe sur ces trois contributions, des matrices de rôles : chaque contrôleur doit donc dès ce moment se procurer l'état des mutations que les maires, adjoints et répartiteurs croiront devoir proposer de faire à la matrice, ou un certificat signé d'eux, attestant qu'il n'ont aucun changement à proposer. Tous ces états de mutations ou certificats négatifs peuvent aisément être rassemblés, pour la contribution foncière et pour celle des portes et fenêtres, *avant le 20 prairial*, et pour la contribution personnelle, somptuaire et mobilière, *dans les vingt premiers jours de messidor au plus tard.*

Vous devrez, par la voie des sous-préfets, faire connaître aux maires des communes, que ceux qui n'auraient pas remis ou envoyé à ces époques aux contrôleurs leurs états de changemens, seront censés n'en avoir aucun à proposer, et consentir à ce que les rôles s'expédient sur les matrices existantes.

Il convient, au surplus, que ces états de mutations soient faits avec toute l'exactitude possible. De là dépendent la régularité des rôles et la facilité du recouvrement ; faites-en, je vous prie, la recommandation expresse aux maires, adjoints et répartiteurs, et chargez le directeur de prévenir les contrôleurs, que la moindre négligence de leur part me serait dénoncée.

En tenant la main, citoyen préfet, à ce que ces renseignemens indispensables soient parvenus au directeur dans les délais ci-dessus prescrits, celui-ci aura tout le temps nécessaire pour la confection des rôles. Ils devront, dès-lors, être faits avec tout le soin que j'ai lieu d'attendre de son zèle ; et vous fixerez, d'une manière toute particulière, son attention sur ce travail, l'un des plus importans qui lui sont confiés.

Vous ne perdrez pas de vue que le directeur doit rédiger les états, 1°. des décharges et réductions qui auraient été prononcées sur les contributions foncière et personnelle de l'an 9 et de l'an 10, postérieurement à la confection des rôles de l'an 10 et de l'an 11 ; 2°. de celles prononcées sur la contribution foncière, et sur la contribution personnelle, somptuaire et mobiliaire de l'an 11.

J'ai lieu de présumer que le fonds de dégrèvement sur la contribution des portes et fenêtres de l'an 10, sera, prélèvement fait de la somme nécessaire pour le payement de la confection des rôles, plus que suffisant pour couvrir les décharges et réductions prononcées sur cette contribution; mais dans le cas contraire, il y aurait lieu à réimposition. La réimposition devrait également avoir lieu pour les non-valeurs de l'an 9, s'il en existait au-delà du fonds laissé à votre disposition, et de celui que le Gouvernement aurait pu vous accorder.

Les états de ces réimpressions devront, ainsi que les deux premiers, vous être soumis par le directeur ; après que vous en aurez reconnu l'exactitude, et que vous les aurez revêtus de votre approbation, les sommes auxquelles ils s'élèveront seront, conformément aux lois et à ma lettre du 15 de ce mois, réimposées dans les rôles de l'an 12.

Je joins ici, sous les nos. 1, 2 et 3, les modèles de ces rôles, qui m'ont paru susceptibles de quelques légers changemens.

Je vous prie de donner les ordres convenables pour que le nombre d'exemplaires suffisant de ces rôles soit imprimé avec la plus grande célérité; et vous veillerez à ce que tous soient confectionnés *au 15 fructidor au plus tard.*

A mesure que vous les aurez arrêtés, vous voudrez bien les faire passer au directeur, qui les conservera jusqu'à ce que je vous aie fait connaître l'époque où ils devront être envoyés aux receveurs des villes, bourgs et villages.

LETTRE *du citoyen* Legrand, *premier commis de la première division du ministère des finances, aux directeurs.*

J'ai l'honneur citoyen, de vous adresser un exemplaire de la lettre que le ministre vient d'écrire aux préfets de votre département, relativement à la confection des rôles de la contribution foncière, de la contribution personnelle, somptuaire et mobiliaire, et des portes et fenêtres, de l'an 12.

J'y joins deux exemplaires des modèles de rôles de ces contributions. Ces modèles étaient susceptibles de quelques légers changemens.

Vous avez, citoyen, le temps convenable pour rassembler tous les élémens nécessaires à la formation des rôles et pour leur confection. Le ministre compte donc entièrement sur votre zèle et sur celui de vos collaborateurs, pour que cette importante opération soit faite avec toute la régularité possible, et terminée à l'époque du 15 fructidor, prescrite par sa lettre.

DÉCISIONS

RELATIVES A LA CONTRIBUTION FONCIÈRE.

Les bacs établis sur les fleuves et les rivières doivent-ils la contribution foncière?

L'affirmative a été décidée par le ministre des finances, le 13 vendémiaire an XI. Il eût fallu une disposition expresse pour ne les porter sur les états de section et matrices de rôles que pour mémoire, ainsi que la loi du 21 ventose an 9 l'a prescrit pour les bois nationaux. Cette disposition n'existant pas, la contribution qui les frappe doit être acquittée.

Les receveurs des domaines ont reçu de la régie une instruction du 26 vendémiaire an XI qui leur prescrit de se conformer pour le paiement des cotes des bacs aux circulaires de l'administration relatives à la contribution foncière des biens nationaux.

Comment les ponts doivent-ils être cotisés à la contribution foncière?

Les ponts ne doivent être imposés qu'à raison du terrein qu'ils occupent, c'est-à-dire à raison du terrein que prennent les deux culées, et ce terrein doit être évalué sur le même pied que les terreins environnans.

Lettre du ministre au préfet du Rhône, du

REPARTITION DE LA CONTRIBUTION PERSONNELLE, SOMPTUAIRE ET MOBILIÈRE.

Loi du 4 Germinal an XI.

Art. XIII. La contribution personnelle, somptuaire et mobiliaire, est fixée, pour l'an XII, à la somme de trente-deux millions huit cent mille francs en principal.

XIV. La répartition de cette somme est faite entre les 108 départemens, conformément au tableau annexé à la présente, n°. 11.

CONTRIBUTION *personnelle, somptuaire et mobiliaire an XII.*

DÉPARTEMENS.	CONTINGENT en principal.	DÉPARTEMENS.	CONTINGENT en principal.
	fr.		fr.
Ain	133,300	Eure-et-Loir	321,200
Aisne	381,700	Finistère	351,800
Allier	154,900	Forêts	98,300
Alpes (Basses)	62,200	Gard	282,100
Alpes (Hautes)	39,800	Garonne (Haut.)	394,100
Alpes-maritimes	49,600	Gers	216,300
Ardèche	97,900	Gironde	680,100
Ardennes	220,500	Golo	16,200
Arriége	100,100	Hérault	388,100
Aube	244,300	Ille-et-Vilaine	329,300
Aude	242,300	Indre	142,800
Aveyron	227,500	Indre-et-Loire	232,000
Bouches-du-Rhôn.	577,900	Isère	265,000
Calvados	604,500	Jemmape	383,200
Cantal	147,300	Jura	164,700
Charente	247,300	Landes	95,600
Charente-infér.	384,500	Léman	79,800
Cher	131,700	Liamone	9,300
Corrèze	107,800	Loir-et-Cher	209,100
Côte-d'Or	355,500	Loire	292,900
Côtes-du-Nord	241,600	Loire (Haute)	116,600
Creuse	93,900	Loire-infér.	455,900
Doire	56,000	Loiret	373,100
Dordogne	250,000	Lot	287,600
Doubs	180,800	Lot-et-Garonn.	314,600
Drôme	142,700	Lozère	51,700
Dyle	518,000	Lys	546,600
Escaut	682,200	Maine-et-Loire	330,400
Eure	383,400	Manche	457,400

DÉPARTEMENS.	CONTINGENT en principal.	DÉPARTEMENT.	CONTINGENT en principal.
			fr.
Marengo........	132,000	Roer.......	485,200
Marne..........	344,200	Samb.-et-Me.	165,800
Marne (Haute)..	196,700	Saone(Haute)	139,300
Mayenne........	243,800	Saone-et-Loi.	320,400
Meurthe........	229,600	Sarre.......	194,700
Meuse..........	186,600	Sarthe......	297,200
Meuse-inférieure.	210,000	Seine.......	4,177,400
Mont-Blanc.....	108,500	Seine-infér..	1,095,400
Mont-Tonnerre..	311,500	Seine-et-Mar.	443,600
Morbihan.......	274,100	Seine-et-Oise	616,500
Moselle........	265,500	Sesia.......	61,000
Nèthes (Deux)...	327,500	Sèvres(Deux)	196,100
Nièvre.........	176,900	Somme......	467,000
Nord...........	719,700	Sture.......	170,000
Oise...........	395,500	Tanaro.....	103,000
Orne...........	306,800	Tarn.......	210,000
Ourte..........	416,200	Var........	212,800
Pas-de-Calais...	422,000	Vaucluse....	121,400
Pô.............	278,000	Vendée.....	193,000
Puy-de-Dôme...	348,700	Vienne.....	123,500
Pyrénées (Basses).	150,900	Vienne(Ha.).	134,100
Pyrénées (Haut.).	62,700	Vosges......	131,900
Pyrénées-orient..	61,200	Yonne......	262,100
Rhin (Bas)......	380,500		
Rhin (Haut).....	255,500	TOTAL...	32,800,000
Rhin-et-Moselle..	170,000		
Rhône..........	559,000		

Voyez les instructions pour la répartition et les rôles de cette contribution à la suite de l'état de répartement de la contribution foncière.

ARRÊTÉ relatif aux contributions payables par les officiers d'état-major et autres à résidence fixe.

Du 28 Thermidor an X.

ART. Ier. Les officiers d'état-major des divisions et des places, les officiers sans troupes, les commissaires ordonnateurs et ordinaires, les inspecteurs en chef, les inspecteurs et sous-inspecteurs aux revues, les officiers civils, tant du département de la guerre que de celui de la marine, seront cotisés à la contribution personnelle et mobiliaire, au lieu de la résidence où les fixe leur service.

Cette cotisation sera de deux centimes pour franc de leur traitement.

II. Tous les citoyens compris en l'article précédent, devront, outre la contribution personelle et mobiliaire, la contribution somptuaire, pour les objets qui y sont soumis, s'ils en ont d'autres que ceux qui leur sont accordés à raison de leur service, et seront cotisés aux rôles des communes où ces objets existent.

III. Les autres officiers, soit de terre, soit de mer, qui n'ont pointde résiden ce fixe, et n'ont d'habitation que celle de leur garnison, ne seront pas compris aux rôles des contributions personnelle, mobiliaire et somptuaire.

Ceux desdits officiers qui auront des habitations particulières, soit pour eux, soit pour leur famille, seront cotisés, comme les autres citoyens au rôle de la commune où ces habitations et les objets de luxe se trouveront.

LETTRE du ministre des Finances aux Préfets.

Du 22 Fructidor an X.

Le mode de cotisation, citoyen-préfet, des officiers tant de terre que de mer, à la contribution personnelle, somptuaire et mobiliaire, n'était point déterminé d'une manière assez précise : de là de nombreuses difficultés qui entravaient le recouvrement ; l'arrêté des consuls du 28 du mois dernier, a pour but de les faire cesser.

Les officiers de l'état-major, des divisions et des places, les officiers sans troupes, les commissaires ordonnateurs et ordinaires, les inspecteurs en chef, les inspecteurs et sous-inspecteurs aux revues, les officiers civils tant du département de la guerre que celui de la marine, doivent être cotisés à la contribution personnelle et mobiliaire, *au lieu de la résidence où les fixe leur service, et cette cotisation doit être de deux centimes par franc de leur traitement.*

Ce n'est donc plus, pour les officiers ci-dessus dénommés, le loyer d'*habitation* qui servira de base à la cotisation, mais le *traitement*. Par une suite naturelle, la disposition de la loi concernant la *double habitation*, ne leur est pas applicable. Quand bien même ils auraient, dans un autre endroit que celui où les fixe leur service, une habitation occupée par leur famille, ils ne devront pas être cotisés à raison de cette habitation ; ils sont uniquement imposables au lieu de la résidence où les fixe leur service ; et ce lieu, toujours bien connu, ne peut plus laisser aucune incertitude. La cotisation doit être, au surplus, tant en principal qu'en centimes additionnels, *de deux centimes par franc* du traitement ; et dans le traitement, ne doit pas être comprise la somme allouée en représentation de logement. Je vais, en donnant connaissance aux ministres de la guerre et de la marine, de cette circulaire, les inviter à vous faire parvenir le montant des traitemens des officiers désignés ci-dessus et qui se trouvent dans votre département ; nul doute d'ailleurs que ces officiers ne doivent la contribution somptuaire pour les objets qui y sont soumis, s'ils en ont d'autres que ceux qui leur sont accordés à raison de leur service, et cette cotisation doit être faite aux rôles des différentes *communes où ces objets peuvent exister.*

Quant aux officiers, soit de terre soit de mer, qui n'ont point de résidence fixe, et n'ont d'habitation que celle de leur garnison, ils ne doivent être cotisés, dans le lieu de la garnison, à aucune des taxes, pas même à *celle somptuaire*, attendu qu'exposés à des déplacemens fréquens, il y aurait imposiblité de faire effectuer le payement ; mais si ces mêmes officiers avaient des habitations particulières, soit pour eux soit pour leur famille, *dans le lieu de la garnison ou dans d'autres endroits*, ils devront être cotisés, comme les autres citoyens, au rôle de la commune où ces habitations existent, et devront de plus la taxe somptuaire partout où ils y auraient des objets soumis à cette taxe, autres que ceux reconnus nécessaires à leur service.

Tels sont les principes qui, d'après le dernier arrêté des consuls, doivent servir de guide pour la cotisation des officiers tant de terre que de mer.

Les rôles de l'an XI devant, à l'époque où vous recevrez cette lettre, être confectionnés, et le bien du service exigeant qu'ils soient promptement mis en recouvrement, ils ne pourront présenter encore l'application de ces principes; mais le conseil de préfecture devra s'y conformer dans le jugement des réclamations.

Si cependant, dans les grandes villes principalement, les rôles n'étaient pas encore totalement formés, et qu'il fût possible de suivre, pour l'année prochaine même, le nouveau mode prescrit, alors le directeur des contributions devrait commencer par constater le montant de la somme à payer par les officiers énoncés dans l'arrêté, déduire cette somme du contingent, et n'établir le centime le franc que sur le restant.

Je vous invite à prendre toutes les mesures nécessaires pour assurer l'exécution de ces dispositions.

DÉCISIONS

RELATIVES A LA CONTRIBUTION

PERSONNELLE ET MOBILIÈRE.

Les officiers en activité de service doivent-ils la taxe somptuaire pour les voitures de luxe qu'ils peuvent avoir ?

La loi du 3 nivose an 7 ne fait d'exception que pour les chevaux, et restreint même cette exemption au nombre de chevaux attribués au grade de chaque officier. Tous les chevaux excédant ce nombre, ainsi que les voitures de luxe que les officiers peuvent avoir, sont passibles de la taxe somptuaire.

Lettre du 13 vendémiaire an XI.

Le montant des décharges accordées sur les taxes

somptuaires de l'an XI, est-il réimposable sur l'an XII ?

Oui : la contribution somptuaire fait partie de la contribution personnelle et mobiliaire. Les décharges et réductions auxquelles cette réduction donne lieu, doivent être réimposées.

Lettre au Préfet de l'Oise du 5 pluviose an 11.

Un patentable, qui ne paye point le droit proportionnel, doit-il la contribution mobiliaire à raison de la totalité des bâtimens qu'il occupe, y compris ceux servant à l'exercice de son état, ou seulement à raison de son habitation personnelle ?

La contribution mobiliaire a pour base le loyer d'habitation, et l'individu, dans l'hypothèse dont il s'agit, ne doit la cote mobiliaire qu'à raison de la valeur locative de son habitation personnelle.

Lettre au Préfet de la Seine du 3 ventose an 11.

La contribution mobilière due par une personne décédée dans le cours de l'année, pendant laquelle elle a été imposée, est elle exigible en totalité envers ses héritiers ?

Oui : c'est une charge de la succession, et les héritiers doivent l'acquitter en totalité.

Lettre au Préfet de la Seine du 1er. germinal an 11.

Le sur-haussement de loyer doit-il avoir lieu pour les ministres du culte ?

Non : la loi n'a eu en vue que ceux qui restent volontairement célibataires, et les ministres du culte, par leur caractère et leur état, ne peuvent se marier.

Lettre au Préfet de la Seine du 10 messidor an 10.

L'article XXIII de la loi du 3 nivose an 7, veut que pour la cote mobiliaire les loyers des célibataires soient sur-haussés de moitié. Ce sur-haussement doit-il avoir lieu pour les vieillards de soixante ans et plus ?

Le législateur a voulu distinguer le père de famille d'avec le célibataire. L'état de ce dernier est purement volontaire; il a dû en calculer tous les effets, et dès-lors il ne peut être admis à s'en plaindre. D'ailleurs la loi qui fait commencer le célibat à 30 ans, ne le fait point cesser à 60 : elle n'en détermine point la durée, ce qui suppose qu'elle a voulu que le célibataire restât assujetti, sa vie durant, à la disposition dont il s'agit.

Lettre au Préfet de la Seine du 10 *messidor an* 10.

Un contribuable qui a deux habitations dans la même ville, a-t-il le choix de l'habitation qui doit servir de base à la cote mobiliaire?

Il doit être imposé sur la valeur locative de l'habitation la plus chère.

Lettre au Préfet de la Seine du 5 *brumaire an* 11.

RÉPARTITION DE LA CONTRIBUTION DES PORTES ET FENÊTRES.

Loi du 4 Germinal an XI.

Art. XIX. La contribution des portes et fenêtres, est fixée, pour l'an XII, en principal, à la somme de seize millions.

Les propriétaires des manufactures ne seront taxés que pour les fenêtres de leurs habitations personnelles et de celles de leurs concierges et commis : en cas de difficultés sur ce que l'on doit considérer commme manufactures, il y sera statué par le conseil de préfecture.

XX. La répartition de cette somme de seize millions est faite entre les départemens, conformément au tableau annexé à la présente.

XXI. Il sera perçu, en outre du principal de la contribution des portes et fenêtres, dix centimes additionnels par franc, affectés aux frais de confection de rôles et aux fonds de dégrèvement et de non-valeur.

ÉTAT de répartition de la Contribution sur les portes et fenêtres entre les 108 départemens de la République.

DÉPARTEMENS.	CONTINGENT en principal.	DÉPARTEMRNS.	CONTINGENT en principal.
	fr.		fr.
Ain	82,900	Eure	268,000
Aisne	220,200	Eure-et-Loir	135,100
Allier	61,300	Finistère	126,800
Alpes (Basses)	41,000	Forêts	102,200
Alpes (Hautes)	25,400	Gard	144,100
Alpes-maritimes	34,300	Garonne (Hau.)	213,600
Ardèche	59,500	Gers	98,100
Ardennes	110,200	Gironde	419,400
Arriége	51,000	Golo	4,000
Aube	114,600	Hérault	153,600
Aude	93,800	Ille-et-Vilaine	123,400
Aveyron	105,000	Indre	50,400
Bouches-du-Rhôn.	429,900	Indre-et-Loire	118,800
Calvados	234,900	Isère	140,300
Cantal	40,600	Jemmape	226,800
Charente	110,600	Jura	110,800
Charente-infér.	163,900	Landes	65,500
Cher	68,900	Léman	77,200
Corrèze	55,500	Liamone	2,000
Côte-d'Or	163,000	Loire-et-Cher	85,200
Côtes-du-Nord	85,600	Loire	81,900
Creuse	37,800	Loire (Haute)	57,400
Doire	25,000	Loire-infér.	141,700
Dordogne	95,400	Loiret	197,900
Doubs	128,600	Lot	106,300
Drôme	66,200	Lot-et-Garonne	99,400
Dyle	282,500	Lozère	30,100
Escaut	377,600	Lys	230,800

DÉPARTEMENT.

DÉPARTEMENS.	CONTINGENT en principal.	DÉPARTEMENT.	CONTINGENT en principal.
	fr		fr
Maine-et-Loire..	129,100	Rhône......	301,900
Manche.........	155,700	Roer.......	302,800
Marengo........	66,000	Samb.-et-Me.	69,300
Marne..........	228,600	Saone(Haute)	122,100
Marne (Haute)..	106,300	Saone-et-Loi.	118,300
Mayenne........	61,200	Sarre.... ...	115,400
Meurthe........	158,400	Sarthe......	109,200
Meuse..........	118,700	Seine......	1,279,900
Meuse-infér.....	107,600	Seine-infér..	538,300
Mont-Blanc.....	64,600	Seine-et-Mar	162,100
Mont-Tonnerre..	230,400	Seine-et-Oise	345,500
Morbihan.......	88,800	Sesia.......	30,000
Moselle.........	181,500	Sèvres(Deux)	68,900
Nèthes (Deux)...	220,000	Somme.....	302,400
Nièvre.........	60,200	Sture.......	85,000
Nord..........	420,400	Tanaro.....	50,000
Oise...........	234,300	Tarn.......	99,500
Orne...........	123,200	Var........	137,200
Ourte..........	190,100	Vaucluse....	78,900
Pas-de-Calais....	277,800	Vendée.....	49,100
Pô............	138,000	Vienne.....	96,300
Puy-de-Dôme....	77,300	Vienne(Hau.)	63,200
Pyrénées-Basses..	140,500	Vosges.....	122,300
Pyrénées-Hautes.	48,600	Yonne......	134,900
Pyrénées-orient..	36,800		
Rhin (Bas)......	305,400		
Rhin (Haut)......	187,200	TOTAL.	16,000,000
Rhin-et-Moselle..	84,800		

PATENTES.

Loi du 4 Germinal an XI.

Art. XXII. Les patentes et les contributions indirectes perçues en l'an XI, seront prorogées pour l'an XII.

Les instructions du ministre des finances pour les patentes, ne s'adressent ordinairement qu'au mois de fructidor, parce que les rôles ne commencent qu'au 1er. vendémiaire pour être entièrement expédiés et rendus exécutoires, le 30 frimaire suivant.

Mais les employés de la direction peuvent toujours en cas de besoin, recourir aux instructions que renferment les précédens manuels, et sur-tout à l'arrêté du Gouvernement du 26 brumaire an X, et à la loi du 13 floréal an X, au 2e. supplément. (pages 45 et 53.)

Je me suis apperçu qu'il s'était glissé quelques erreurs dans le tarif alphabétique, compris dans le 1er. supplément; j'ai crû dès-lors, devoir placer ici un tarif que le citoyen Hennet a joint à une instruction très-détaillée, pour les employés de la direction dans le Piémont, lorsqu'il y était commissaire du Gouvernement.

TARIF GÉNÉRAL

Des droits de patentes, d'après la loi du 1er. brumaire an 7, celle du 13 floréal an 10, et les décisions du ministre des Finances.

PATENTES

Sans égard à la population des villes.

Les banquiers.	500 francs.
Les courtiers de navires et de marchandises, entrepreneurs de roulage, et de voitures publiques par terre et par eau.	200
Les marchands forains avec voitures .	40
Les colporteurs avec chevaux ou autres bêtes de somme.	30
Les colporteurs avec balle, soit qu'ils aient domicile ou non.	20
Les entrepreneurs ou directeurs de spectacles ou autres amusemens publics, dans lesquels les spectateurs payent leurs places.	Une représentation complette établie d'après le nombre et le prix de chaque place.
Les maître de danse donnant bal.	Une recette de bal.

PATENTES

Eu égard à la Population des villes.

CLASSES.	DE 100,000 ames et au-dessous.	DE 50,000 à 100,000.	DE 30,000 à 50,000.	DE 20,000 à 30,000.	DE 10,000 à 20,000.	DE 5,000 à 10,000.	Au-dessous de 5,000.
1.re	300f	240f	180f	120f	80f	50f	40f
2.e	100.	80.	60.	40.	30.	25.	20.
3.e	75.	60.	45.	30.	25.	20.	15.
4.e	50.	40.	30.	20.	15.	10.	8.
5.e	40.	32.	24.	16.	10.	8.	5.
6.e	30.	24.	18.	12.	8.	6.	4.
7.e	20.	16.	12.	8.	5.	4.	3.

TABLE ALPHABÉTIQUE.

Du classement des diverses espèces de Commerce, Industries, Arts et Professions.

États et professions.	Class.
A	
Accoucheur (comme officier de santé.)	4
Acier. (Marchand d)	
en gros.	1
en détail.	4
Agence ou bureau d'affaires. (Directeur.)	1
Agent de change.	1
Allumettes. (Marchand d)	7
Ambulance. (Voyez *Vendeur en ambulance.*)	
Amidonier	3
Amusemens publics. (Voy. *Directeurs des spect.*)	
Animaux. (Citoyen traitant les maladies des)	6
Apothicaire.	2
Appareilleur de bâtimens.	6
Apprêteur d'étoffes.	4
Apprêteur de bas.	6
Architecte.	2
Ardoises. (Marchand d')	5
Argenteur.	6
Armateur.	1
Armurier.	4
Arpenteur.	6
Arpenteur-Architecte.	2
Artificier.	5
Artisan. (Voyez *Ouvrier.*)	
Artistes vétérinaires, autres que ceux nommés par le Gouvernement.	4
Associé. (Chaque associé d'une même maison de banque de commerce ou de toute autre profession est tenu d'avoir une patente.)	
Associé. (en commandite non sujet à patente.)	
Aubergiste.	5
Avoué (non sujet à pat.)	
B	
Bacs sur les fleuves et rivières. (Détenteur, fermier ou entrepreneur.	3
Bains publics.	4
Balancier.	7
Ballais. (Marchand de)	7
Ban ou étaux. (Voir *Vendeur en ambulance.*) Exempt.	
Bandagiste.	5
Banquier. (Sans égard à la population, 500 fr.)	
Baraques. (Voyez *Vendeur en ambulance.*) Exempt.	
Baromètres. (Marchand de)	5
Barques. (Constructeur de bateaux et batelets.)	5
Bas. (Fouleur de)	4
Bas. (Marchand de)	4
Bas. (Fabricant sans ouvriers.)	6
Bas. (Fabricant qui emploie jusqu'à cinq métiers.)	5

Etats et professions.	Class.
Bas (Fabricant qui emploie plus de cinq métiers.)	3
Bateaux. (Constructeur de)	5
Bateaux de blanchisseuses. (propriétaire ou locataire.)	5
Batelier (qui traverse la rivière avec un batelet pour donner passage.)	7
Bateur (d'or et tireur.)	5
Bâtimens. (Entrepreneur de)	2
Batonnier (qui fait des manches de brosses et de balais.)	7
Bêtes de somme. (Marchand de)	3
Bestiaux à quatre pieds, boeufs, veaux, vaches, moutons, cochons, etc. (Marchands de)	3
Beurre. (Vendeur de) Voyez *Fruitier.*	5
Bierre en détail. (Marchand de)	7
Bijoutier.	2
Billards. (Maitre de)	3
Bimblotier ou marchand de jouets d'enfans.	7
Blanchisseur d'étoffes ouvragées.	6
Blanchisseur d'étoffes non ouvragées.	4
Blanchisseur qui met en blanc des toiles en pièces.	4
Blanchisseuse (Exempte de patente.)	
Blatier.	5
Bois de marine et de construction. (Marchand de)	1
Bois en chantier. (Marchand de)	1
Bois en détail, sans chantier ni magasin. (Marchand de)	4
Bois des Indes en chantier et magasin.	1
Bois des Indes en détail sans chantier ni magasin	4
Boisselier.	6
Bonnetier.	4
Bottier. (en boutique)	3
Bottier (en chambre.)	7
Boucher.	3
Bouchonnier.	5
Boulanger.	5
Bouquiniste.	6
Bourrelier.	5
Boursier.	6
Boutons. (Marchand et fabricant de)	4
Boutons. (Fabricant sans ouvriers et ne vendant que le bouton de sa fabrique.)	6
Bouvier pour le transport des marchandises.	7
Bouvier (qui achète des bestiaux pour les engraisser et les revendre.	3
Boyaudier.	5
Brasseur.	2
Brioleur (qui transporte sur des bêtes de somme des bois appartenans à d'autres particuliers.	7
Briques. (Marchand de)	5
Briques. (Fabricant de)	4
Brocanteur, (sans magasin ni boutique.)	6
Brocanteur (tenant magasin ou boutique.)	1
Brodeur.	7

Etats et professions.	Class.
Brossier.	5
Bucheron. (Voyez *Scieur de long.*)	
Bureaux d'affaires. (Directeur de)	1
Bureaux d'indication. (Directeur de)	1

C

Etats et professions.	Class.
Cabaretier.	5
Cabotage. (Propriétaire des bâtimens faisant le)	3
Cages et souricières (en boutique.)	7
Cages et souricières (en ambulance ne doit que la moitié du droit fixe de l'article précédent.)	
Cannes. (Marchand de)	5
Cardeur de laine et de coton (exempt.)	
Carossier.	3
Carreleur.	6
Carrière. (Propriétaire ou fermier de carrière.)	6
Cartes de géographie. (Marchand de)	5
Cartier. (Marchand)	3
Cartonnier. (Marchand)	3
Ceinturonnier.	7
Cendres. (Laveur de)	6
Chaircuitier.	3
Chandelier.	3
Chandelier, en gros.	1
Change. (Voyez *Agent et Courtier.*)	1
Chanvre. (Marchand de)	
en gros.	1
en détail.	5
Chanvrier. (Fabricant de chanvre non sujet à patente.	
Chapeaux vieux. (Marchand de)	6
Chapelier.	4
Charbon de terre en gros.	1
Charbonnier. (marchand de toute espèce de charbon en détail.)	7
Charpentier, ayant des compagnons.	5
Charpentier, travaillant seul pour son compte.	6
Charron.	5
Chaudronnier.	6
Chaudronnier ambulant, moitié du chaudronnier.	
Chaufournier. (qui fabrique la chaux et la vend.)	6
Chaussées et routes. (Entrepreneur de)	5
Chaux. (Marchand de)	5
Chevaux et autres bêtes de somme. (Marchand de)	3
Chevaux. (Loueur de)	4
Cheveux. (Marchand de)	4
Chiffonnier en gros.	1
Chiffons. (Marchand sous échoppe.)	6
Chocolat. (Marchand de)	5
Cidre. (Marchand de) en gros.	1
en détail.	7
Cire. (Marchand de)	3
Cirier.	3
Ciseleur.	6
Claincaillerie. (*Voyez* Quincaillerie.	
Cloutier.	7
Cochons. (Marchand de)	3
Coëffeur. (de femme)	4

Etats et professions	Class.
Coffretier, malletier	5
Colle. (Fabricant de)	6
Colporteur avec balle, soit qu'il ait domicile ou non, sans égard à la population, 20 fr.	
Colporteur avec chevaux ou autres bêtes de somme, sans égard à la population, 30 fr.	
Comestibles. (Marchand de)	3
Comestibles. (Menus comestibles.) Voir *Fruitier et vendeur en ambulance de menus comestibles*.	
Commis à gages. (non sujet à patente.)	
Commissionnaire de marchandises.	1
Commissionnaire de farine.	1
Conducteur pour les transports des voyageurs.	7
Confiseur.	2
Constructeur de barques, bateaux et batelets.	5
Constructeur de navires.	2
Coquetier qui vend des œufs, en gros,	1
en détail.	6
Cordes et cordages. (Marchand de)	5
Cordier.	6
Cordonnier. (Marchand)	3
Cordonnier à façon.	7
Corroyeur.	3
Coton. (Marchand de)	
en gros.	1
en détail,	3

Etats et professions.	Class.
Coton cardé. (Md. de)	6
Couleurs. (Marchand de)	4
Courtier de change.	1
Couteaux. (Repasseur de)	7
Couteaux. (Marchand ambulant de) moitié du suivant.	
Coutelier. Marchand de couteaux.	4
Couturière	7
Couverture de soie, coton ou laine. (Fabricant de)	4
Couvreur, s'il a des compagnons.	4
Couvreur, travaillant seul pour son compte.	6
Cremier.	6
Crins. (Marchand de)	
en gros.	1
en détail.	3
Cristaux et porcelaines. (Marchand de)	4
Cuirs et Peaux. (Marchand de) en gros.	1
en détail.	4
Culottier qui vend des culottes, comme marchand tailleur.	3
Culottier qui façonne la culotte, comme tailleur d'habits	7
Cultivateur. (Exempt de patente pour la vente des fruits provenant de son exploitation et pour le bétail qu'il élève.)	
Curiosité. (Marchand de)	4

D

Déchireur de bateaux.	5.

Etats et professions.	Class.
Décorateur.	6
Dégraisseur.	6
Dentelles. (Marchand de)	
en gros.	1
en détail.	3
Dentiste.	4
Directeur d'Agence et Bureaux d'affaires.	1
Directeur des cabinets littéraires.	4
Directeur d'établissemens de vente à l'encan.	1
Directeur de spectacles et d'amusemens publics, une représentation complette établie d'après le nombre et le prix de chaque place que la salle peut contenir, sans déduction des entrées gratuites.	
Directeur de spectacle d'animaux dans un local fixe et non en ambulance, une représentation.	
Distillateur.	2
Distillateur d'eau forte.	6
Doreur.	6
Drapier. en gros.	1
en détail.	2
Drogueries. (Marchand de) en gros.	1
en détail.	3
E	
Eau-de-vie. (Fabricant d')	3
Eau-de-vie. (Vendeur d') en gros.	1
en détail	7

Etats et professions.	Class.
Eau forte. (Marchand d')	6
Eaux minérales. (Marchand d')	6
Ebéniste.	4
Echoppes (Voyez *Vendeurs en ambulance*	
Ecorces. (Marchand d')	4
Emailleur.	6
Entrepreneur de bacs.	3
Entrepreneur de bâtimens.	2
Entrepreneur de pavés.	5
Entrepreneur de la République.	1
Entrepreneur de roulage. (Voyez *Roulage.*) 200 f.	
Entrepreneur de voitures publiques, par terre, par eau. (Voyez *Voitures publiques.*) 200 f.	
Entrepreneur de vidanges.	5
Eperonnier.	4
Epicier.	
en gros,	1
en détail.	4
Epinglier.	7
Estampes. (en boutique.)	4
Estampes. (sous échoppe) moitié du droit fixe de l'article précédent.	
Etalage. (Voyez *Vendeurs en ambulance*)	
Etapier. (Entrepreneur pour son compte personnel.	1
Etapier. (régisseur pour la République non sujet à patente.)	
Etaux. (Voyez *Vendeurs en ambulance.*	
Etoffes. (Apprêteur d')	4
Etoffes de coton. (Mar-	

Etats et professions.	Class.
chand d') en gros.	1
en détail.	2
Etoffes de soie. (Md. d')	
en gros.	1
en détail.	2
Evantailliste.	5

F

Etats et professions.	Class.
Fabricant de fontaines de grès et fourneaux.	6
Fabricant à métier pour son compte.	6
Fabricant qui n'occupe pas plus de cinq métiers.	5
Fabricant de colle.	6
Fabricant de porte-feuilles.	7
Facteur d'instrumens. (V. *Instrumens.*)	5
Faiseur et monteur de boëtes ne fournissant que la main d'œuvre.	5
Faiseur et monteur de boëtes, fournissant la matière.	2
Farines. (Marchand de)	
en gros.	3
en détail.	6
Fayence en ambulance ou sous échoppe, moitié du droit de marchand en boutique.	
Fayencier. (Marchand de fayence en boutique.	4
Fer. (Marchand de) en gros.	1
en détail.	4
Férailleur.	7
Férailleur. (sous échoppe) moitié de l'article précédent.	
Ferblantier.	5
Fermier. (Voyez *Cultivateur.*)	
Fermier de bac. (Voyez *Bac.*)	3
Filasse, chanvre et lin. (Marchand de)	5
Filets à pêcher. (Md. de)	5
Fileur de laine et coton. (exempt de patente.)	
Fils. (Marchand de) en gros.	1
en détail.	3
Fleurs artificielles.	4
Fonctionnaire public. (exempt en ce qui concerne ses fonctions.)	
Fondeur.	6
Fondeur de Suifs.	6
Fontainier.	7
Forain. (V. *Marchand.*)	
Forges. (Maître de)	3
Formier. (Ouvrier qui fait des formes de souliers.)	7
Fouleur de bas.	4
Foulonier. (qui foule les draps par le moyen de moulin à bras ou à eau.)	4
Fourbisseur.	6
Fournier. (celui qui met le pain dans le four à lui appartenant.)	5
Fournisseur de la République.	1
Fourrages. (Marchand de)	6
Fourreur. (Marchand)	3
Frangiers.	5
Frippier.	4
Friseur de laine.	6

Etats et professions.	Class.
Fromages. (Marchand de) en boutique.	6
Fruitier. (en boutique.)	6
Fruitier. (vendeur de fruits en ambulance dans les rues, lieux de passages et marchés, exempt de patente.)	
Fumiste.	5
G	
Gainier.	7
Galochier.	7
Galonnier.	5
Gantier.	4
Gargottier	6
Gaufrier. (en boutique.) Voir *Comestibles.*	3
Gaze (Marchand de) en gros.	1
en détail.	3
Gibier et volaille. (Marchand de)	6
Glaces. (Marchand de)	6
Glands. (Marchand de)	6
Grainier.	6
Grains. (Marchand de) autres que ceux de sa récolte.	3
Graissier.	3
Graveur. (ne vendant que le produit de son art, exempt de patente.)	
Graveur sur métaux.	7
Gravures. (Marchands de)	5
Greffier. exempt.	
Guillocheur.	6
H	
Habits. (vieux en ambulance.	6
Harnais de luxe. (Fabricant de) comme Sellier.	4
Harnais de labour. (Fabricant de) comme Bourrelier.	5
Herbager. (qui engraisse des bestiaux pour les vendre ensuite.)	3
Herboriste.	6
Hongreur qui, en même-temps, est maréchal ferrant.	5
Hongroyeur.	3
Horloger.	2
Horloger. (en bois)	7
Hôtel garnis. (Maître d') et pour droit proportionnel, le 40e. du prix total de la location.	3
Huilier. (Fabricant et Md. d'huile)	3
Huissier.	3
Huissier priseur.	3
Huitres. (Marchand d')	7
I	
Images. (Marchand d') en boutique.	4
Images. (Marchand d')	4
Imprimeur.	2
Imprimeur de lettres et avis, s'il n'a qu'une presse et s'il ne fait d'autres impressions.	6
Imprimeur d'indienne.	6
Imprimeur en taille douce.	6
Ingénieur des ponts et chaussées, s'il ne travaille que pour le gou-	

Etats et professions.	Class.
vernement, exempt de patente.	
Intéressé dans une société. (Voir *Associé.*)	
Instrumens de physique, astronomie et mathématiques. (Facteur d')	5
J	
Jardinier. (Voir *Cultivateur.*)	
Jaugeur (peseur de liqueur.	3
Jouaillier.	2
Jouets d'enfans. (Voyez *Bimblotier.*	7
L	
Laboureur. (Voir *Cultivateur.*) Exempt.	
Laine (Marchand de)	
en gros.	1
en détail.	3
Lamier.	6
Laneur qui frise les étoffes.	6
Lapidaire.	2
Lattes. (Marchand de)	5
Laveur de cendre.	6
Layetier.	5
Levûres. (Marchand de)	5
Libraire.	4
Limonadier.	3
Lin, chanvre et filasse.	5
Linge (sous échoppe.)	6
Lingère.	5
Linons. (Marchand de)	
en gros.	1
en détail.	3

Etats et professions.	Class.
Liqueurs. (Marchand de)	
en gros.	1
en détail.	3
Livres (Marchand de) sous échoppes s'ils ne sont bouquinistes, outre le droit proportionnel, moitié du droit de la quatrième classe.	
Locataire. (Principal) Voyez *Propriétaire.*	
Logeur.	6
Logeur de chevaux et voitures suspendues.	4
Lunetier.	5
Luthier.	5
M	
Macaronis et autres pâtes de même nature. (Marchand de)	5
Machiniste.	4
Maçon. (S'il a des compagnons comme entrepreneur de bâtimens.)	2
Maçon, travaillant seul pour son compte.	6
Maître à danser, donnant bal. (Une recette de bal.)	
Maître à danser ne donnant point bal est exempt de patente, comme instituteur.	
Maître de ports. Exempt.	
Malletier, coffretier.	6
Manchonnier.	3
Maquignon ou courtier de chevaux.	6
Marbrier.	6
Marchand de chevaux et	

Etats et professions.	Class.
bètes de somme. (Voy. *chevaux*).	3
Marchand en gros (de toute espèce de marchandises, excepté des grains et des farines).	1
Marchand forain avec voiture (sans ègard à la population) 40 fr.	
Marchande à la toilette.	6
Maréchal ferrant ou expert.	6
Marinier (qui achète et transporte par eau des marchandises qu'il revend en gros).	1
Marinier en chef.	5
Maris et femme non séparés de biens (ne doivent qu'une patente, en prenant celle de la classe supérieure, s'ils font plusieurs états).	
Marons (Marchand de) en boutique.	6
Matelassier, qui s'occupe seul à faire des matelats.	7
Matériaux. (Marchand de)	5
Médecin.	4
Mégissier.	5
Menuisier.	5
Merceries (sous échoppe) moitié de celui en boutique.	
Mercier. (Marchand) en gros.	1
en détail.	3
Mesureur de grains.	4
Mesureur de grains, payé par la police, ou fermier du droit de mesurage, (exempt de patente.)	

Etats et professions.	Class
Mesureur de sel.	4
Mesureur d'étoffes.	4
Mesureur de toile.	4
Métaux. (Voyez *Fer*). en gros.	1
en détail.	4
Metteur en œuvre	6
Meuble. (Marchand de)	4
Meubles vieux en étalage.	6
Meûnier.	5
et pour droit proportionnel le, 30e. de la valeur locative.	
Mineur. Entrepreneur de mines.	1
Mineur, ouvrier, exempt.	
Miroitier.	5
Modes. (Marchand de)	4
Moulinier. (Voir *Ouvrier*)	
Mousselines. (Marchand de) en gros,	1
en détail.	2
Mousselines (sous échoppe.) Moitié du droit précédent.	
Moutardier.	6
Munitionnaire de la république. (Voyez *Entrepreneur*)	1
Musique et cartes de géographie.	5
Musquinier (qui fabrique des toiles fines avec du lin.	7

N

Etats et professions.	Class
Nattier.	6
Naturaliste. (Marchand).	4
Navires. (Marchand de)	3

Etats et professions.	Class.
Navires. (Constructeur de)	2
Navires. (Courtier de) sans égard à la population, 200 fr.	
Négociant.	1
Notaire. (Exempt d'après la loi du 25 ventose an XI).	
Nourrisseur de bestiaux. (Voyez *Cultivateur*, *Herbager*).	

O.

Etats et professions.	Class.
Objets de curiosité. (Voir *Curiosités*).	4
Oculiste, (comme officier de santé).	4
Officier de santé.	4
Officier de santé attaché aux armées, aux hôpitaux, au service des pauvres par nomination du Gouvernement ou des autorités constituées, et qui n'exerce point pour les particuliers (non sujet à patente).	
OEufs. (Voir *Fruitier et Vendeur en ambulance*).	
Oiseleur. (Voyez *Volaille*).	6
Opticien.	5
Oranges. (Marchand d') en boutique.	6
En ambulance ou échoppe, moitié du marchand d'Orange en boutique.	
Orfèvre.	2
Ouvriers (travaillant chez autrui et pour le compte de ceux qui les emploient (non sujets à patente).	
Ouvriers (travaillant chez eux pour autrui, doivent être pourvus de la patente de la 6e. classe ou de celle de leur profession, désignée au tarif).	

P.

Etats et professions.	Class.
Pailles teintes. (Marchand de)	6
Pain d'épice (Marchand en boutique).	7
Pantouffles. (Marchande de) ne vendant point de souliers en boutique.	3
Papier. (Marchand de)	3
Papier peint. (Marchand de)	3
Parasols. (Marchand de)	4
Parasols. (Marchand ambulant). Moitié du précédent.	
Parcheminier.	6
Parfumeur.	4
Passementier.	7
Passetalonnier.	7
Patachier. (Constructeur de pataches).	7
Patinier. (Marchands de patins).	3
Patinier. (ouvrier)	7
Pâtes de toute nature (Marchand de)	5
Pâtissier.	3
Paumier.	3
et pour le droit proportionnel, le 20e. du prix	

Etats et professions.	Class.
total de sa location.	
Peaux (Marchand de) en gros,	1
détail.	4
Peaux pour l'armement et l'habillement. (Md. de)	6
Pêcheur. (Exempt de patente.)	
Peignes. (fabricant de) qui emploie des ouvriers.	4
Peignes. (ouvrier qui fabrique des)	6
Peintre. (Comme artiste non sujet à patente).	
Peintre en bâtimens.	7
Pelles. (Marchand de)	7
Perruquier.	7
Perruquier. (Coëffeur de femmes.)	4
Peseur Juré.	3
Pharmacien.	2
Piquonnier (qui revend des laines de rebut après la fabrication.)	6
Planeur.	6
Plâtre. (Marchand de)	5
Plâtrier.	6
Pombier.	4
Plumassier. (Plumes peintes.	4
Plumes. (Marchand de) en boutique.	3
Poëlier.	5
Poissons frais et salés. (Marchand de)	7
Poix. (Grande fabrique de)	4
Poix, (Fabricant de) pour son compte.	6
Polisseur.	6
Pompier.	7
Porcelaines (Marchand de)	4

Etats et professions.	Class.
Porteur de contrainte. Exempt.	
Poste aux chevaux. (Maître de la) non sujet à patente.	
Potasse. (Voyez *Salines.*)	6
Poteries en ambulance, (Moitié du droit du marchand en boutique.)	
Potier de terre, qui est en même temps fayancier.	4
Potier. de terre, vendeur ou fabricant.	6
Potier d'étain.	6
Poudre à tirer. (Marchand de)	5
Prêteur sur gages.	1
Présurier. (Marchand de présure pour cailler le lait.)	6
Propriétaire ou principal locataire, ne doit le droit proportionnel qu'à raison de la valeur des biens qu'il occupe.	
Propriétaire de bâtimens faisant cabotage. (Voyez *Cabotage.*	3

Q

Quincaillerie.	
en gros.	1
en détail.	4

R

Rafineur de sucre.	1
Relieur.	7
Repasseuse. (Voyez *Blan-*	

Etats et professions.	Class.
chisseuse. Exempte.	
Résine. (Marchand de)	5
Restaurateur, traiteur.	2
Revendeur.	6
Réverbères. (entrepreneur de l'illumination d'une ville.	1
Réverbères (entrepreneur pour le compte des villes.)	5
Rotiers. (Fabricant de petits instrumens en bois)	7
Rotisseur.	3
Rouge. (Marchand de)	4
Roulage. (commissionnaire ou entrepreneur de) 200 fr. sans égard à la population.	
Routes. (Voyez *Chaussées.*)	5
Rubanier.	6
Rubans. (Marchand de)	3

S

Etats et professions.	Class.
Sabotier. (Marchand)	7
Sabots. (Fabricant de)	6
Sacs. (Loueur de)	6
Sage femme, non sujette à patente.	
Salines. (propriétaire, fermier ou entrepreneur.)	1
Salinier. (s'il est entrepreneur)	1
Salinier. (s'il est ouvrier pour le compte d'autrui, exempt de patente.)	
Salins et potasse. (Marchand de)	6
Salpêtrier. (Fabricant de Salpêtre.)	5
Salpêtrier. (Préposé de la régie des poudres et salpêtres, non sujet à patente.	
Savetier, non sujet à patente.	
Sculpteur. (Comme artiste, ne vendant que le produit de son art, non sujet à patente.)	
Sculptures. (Marchand de)	5
Sel. (Marchand de) en gros, en bateaux ou magasin.	1
en détail.	7
Sel. (Mesureur de)	4
Sellier.	4
Sémouilles. (Md. de)	5
Serrurier.	4
Serrurier mécanicien.	4
Soierie. (Marchand de) en gros.	1
en détail.	2
Spectacles. (Voir *Directeur de*)	
Suifs.	3

T

Etats et professions.	Class.
Tabac. (Marchand de) en gros.	1
en détail.	6
Tabac. (Marchand de) ayant magasin, fabriques ou moulins.	5
Tableaux et gravures, en boutique. (Marchand de)	5

Tableaux.

États et professions.	Class.
Tableaux. (Restaurateur de)	6
Tabletier.	5
Taillandier.	4
Tailleur. (Marchand)	3
Tailleur d'habits.	7
Tailleur de pierre.	7
Tamis. (Marchand de)	5
Tan. (Marchand de)	4
Tanneur. (qui fait en gros le commerce des cuirs qu'il n'a point tannés.	1
Tanneur, (qui tanne le cuir qu'on lui apporte.	3
Tapissier.	3
Teinture. (Marchand de)	3
Teinturier.	6
Tireur d'or.	5
Tisserand.	7
Toiles. (sous échoppe.)	3
Toiles et autres étoffes. (Mesureur de)	4
Toilier. (Marchand) en gros.	1
en détail.	2
Toiseur.	6
Toiseur. (qui mesure pour autrui.)	6
Tondeur, friseur de laine.	6
Tonnelier.	6
Tourbe. (Marchand de)	4
Tourbe. (Extracteur de)	1
Tourneur en bois.	7
Tourneur de métaux et au métier.	5
Traçons. (Maître de) Voyez *Mesureur de sel.*	4
Traiteur, restaurateur.	2
Treillageur, boisselier.	6
Tripier. (non sujet à patente.)	
Tuiles. (Marchand de).	5
Tuilier, (qui fabrique des tuiles.)	4

V

États et professions.	Class.
Vaches, bœufs, veaux, moutons et cochons. (Marchand de)	3
Vannier	6
Vendeur en ambulance dans les rues, dans les lieux de passage et dans les marchés; de fruits, légumes, beurre, œufs, fromage et autres menus comestibles. (exempt de patente)	
Vendeur en ambulance, échoppe ou étalage d'autres objets que ceux désignés dans l'article précédent, doit moitié des droits fixes et proportionnels que payent ceux qui vendent en boutique.	
Vérificateur de bâtimens.	6
Vermicelle. (V. *Pâtes.*)	5
Verre et verroterie (Marchand de)	4
Verre et verroterie en ambulance, étalage et sous échoppe, moitié du précédent.	
Vétérinaire. (Artiste.)	4
Vidangeur.	6

Etats et professions.	Class.
Vin et vinaigre (Md. de)	
en gros.	1
en détail.	3
Vitrier.	7
Voilier	6
Voitures publiqnes par terre et par eau, sans égard à la population, 200 fr.	
Voitures suspendues. (Loueur de)	4
Voiturier pour le transport des marchandises et du voyageur	7
Volaille et gibier. (Marchand de)	6

DECISIONS.

Un adjudicataire du droit de mesurage de grains, doit-il être placé à la 1ere. ou à la 4e. classe du tarif des patentes?

Le tarif annexé à la loi du 1er. brumaire an 7, ne fait point mention des mesureurs de grains ; ce ne peut être au surplus que le fait d'une omission ; mais celui joint à la loi du 9 frimaire an 5 la portait positivement à la quatrième classe ; ils doivent dès-lors le droit fixe déterminé pour cette classe ; quant au droit proportionnel il ne peut être que du dixième de la valeur locative de l'habitation qui leur est personnelle, ainsi que des parties de bâtimens dont ils pourraient faire usage pour retirer les objets nécessaires à leur état.

(*Lettre du ministre au préfet de l'Orne du* 13 *vendémiaire an* 11.)

Un meunier qui exerce en même temps une autre profession telle que celle de brasseur, doit-il payer en cette dernière qualité pour son droit proportionnel le dixième de la valeur locative de son habitation et de sa brasserie, et en sus comme meunier le trentième de l'évaluation de sa maison et de son moulin, ou ne doit-il au contraire que le trentième du tout?

D'après l'article 5 de la loi du 1er. brumaire an 7, et les décisions intervenues depuis, le droit proportionnel doit être réglé sur la valeur locative de toutes les habitations qui peuvent appartenir aux patentables ; ainsi, dans le cas dont il s'agit, ce droit est dû à raison de la valeur locative des bâtimens affectés tant à l'état de meunier qu'à celui de brasseur. La loi du 13 floréal an 10, (art. 27.) a seulement mis une différence dans la fixation de ce même droit ; elle veut qu'il ne soit réglé que sur le trentième pour les moulins et bâtimens en dépendans, tandis qu'il est du dixième pour ceux affectés à la brasserie.

(*Lettre du ministre au préfet du Pas-de-Calais*, *du* 20 *vendémiaire an* 11.)

Dans le cas où un meunier exercerait une autre profession d'une classe supérieure, donnant lieu à un droit fixe plus fort, doit-il, par cela seul, cesser d'être considéré comme meunier, et être taxé au dixième de la valeur locative?

Ou doit-on n'avoir égard pour la fixation du droit proportionnel qu'à sa qualité de meunier, et le taxer au trentième seulement de sa valeur locative?

D'après l'article 5 de la loi du 1er. brumaire an 7, et les décisions intervenues depuis, le droit proportionnel doit être réglé sur la valeur locative de toutes les habitations qui peuvent appartenir aux patentables; ainsi, dans le cas supposé, le droit est dû à raison de la valeur locative des bâtimens affectés tant à l'état de meunier qu'à tout autre; seulement ce droit ne doit être réglé que sur le trentième pour tous les bâtimens dépendans de l'état de meunier, tandis qu'il est du dixième pour ceux affectés à toute autre profession.

(*Lettre du ministre au préfet de l'Oise, du* 5 *brumaire an* 11.)

L'article XXVII de la loi du 13 floréal an 10, porte que « les meuniers paieront le droit proportionnel sur » le pied du trentième de la valeur locative de leurs » maisons, moulins et usines, au lieu du dixième auquel ils ont été assujettis jusqu'à présent; » cette disposition regarde-t-elle uniquement les meuniers à blé, soit à eau, soit à vent, ou doit-elle être également applicable à ceux qui possèdent des moulins à huile, à foulon, à tan et à ciment?

La loi ne parle que des *meuniers*; l'exception dont il s'agit n'est donc applicable qu'à ceux qui possèdent des moulins uniquement destinés à convertir des grains en farine.

Un marchand en gros, domicilié dans une commune, mais qui a des établissemens dans une grande ville, doit-il prendre sa patente dans ce dernier endroit?

L'article 27 de la loi du 1er. brumaire an 7, est positif à cet égard ; un citoyen exerçant une profession sujette à patente, doit la prendre dans la commune où il a son principal domicile ; il ne doit que le droit proportionnel à raison des établissemens qu'il peut avoir dans d'autres lieux où il n'a point de résidence fixe.

Doit-on assujettir à la patente, et dans ce cas, à quelle classe doit-on ranger un particulier qui, indépendamment de la vente qu'il fait du vin de son crû, fait également le débit de plusieurs comestibles, tels que pain, viande etc. ?

L'article 4 de la loi du 9 frimaire an 5, exempte de la patente les citoyens qui vendent en gros ou en détail le vin ou autres liqueurs *provenant de leur récolte* ; mais si à cette vente ils joignent, comme dans l'espèce présente, celles de divers autres objets qu'ils ont eux-mêmes achetés, il est certain qu'ils sont passibles du droit de patente, et ils doivent alors être regardés, soit comme marchands de vin en détail, soit comme aubergistes, soit enfin comme cabaretiers, suivant la nature et l'étendue de leur profession.
(*Lettre du minitrè au préfet de Maine-et-Loire, du* 30 *nivose an* 11.)

Quel doit être l'emploi des libellés de patentes de l'an 10, timbrés à l'extraordinaire, devenus inutiles par le décès des patentables ou par suite des décharges qui leur ont été accordées ?

D'après les instructions du directeur général de la régie de l'enregistrement, en date du 29 fructidor an 10, les imprimés de patentes restés entre les mains des percepteurs, pour le service de l'an 10, et qui n'ont pu être employés, pourront servir pour l'an 11 sans être assujettis au nouveau timbre, ni à l'application de la griffe.
(*Lettre du ministre au préfet du Pas-de-Calais, du* 21 *nivose an* 11.)

Les remises des percepteurs sur la contribution des

patentes de l'an 11, doivent-elles être prises en dedans ou en dehors de la cote de chaque patentable?

Cette question se trouve résolue par l'arrêté des Consuls du 26 brumaire an 10; l'article 2 porte, que les remises dont il s'agit seront prises sur le produit net des rentes : il n'est rien dérogé à cette disposition pour l'an 11.

(*Lettre du ministre au préfet de la Loire Inférieure, du 16 frimaire an* 11.)

L'article XXIV du titre 3 de la loi du 13 floréal an 10, concernant les patentes, porte qu'il sera perçu en outre du droit principal, cinq centimes par franc, pour former un fonds de dégrèvement et de non valeur par département; on demande si pour droit principal on doit entendre le droit fixe seul, ou bien le droit fixe et le droit proportionnel réunis?

Il ne peut y avoir de doute à cet égard, le droit fixe réuni au droit proportionnel, constituant le droit principal dont parle la loi du 13 floréal.

(*Lettre du ministre au préfet de la Manche, du* 25 *brumaire an* 11.)

Doit-on assujettir au droit de patentes, et dans quelle classe doit-on porter:

Les adjudicataires des fourrages;

Les entrepreneurs et sous-traitans des transports et convois militaires;

Les adjudicataires du droit de passe;

Les adjudicataires des droits d'octroi;

Le préposé qui fournit le pain aux troupes dans un département;

L'adjudicataire des poids et mesures d'une ville?

De tous les individus dont il s'agit, les seuls exempts du droit de patente sont les adjudicataires du droit de passe et ceux des droits d'octroy; quant aux autres, il est certain qu'ils doivent être assujettis à cette contribution; mais le principe général qui place à la Iere. classe les entrepreneurs, fournisseurs et munitionnaires de la république est susceptible de distinction.

1°. Il serait rigoureux de comprendre sous cette qualification et dans la Iere. classe du tarif, celui qui ne se charge que d'une faible fourniture d'objets de sa profession, et dont il ne fait pas habituellement le commerce en gros.

Ainsi, celui dont la profession est de vendre en détail des fourrages, ne doit pas, pour s'être rendu adjudicataire d'une fourniture modique de fourrages, être tiré de la 6me. classe du tarif où le place cette profession, pour être porté à la Iere.

Il en est de même de celui qui n'ayant d'autre profession que celle de boulanger, s'est chargé de fournir passagèrement le pain aux troupes qui se trouvent dans le département.

On doit considérer sous le même point de vue le cultivateur qui s'est chargé d'une fourniture de foin, paille et avoine qu'il remplit sur le produit de ses récoltes; il ne doit pas pour cela être sujet à la patente dont la loi l'exempte.

Un voiturier qui se trouve placé dans la 7me classe, ne doit pas non plus être porté à la Iere. sur le motif qu'il ferait, avec une ou deux voitures, des transports militaires; ce n'est que le transport en grand qui constitue l'entrepreneur.

Tout préposé est exempt de patente comme commis, mais les sous-entrepreneurs y sont sujets; seulement ils sont susceptibles des mêmes modifications dont je viens de parler à l'égard des simples voituriers et boulangers.

Enfin, quant à l'adjudicataire des poids et mesures il doit également être assujetti à la patente, en observant que les mesureurs de liquide sont de la 3^{em}. classe ainsi que les peseurs, tandis que les mesureurs de toiles et de grains doivent être portés d'après la loi à la 4^{em}.

(*Lettre du ministre au préfet de l'Orne, du 2 frimaire an* 11.)

Les prêteurs d'argent qui font valoir des capitaux, soit au mois soit à l'année, sont-ils passibles du droit de patente, et en cas d'affirmative dans quelle classe doivent-ils être rangés?

L'individu qui prête son argent à un intérêt fixe, soit au mois, soit à l'année, ne doit point pour cela être assujetti à la patente; mais celui qui exerce publiquement la profession de prêteur sur nantissement, en est incontestablement passible ; il doit à raison de cette profession être assimilé aux banquiers et supporter comme eux le droit fixe de 500 francs avec le droit proportionnel qui doit être du 10ème. de la valeur locative, tant de l'habitation personnelle que des bâtimens servant à l'exercice de son état.

(*Lettre du ministre au préfet de la Manche*, *du* 17 *ventose an* 11.

La remise des percepteurs sur la contribution des patentes, doit-elle être prise seulement sur la portion revenant au trésor public, déduction faite du dixième affecté aux dépenses locales de chaque commune, ou bien sur la totalité du produit des recettes ?

Les remises dont il s'agit doivent être prélevées sur la totalité des recettes effectives.

(*Lettre au préfet de l'Orne*, *du* 3 *ventose an* 11.)

CENTIMES ADDITIONNELS
ET CLASSIFICATION DES DÉPENSES.

Les dépenses des départemens et des arrondissemens sont distinguées en dépenses fixes et en dépenses variables.

Les unes et les autres se payent avec les centimes additionnels imposés en sus du principal des contributions.

Le montant des centimes affectés au paiement de ces dépenses entre avec le principal des contributions dans les soumissions des receveurs généraux.

Le Gouvernement met ces fonds, tous les mois par douzième à la disposition des préfets. L'ordre et la comptabilité ont gagné au changement. Il a dégagé la gestion des receveurs, d'une partie importante des dépenses. Les départemens en retirent un grand avantage, puisqu'ils peuvent acquitter en douze mois, et dans des proportions regulières et certaines, les dépenses mises à leur charge. Quand ces fonds restaient dans la caisse de chaque département, les dépenses auxquelles ils étaient affectés ne pouvaient être acquittées que proportionnellement au recouvrement des contributions, c'est-à-dire, en quinze à dix-huit mois. Aujourd'hui le trésor public fait jouir les départemens de ces rentrées par avances, et les frais d'escompte qu'il supporte, ont en partie pour cause le service des dépenses départementales.

TABLEAU DES DÉPENSES VARIABLES

A PAYER EN L'AN XII.

Préfectures et sous-préfectures......	6,565,000 fr.
Instruction publique..............	787,100
Enfans trouvés....................	3,650,300
Prisons...........................	5,659,000
Loyers des prétoires, des prisons et réparations.....................	870,500
Menues dépenses des tribunaux....	579,600
Dépenses imprévues...............	832,000
	18,943,500

TABLEAU DES DÉPENSES FIXES

A PAYER EN L'AN XII.

Ministère de l'intérieur.

Traitemens des préfets............	1,268,000 fr.
Traitemens des secrétaires généraux.	422,000
Traitemens des conseils de préfecture.	570,200
Traitemens des sous-préfets.........	1,006,000
Traitemens des professeurs et bibliothécaires................	2,314,020

Ministère de la justice.

Tribunaux d'appel................	2,079,220 fr.
Juges et greffiers des tribunaux criminels..........................	1,152,314
Juges et greffiers des tribunaux de première instance...............	3,011,125
Greffiers des tribunaux de commerce.	185,800
Juges et greffiers de paix.........	3,986,397

Report....................	15,995,076 fr.

Ministère des finances.

Traitemens des receveurs généraux et particuliers....................	1,425,600
Remises des receveurs généraux et particuliers....................	1,356,475
	18,777,151

Dépenses variables...	18,943,500 fr.
Dépenses fixes.......	18,777,151
TOTAL.....	37,720,651

Centimes pour le fonds de non-valeurs.

Tous les ans on impose un certain nombre de centimes sous la désignation du fonds de non-valeurs :

Une portion de ce fonds est à la disposition des préfets pour être employé aux remises et modérations à accorder aux contribuables et aux communes : l'autre portion reste à la disposition du Gouvernement pour les remises et modérations à accorder aux départemens et aux arrondissemens qui éprouvent des accidens majeurs.

En l'an 9 le fonds de non-valeurs était de 5 centimes pour franc du principal des contributions foncière et mobilière ; deux centimes et demi appartenaient aux préfets, deux centimes et demi au Gouvernement.

En l'an 10 et en l'an 11 ce fonds était de deux centimes dont un centime pour les préfets, un centime pour le Gouvernement.

Pour l'an 12 il est pareillement de deux centimes, et s'élève en totalité à 4,856,000 francs.

CENTIMES COMMUNAUX.

Arrêté du 4 Thermidor an X.

TITRE Ier.

Dispositions particulières.

Art. Ier. Les préfets feront assembler extraordinairement cette année, les conseils municipaux du 15 au 30 thermidor, pour l'exécution des dispositions portées aux articles suivans.

II. Chaque conseil municipal formera de suite et arrêtera l'état du passif de la commune.

Chaque article portera la date à laquelle la dette a été contractée.

III. Chaque conseil indiquera également l'actif de la commune.

Il en divisera l'état par chapitre :

Le premier comprendra les créances arriérées ;

Le deuxième, les revenus fixes existans ;

Le troisième, les revenus variables.

TITRE II.

Des recettes et dépenses ordinaires des communes.

IV. Les conseils municipaux, dans la session ordonnée par l'article Ier. et dans les sessions qui seront tenues les années suivantes à l'époque fixée par la loi du 28 pluviose, détermineront le nombre des centimes qui seront perçus additionnellement aux contributions, pour les dépenses de l'année suivante, dans les limites établies par la loi.

V. Les conseils municipaux ne pourront demander ni obtenir aucune imposition extraordinaire pour les dépenses ordinaires des communes.

VI. Les chemins vicinaux seront à la charge des communes.

Les conseils municipaux émettront leur vœu sur le mode qu'ils jugeront le plus convenable pour parvenir à leur réparation. Ils proposeront, à cet effet, l'organisation qui leur paraîtrait devoir être préférée pour la prestation en nature.

VII. Les conseils municipaux indiqueront les moyens d'accroître les revenus ordinaires de la commune; 1°. par la location des places aux halles appartenant aux communes, et aux foires et marchés; 2°. par l'établissement d'un poids public; 3°. par des octrois sur les consommations, perçus par abonnement par exercice, ou à l'entrée.

VIII. En aucun cas, la fixation de la dépense présumée des communes ne pourra excéder le montant du revenu aussi présumé.

IX. Tous les centimes perçus, tous les revenus appartenant à une commune, seront toujours employés exclusivement pour l'utilité de cette commune, de l'avis de son conseil municipal. Lorsqu'il y aura un excédant à la fin de l'année, cet excédant sera employé en améliorations, réparations et embellissemens, d'après l'avis du conseil municipal, celui du sous-préfet, et la décision du préfet.

X. L'aperçu des recettes et dépenses des communes sera adressé par le maire, en double expédition, au sous-préfet.

XI. L'aperçu des recettes et dépenses sera divisé par chapitres, suivant la nature des unes et des autres.

XII. Les frais d'administration de la commune seront toujours portés dans un chapitre séparé des autres dépenses.

XIII. Le sous-préfet examinera l'aperçu, et le fera passer dans quinzaine au plus tard au préfet, avec son avis.

XIV. Le préfet réglera et arrêtera définitivement l'état des dépenses, par chapitre, et l'adressera à chaque maire dans la quinzaine suivante.

Le receveur municipal ne pourra payer une somme plus forte que celle portée au chapitre, à peine de responsabilité personnelle ; à l'effet de quoi, il lui sera remis une expédition en forme de l'état, tel qu'il aura été arrêté définitivement.

XV. Le préfet prendra, dans la quinzaine, toutes les mesures nécessaires, suivant les lois, pour procurer aux communes les augmentations de revenus dont les moyens auront été approuvés par lui, sur la proposition du conseil municipal et l'avis du sous-préfet.

XVI. A leur séance ordinaire de chaque année, les conseils municipaux entendront le compte des deniers communaux, que leur rendra chaque receveur de commune, sans préjudice du compte d'administration à rendre par les maires, d'après la loi du 28 pluviose an VIII.

XVII. Le compte, avec les observations du conseil municipal, et les pièces justificatives, seront adressés au sous-préfet, qui les fera parvenir au préfet, avec ses observations, dans le délai d'un mois.

XVIII. Le préfet arrêtera tous les comptes dans le délai de deux mois, et les renverra aux maires avec toutes les pièces.

XIX. Il adressera au conseiller d'état chargé des dépenses des communes, avant le 1er. fructidor, le résultat de tous les comptes des communes et de leur révision pour l'année précédente.

XX. En cas que les préfets n'allouent pas tous les articles des comptes des municipalités, ils prendront un arrêté d'après lequel les receveurs municipaux seront forcés en recette du montant des dépenses non allouées, et seront tenus d'en réintégrer provisoirement le montant dans la caisse municipale ; à l'effet de quoi, il pourra être décerné contre eux une contrainte.

XXI. En cas de contestations sur la décision des préfets, elles seront soumises au Gouvernement, qui décidera en conseil d'état.

TITRE III.

Des dépenses communes à plusieurs municipalités.

XXII. Lorsqu'il y aura des dépenses communes à plusieurs municipalités, le sous-préfet déterminera, sur l'avis des conseils municipaux, la proportion dans laquelle chaque commune supportera la dépense.

Sur la décision du sous-préfet, approuvée par le préfet, le conseil municipal sera obligé de porter dans l'état des dépenses annuelles de sa commune, la part à laquelle elle aura été assujettie.

XXIII. Le sous-préfet veillera à ce que les dépenses communes à plusieurs municipalités soient acquittées par chacune d'elles, pour la part à laquelle elles sont tenues, de manière à ce que le service dont ces dépenses sont le prix, ne puisse jamais être interrompu.

TITRE IV.

Dispositions particulières aux grandes communes.

XXIV. Dans les communes qui ont plus de vingt mille francs de revenu, l'état des dépenses et recettes de chaque année sera présenté par le maire au conseil municipal.

XXV. Cet état sera divisé par chapitres, ainsi qu'il est dit au titre précédent; et le conseil municipal délibérera sur tous les articles de recette et dépense qui y seront portés.

XXVI. Dans les communes où il y a plusieurs municipalités et un commissaire général de police, chacun des maires présentera au conseil municipal l'aperçu des dépenses de l'année suivante qui concerneront sa municipalité.

XXVII. Le commissaire général de police présentera dans la même session, au conseil municipal, le tableau des dépenses qui concernent ses attributions.

XXVIII. Le commissaire général de police et les maires se réuniront pour rédiger la partie de l'état relative aux revenus de la commune.

XXIX. La délibération du conseil municipal sera transcrite à la suite des tableaux de dépenses et recettes présumées, et envoyée au sous-préfet, qui donnera son avis, et transmettra le tout au préfet, qui l'adressera également, avec son avis, au ministre de l'intérieur.

XXX. Les Consuls, sur la proposition du ministre de l'intérieur, statueront définitivement sur l'état général des dépenses et recettes de chaque commune, après avoir entendu le conseil d'état.

XXXI. Il sera ouvert, chaque trimestre, par le préfet, à chaque maire et au commissaire général de police, un crédit particulier, sur lequel chacun d'eux ordonnancera les sommes qui lui auront été allouées pour ses dépenses.

XXXII. La recette des revenus des communes qui auront plus de vingt mille francs de revenu, sera confiée, conformément à la loi du 11 frimaire an VII, à un préposé, qui sera nommé par le conseil municipal, à la pluralité absolue des voix, et au scrutin secret : il pourra être destitué par le ministre de l'intérieur, sur la proposition du maire et l'avis du sous-préfet.

XXXIII. Ce préposé sera assujetti, pour son cautionnement, aux obligations imposées par les articles V, VII et VIII de l'arrêté du 16 thermidor an VIII, aux percepteurs des contributions directes. Le sous-préfet remplira à cet égard les fonctions attribuées, par l'art. VI de ce même arrêté, au receveur particulier de l'arrondissement.

Le traitement de ce préposé sera porté chaque année sur l'état par aperçu des dépenses de la commune, réglé par le conseil municipal, et définitivement arrêté par le Gouvernement, sur l'avis du préfet.

XXXIV. Le préposé aux recettes communales acquittera, sur les mandats respectifs des maires et du commissaire général de police, les dépenses propres à chacun d'eux, conformément à l'article XXXVI de la

loi

loi du 11 frimaire an VII, jusqu'à concurrence seulement de la somme fixée pour chaque chapitre, à peine de responsabilité personnelle, ainsi que pour les autres communes.

XXXV. Les commissaires généraux de police rendront compte, comme les maires, devant le conseil municipal, en sa session du 15 pluviose, des dépenses qu'ils auront ordonnancées pendant l'année précédente.

TITRE V.

Dispositions particulières à la ville de Paris.

XXXVI. L'état des dépenses de tout genre à la charge de la commune de Paris, sera adressé en la forme prescrite dans les articles précédens, par le préfet du département de la Seine et par le préfet de police, chacun en ce qui le concerne.

Le préfet du département et celui de police se réuniront pour présenter au ministre de l'intérieur l'aperçu des recettes et les projets d'amélioration, ainsi qu'il est dit aux articles VII et XXVIII.

XXXVII. Le ministre de l'intérieur enverra au conseil général du département, faisant fonctions de conseil municipal, l'état des recettes et dépenses, pour délibérer sur chaque chapitre tant de la recette que de la dépense.

XXXVIII. L'état des recettes et dépenses délibéré au conseil général du département, faisant fonctions de conseil municipal, sera présenté par le ministre de l'intérieur au Gouvernement, qui l'arrêtera définitivement.

XXXIX. Le receveur nommé, d'après l'art. XXXII du présent arrêté, pour la commune de Paris, paiera les dépenses communales sur les mandats des préfets de la Seine et de police, chacun en ce qui le concerne. Il ne pourra, comme les autres receveurs municipaux, et sous les mêmes peines, excéder, dans ses paiemens, pour une nature de dépense, les sommes accordées au chapitre qui s'y rapporte.

XL. Le receveur municipal de la ville de Paris rendra compte devant le conseil général, faisant fonctions de conseil municipal, en sa session du 15 pluviose, des dépenses qu'il aura acquittées dans l'année terminée au 1er. vendémiaire précédent, sans préjudice du compte d'administration à rendre par le préfet du département et celui de police, d'après la loi du 28 pluviose.

XLI. Dans ces comptes sera compris celui des recettes et dépenses des hospices de Paris, qui seront portées et fixées, comme toutes les autres, dans l'état général des dépenses et recettes de la commune.

XLII. Le receveur de la commune de Paris ne pourra être destitué que par le Gouvernement, sur la proposition du préfet du département ou du préfet de police, et l'avis du ministre de l'intérieur.

XLIII. Les comptes débattus par le conseil municipal seront présentés au ministre de l'intérieur, qui les arrêtera définitivement s'ils sont en règle, et, dans le cas contraire, en rendra compte au Gouvernement, qui statuera en conseil d'état.

XLIV. Les ministres de l'intérieur et des finances sont chargés, chacun en ce qui le concerne, de l'exécution du présent arrêté.

TROISIEME PARTIE.

PERCEPTION.

Le mode de perception a subi, pour l'an 12, des modifications importantes.

Les percepteurs à vie avaient déjà été établis dans les principales villes pour l'an 11.

Le ministre des finances, dans une lettre aux préfets en date du 15 fructidor an 10, avait annoncé l'intention du Gouvernement d'étendre cette mesure, pour l'an 12, à toutes les villes.

Elle est consacrée par l'arrêté du 4 pluviose an 11, qui suit :

ARRÊTÉ qui autorise l'établissement de Receveurs particuliers dans les villes et communes dont les rôles s'élèvent au-dessus de quinze mille francs.

Du 4 Pluviose an XI.

ART. Ier. Il pourra être établi, à compter de l'an XII, des receveurs particuliers dans les villes et communes de la République dont le montant des rôles s'élèvera au-dessus de quinze mille francs.

II. Ces receveurs particuliers seront à la nomination du premier Consul; ils seront tenus de fournir à la caisse d'amortissement un cautionnement en numéraire du vingtième de la contribution foncière, et de souscrire des soumissions à l'instar de celles des receveurs d'arrondissement.

III. Le traitement de ces receveurs particuliers ne pourra être au-dessus de quatre centimes par franc du montant des contributions qu'ils seront chargés de percevoir.

IV. Le ministre des finances est chargé de l'exécution du présent arrêté, qui sera inséré au Bulletin des lois.

Lettre du ministre des finances aux Préfets.

Du 6 Prairial an XI.

Les receveurs des villes et communes, citoyen préfet, qui payent 15,000 francs de contributions directes et au-dessus, sont maintenant nommés dans votre département ou ne tarderont pas à l'être ; un cautionnement en numéraire est substitué pour eux au cautionnement en immeubles, vous devez veiller à ce qu'il soit fourni à la caisse d'amortissement avant qu'ils entrent en fonctions. Le cautionnement en immeubles était souvent illusoire, et donnait lieu à des poursuites judiciaires dont les frais étaient considérables, et diminuaient d'autant le gage des villes et communes. Le cautionnement en numéraire a eu pour but de leur assurer pour l'avenir, une garantie dégagée de ces inconvéniens. Les maires et adjoints n'en devront pas surveiller moins exactement la gestion de leurs receveurs ; ils devront même frapper d'inscriptions leurs biens aussitôt qu'un déficit aurait été reconnu, afin de se préserver, ainsi que les communes elles-mêmes, des effets de la responsabilité qui leur est imposée, d'après l'article XI de l'arrêté du 16 thermidor an 8. Je vous invite à fixer, d'une manière toute particulière, l'attention des maires et adjoints sur cet important objet.

Il reste à pourvoir à la perception dans les communes payant moins de 15,000 francs de contributions directes, et le moment est venu de s'en occuper.

Le mode d'administration a entraîné, dans une grande partie de la république, des abus qui ont été signalés au Gouvernement ; et déjà, l'année derniere, dans plusieurs départemens où l'inconvénient de ce mode s'était manifesté d'une manière plus frappante, il a fallu recourir aux nominations d'office autorisées par les lois. Toutes les fois qu'une semblable mesure vous paraîtrait convenable à prendre pour faire cesser des abus qu'une administration éclairée et ferme ne peut tolérer, vous voudriez bien, conformément à l'article IX de l'arrêté du 16 thermidor, donner les ordres nécessaires pour que le conseil municipal, extraordinairement convoqué, nommât d'office son percepteur, et fixât sa rétribution de manière à ne point excéder cinq centimes.

Je vous prie, au surplus, de m'adresser en définitif, sur le cadre ci-joint, la liste de tous ceux qui devront être chargés de la perception des contributions de l'an 12, soit à titre d'adjudicataires, soit par suite des nominations d'office qui auraient été jugées convenables et nécessaires.

En recommandant la plus grande célérité dans ces opérations, leurs résultats peuvent être connus assez à temps pour que le montant des remises dont vous devrez également être informé, soit compris dans les rôles; vous empêcherez ainsi que les contribuables ne soient exposés, comme on s'en est déjà plaint, à payer plus qu'ils ne doivent réellement pour ces remises.

Vous ne perdrez pas de vue qu'il doit y avoir, autant que possible, un receveur pour chaque ville, bourg et village.

Je n'ai pas besoin de vous observer que les conseils municipaux devront, ainsi que les maires et adjoints, prendre tous les moyens prescrits par le même arrêté du 16 thermidor, pour prévenir la nécessité d'une réimposition sur les communes, dans le cas d'insolvabilité des percepteurs.

Je vous prie, citoyen préfet, en m'accusant la réception de cette lettre, de me faire part des mesures que vous aurez prises pour l'exécution des dispositions qu'elle renferme.

DÉCISIONS

RELATIVES À LA PERCEPTION.

Quel est le mode de contrainte à exercer contre des percepteurs qui refusent, après l'expiration de trois années, de remettre leurs rôles, conformément à l'article 17 de l'arrêté des Consuls, du 16 thermidor an 8?

Ce mode doit être le même que celui suivi pour contraindre les percepteurs rétentionaires des deniers publics.

Lettre du ministre au préfet du Pas-de-Calais, du 2 fructidor an 11.

En cas d'insolvabilité d'un percepteur, sa caution peut-elle être contrainte de payer une somme plus forte que le quart du montant du rôle de la contribution foncière pour lequel elle s'est engagée, sur-tout lorsque par l'acte de cautionnement, la caution s'est engagée solidairement avec le percepteur, sous l'hypothèque spéciale de tous ses biens?

L'article 30 de la loi du 3 frimaire an 7, porte qu'il ne sera fait adjudication qu'à la charge de donner caution solvable, et que le cautionnement néanmoins ne pourra être plus fort du quart dn montant du rôle de la contribution foncière.

L'article 5 de l'arrêté des consuls du 16 thermidor an 8, paraissant donner une extension, ou tout au moins une interprétation à l'article ci-dessus, veut que l'adjudicataire fournisse un cautionnement en immeubles dont la valeur libre soit au moins du quart du montant de la contribution fonciére.

En partant de cette dernière disposition, il est établi que le cautionnement que l'administration publique exige d'un percepteur, est un cautionnement général qui embrasse toutes les parties de la gestion de ce même percepteur.

L'arrêté des consuls du 16 thermidor prescrivant d'exiger un cautionnement du quart au moins, laisse à la prudence des autorités locales de l'exiger d'une somme plus forte suivant les circonstances.

C'est précisément ce qui est arrivé dans l'espèce présente.

L'acte de cautionnement porte en termes exprès que la caution s'engage solidairement avec le percepteur sous l'hypothèque spéciale de tous ses biens.

Par cet engagement la caution devient l'associé du percepteur: cet engagement est de beaucoup supérieur au quart du montant du rôle de la contribution foncière; un pareil engagement est formellement autorisé par l'arrêté du 16 thermidor : il est dès-lors, hors de doute, qu'il doit avoir son exécution.

Le conseil de préfecture du département du Rhône, à qui cette affaire a été présentée d'après ces considérations, a décidé que la caution qui n'avait point réduit l'effet de son cautionnement et qui l'avait consenti d'une manière générale et solidaire avec le percepteur, était devenu par-là garant et responsable de toute sa gestion, et devait solder le debet du percepteur.

Une quittance délivrée pour solde à un percepteur opère-t-elle sa libération définitive?

En matière civile, une quittance pour *solde*, peut bien libérer un débiteur ; mais il n'en est pas de même en matière de comptabilité. Ce principe, s'il était suivi, pourrait avoir des conséquences dangereuses ; toutes quittances délivrées pour deniers publics, supposent toujours ces mots : *sauf erreurs ou omissions.* C'est d'après ce principe que la trésorerie nationale serait fondée à revenir contre de semblables quittances qui auraient été délivrées à un receveur général, et provoquer un nouveau compte avec lui ; la justice exige dès-lors que ce dernier puisse user du même droit à l'égard du receveur particulier et des percepteurs.

(*Lettre du ministre au préfet du Pas-de-Calais, du 24 messidor an* 10.)

Les receveurs généraux et particuliers ont-ils droit à des remises sur les centimes réservés aux communes dont le recouvrement s'effectue dans leur caisse en déclaration de retenue des percepteurs?

Non : les receveurs ne peuvent prétendre à des remises que sur les recettes effectives dont ils font le recouvrement.

(*Lettre du ministre au préfet de Maine-et-Loire, du 22 thermidor an* 10.

RECEVEURS GÉNÉRAUX

ET PARTICULIERS.

ARRÊTÉ relatif aux cautionnemens à fournir par les caissiers du trésor public en inscriptions du tiers consolidé.

Du 13 Germinal an X. (Bulletin n°. 174.)

ART. Ier. Les caissiers du trésor public, les receveurs généraux et particuliers, les payeurs généraux et divisionnaires, et tous autres comptables qui n'ont point fourni leur cautionnement en immeubles, le donneront en inscriptions du tiers consolidé de la dette publique : ceux desdits comptables qui l'ont fourni en immeubles, seront reçus à le convertir en tiers consolidé.

II. Lesdits cautionnemens seront fournis avant le 1er. vendémiaire an XI, pour tout délai.

III. Il sera procédé, à l'égard des cautionnemens stipulés en tiers consolidé, de la même manière que pour les cautionnemens en immeubles, et sans préjudice des droits du trésor public sur les autres biens des comptables, jusqu'à concurrence de leurs débets.

IV. Le ministre du trésor public, est chargé de l'exécution du présent arrêté,

---

ARRÊTÉ relatif aux recettes faites par les receveurs généraux et particuliers sur les contributions indirectes.

Du 27 Prairial an X. (Bulletin n°. 197.)

Les Consuls de la République, vu l'art. 56 de la Constitution, d'après lequel le ministre spécialement chargé de l'administration du trésor public assure les recettes, et ordonne les mouvemens de fonds ;

Vu l'article IV, titre Ier. division *de la recette*, du décret du 16 août 1791, portant que les régies et administrations, et généralement tous les comptables qui auront des versemens à faire, soit au trésor public, soit dans les caisses de district, adresseront directement aux commissaires de la trésorerie, les bordereaux dans la forme et aux époques qui leur seront prescrites, et leur fourniront tous les renseignemens qui leur seront demandés relativement auxdits versemens;

Vu l'article V, chapitre Ier. de l'arrêté du 5 germinal an VIII, portant que le directeur général du trésor public, aujourd'hui remplacé par le ministre dudit trésor, exerce une surveillance immédiate sur les receveurs, caissiers et préposés des revenus indirects, en ce qui concerne le versement des fonds qui doivent revenir à la trésorerie,

Arrêtent ce qui suit :

ARTICLE PREMIER.

La place du contrôleur général des recettes, chargé, par l'arrêté du 3e. jour complémentaire an IX, de réunir les états de versemens des préposés de l'administration de l'enregistrement et du domaine dans les caisses du trésor public, et de remettre tous les mois, au ministre dudit trésor, l'état de comparaison par département des recettes faites avec lesdits versemens, est supprimée.

II. Pour contrôler les recettes faites par les receveurs généraux et particuliers sur les contributions indirectes détaillées dans les bordereaux mensuels qu'ils sont tenus d'adresser au ministre du trésor public, les directeurs particuliers de l'administration de l'enregistrement et du domaine et ceux de l'administration des douanes établis dans les départemens, adresseront directement au même ministre, le 10 de chaque mois au plus tard, un bordereau certifié des versemens réellement effectués pendant le mois précédent, par les préposés de leurs directions respectives, dans les caisses du trésor public.

III. Le ministre du trésor public déterminera la forme de ces bordereaux. Ils seront composés de deux parties, la première embrassera tous les versemens avec détail et indication des dates, ainsi que des caisses où ils seront effectués, et des valeurs qui les composeront. Le montant desdits versemens dans chaque département, devra être exactement balancé par la recette déclarée par le receveur général sur les mêmes produits. La seconde partie du bordereau indiquera sommairement la nature et l'origine des recettes faites par les préposés desdites administrations, le montant des dépenses qu'ils auront acquittées, et les fonds restant à leur disposition au 30 de chaque mois.

IV. Tout receveur général et particulier, et généralement tout comptable, convaincu d'avoir omis ou retardé de se charger en recette sur les journaux et bordereaux de situation, des sommes qui lui auront été versées pour le service public, sera destitué, et poursuivi comme coupable de détournement des deniers publics, conformément à l'article XI, section V, titre Ier. du code pénal.

V. Les ministres du trésor public et des finances sont chargés, chacun en ce qui le concerne, de l'exécution du présent arrêté.

ARRÊTÉ concernant le partage entre les receveurs généraux de département et les receveurs de la régie de l'enregistrement, de la remise du centime par franc sur les produits de la taxe d'entretien des routes.

Du 6 Messidor an X. (Bulletin n°. 199.)

ARTICLE PREMIER.

A compter du premier vendémiaire an XI, la remise du centime par franc, accordée par l'arrêté du premier floréal an VIII, sur les produits de la taxe d'entretien des routes, sera partagée entre les receveurs généraux des départemens, chargés de la recette, et les receveurs de la régie de l'enregistrement chargés des poursuites.

II Les receveurs généraux jouiront de la remise d'un tiers de centime par franc; et les deux autres tiers resteront aux receveurs de la régie de l'enregistrement.

III. Les ministres de l'intérieur et des finances sont chargés de l'exécution du présent arrêté.

Arrêté relatif à la manière de constater l'insolvabilité ou l'absence des redevables du trésor public.

Du 6 Messidor an X. (Bulletin n°. 199.)

ARTICLE PREMIER.

L'insolvabilité ou l'absence des redevables du trésor public, seront constatées ou par des procès-verbaux soit de perquisition, soit de carence, dressés par des huissiers, ou par des certificats délivrés sous leur responsabilité, par les maires et adjoints des communes de leur résidence, ou de leur dernier domicile.

II. Ces certificats seront visés par les préfets pour l'arrondissement du chef-lieu, et par les sous-préfets pour les autres arrondissemens.

III. Le ministre du trésor public est chargé de l'exécution du présent arrêté.

Arrêté concernant les Mandats et Bons de réquisition reçus en paiement des Contributions directes.

Du 18 Germinal an XI. (Bulletin n°. 268.)

Le Gouvernement de la République, sur le rapport du ministre du trésor public;

Considérant qu'il importe à la prompte reddition des comptes des receveurs de département, d'accélérer la régularisation des mandats et bons de réquisition de toute nature qu'ils ont été autorisés à recevoir pour comptant en paiement des contributions directes ; le conseil d'état entendu, arrête :

ARTICLE PREMIER.

Les receveurs généraux de département déposeront aux secrétariats des préfectures, 1°. les mandats et bons de réquisition qui ont eu lieu postérieurement à la loi du 7 vendémiaire an IV 2°. les mandats et bons causés pour la levée, l'habillement et équipement des conscrits, en exécution de la loi du 28 germinal an VII; 3°. les bons de réquisition et mandats pour la levée des chevaux, en exécution de la loi du 4 vendémiaire an VIII, et généralement toutes les pièces de dépenses relatives aux différentes natures des réquisitions.

II. Ils réuniront les bons admis en paiement des contributions d'un même exercice, ou remboursés avec ses produits ; ils réuniront pareillement ceux qui ont été admis en paiement de domaines nationaux, et les classeront par nature de réquisition : ils formeront un bordereau détaillé pour chaque espèce de réquisition, timbré de l'exercice sur lequel ces bons ont été portés en recette.

III. Il sera fait trois expéditions de chaque bordereau : la première sera annexée aux bons ou mandats de réquisition, lesquels seront, par chaque receveur général, déposés à la préfecture : les deux autres expéditions, visées du préfet, seront revêtues du certificat du secrétaire général de la préfecture, constatant le dépôt; l'une sera adressée au ministre du trésor public, et l'autre restera entre les mains du receveur général.

IV. Les conseils de préfecture, aussitôt après le dépôt de ces pièces, procéderont à leur vérification; ils se feront représenter les registres des administrations centrales et ceux de la préfecture, et s'assureront que les bons n'ont été délivrés que pour des fournitures réellement faites; ils prendront tous les moyens propres à constater la validité ou l'invalidité des pièces soumises à leur examen.

V. Les bons déposés provenant de réquisitions faites dans un département autre que celui où ils seront déposés, seront adressés au conseil de préfecture du département d'où ils sont provenus, pour y être vérifiés; ils seront ensuite renvoyés à la préfecture de la résidence du comptable qui les aura déposés.

VI. Lorsque les conseils de préfecture auront reconnu la validité de ces pièces, ils en délivreront certificat au pied de chaque bordereau, dont une expédition, visée du préfet, sera remise au receveur général. Les bons resteront déposés à la préfecture, pour y recourir au besoin.

VII. Ces bordereaux, dûment revêtus du certificat de validité qui vient d'être prescrit, seront adressés au caissier des recettes du trésor public, qui les recevra pour comptant, et en fournira ses récépissés définitifs et comptables.

VIII. Le ministre du trésor public adressera successivement au ministre et au directeur ministre de la guerre, chacun pour ce qui le concerne, un état détaillé, avec distinction d'exercice, des certificats de validité des bons de réquisition admis pour comptant par le trésor public. Le montant de ces bons sera ordonnancé par lesdits ministres, pour ordre et pour régularisation desdites dépenses.

IX. Les ministres du trésor public et de la guerre, et le directeur ministre de la guerre, sont chargés de l'exécution du présent arrêté.

L'établissement des receveurs généraux et particuliers qui remonte, au mois de brumaire an 4, a pris, depuis le 18 brumaire an 8, une consistance qu'il doit en grande partie au beau système des soumissions.

Il était facile de concevoir qu'une réunion de comptables liés au Gouvernement par leur état et leur fortune, lui présenteraient un jour les moyens d'assurer et de régulariser le service. Tel est le principe d'où dérive le traité passé pour l'an XI avec les receveurs généraux, et sur lequel le ministre du trésor public s'exprime ainsi dans le compte qu'il a rendu au premier Consul.

On se rappelle les opérations faites avant la révolution par les banquiers de la cour ; on sait les grandes fortunes dont elles ont été l'origine depuis plus de deux cents ans : il ne serait pas facile d'en trouver aujourd'hui les comptes. Les frais d'anticipations pour une année furent évalués à 15,800,000 fr. dans le compte général des revenus et des dépenses, publié en 1789. On s'était flatté depuis, que les ressources immenses offertes par l'émission des assignats, dispenseraient des dépenses de négociations : le contraire arriva ; les émissions d'abord limitées, et ensuite toujours croissantes, ne purent à aucune époque débarraser le trésor du soin de trouver et de fournir des espèces ; et plus le papier devint abondant, plus l'achat du numéraire devint coûteux. Les comptes du trésor, rendus au 1er. septembre 1793, portent la perte pour achat de numéraire, dans un espace de dix-huit mois, à 154,615,585 fr. Si on passe aux années suivantes, on ne sait plus à quels calculs s'arrêter; car ces frais énormes ne sont plus la mesure des pertes du trésor ; il faudrait la chercher dans ce système inexplicable, par suite duquel les agens du Gouvernement travaillaient sans déguisement à avilir la monnaie ou les valeurs qu'il avait lui-même émises. On la trouverait aussi dans des traités à prix exorbitans, résultat funeste de l'avilissement du signe. Il n'y a point de base pour établir le montant de ses pertes ; on sait seulement qu'elles sont excessives, et cette connaissance a du moins un avantage, c'est qu'elle permet de comparer le temps où il n'y avait plus de moyens de compter avec celui où tout est exactement connu et soigneusement calculé.

L'état des frais de négociations, comprend tous ceux qui ont été faits en l'an 10 pour cet exercice : tout y est détaillé par valeurs, par échéances, par taux de l'escompte et par sommes. Les conditions ont toujours été connues de vous avant d'être définitivement arrêtées par moi; enfin chacun de ceux qui ont traité y retrouve les clauses de l'engagement contracté entre lui et le trésor.

En exécution de votre arrêté du 28 brumaire dernier, les comptes des négociations et frais de service seront désormais réglés et arrêtés tous les trois mois sur mon rapport.

Ces frais, montant pour l'an 10 à la somme de 13,677,749 fr. 85 centimes, seront augmentés de la commission à allouer à la banque de France pour le paiement des rentes et pensions ; mais le compte avec cet établissement n'a pas encore été réglé.

Quelques autres frais peu considérables restaient à régulariser au premier vendémiaire : toutes ces parties, réunies à la somme ci-dessus, ne porteront pas les dépenses de négociations et de service à quinze millions ; elles ne sont aussi modérées, en comparaison des frais des années précédentes, qu'à raison de la diminution des sommes négociées et de celle du taux de l'escompte.

Cette dépense est déjà moindre qu'en 1789 ; elle diminuera encore dans l'année où nous sommes. Mais cette diminution n'est pas la seule différence qu'il y ait entre ces deux années; en 1789, les recettes insuffisantes, et déjà entamées pendant l'année précédente, étaient inférieures aux besoins, et ce déficit nécessitait l'emploi des recettes de l'exercice suivant : ce sont là de véritables anticipations; mais en l'an 10, aucune valeur propre à l'exercice de l'an 11 n'a été négociée.

On remarquera aussi que la somme de 13,667,749 f. 85 c. n'a pas été entièrement appliquée à des frais d'escompte ; elle comprend aussi ceux de versement dans les caisses des payeurs des arrondissemens maritimes, ceux d'achat d'or, ceux de conversion de la monnaie de cuivre en espèces d'argent.

La résolution que vous avez prise, citoyen premier Consul, de rendre ces états publics, ne permet plus le retour des abus auxquels ces dépenses ont autrefois donné lieu : à aucune époque peut-être ce désordre n'avait fait autant de progrès qu'avant votre Gouvernement. On trafiquait à vil prix des revenus les plus certains de l'état ; les communications régulières entre le trésor et ses propres agens, étaient interceptées ou entravées ; et bientôt les intermédiaires furent maîtres de lui dicter des conditions dont le poids l'accablait. Sans faire une véritable avance, ils gagnaient 40 pour cent et davantage, et n'avaient, la plupart du temps, d'autre embarras que de créer un fonds fictif de circulation qui ne leur coûtait rien. On leur demandait cependant, comme une faveur, de prélever ces gains exorbitans ; à la moindre difficulté, ils mettaient le marché à la main ; et l'homme d'état se croyait perdu sans ressource, parce qu'ils le menaçaient de l'abandonner à sa mauvaise destinée, s'il voulait s'affranchir de leur tyrannie. Combien était légitime l'impatience de passer de ce chaos à un régime bien ordonné ! Eh qui méconnaîtra que jamais peut-être un aussi grand intervalle n'a été franchi plus rapidement ? On pourra s'en convaincre à la vue du tableau que je joins ici du taux de l'intérêt des fonds empruntés.

TERME MOYEN du Taux des frais d'escompte par mois, alloués par le Trésor public, pour la négociation des Obligations des Receveurs, pendant les années 8, 9, 10 *et* 11.

ANNÉES.	1.er Vend. au 30 Nivose.	1.er Pluv. au 30 Floréal.	1.er Prair. au 30 Fruct.	*OBSERVATIONS.*
Pendant l'an 8..	.. ...	$3\frac{1}{2}$.	* $3\frac{1}{3}$.	* Le cours du 25 prairial an VIII, jour de la bataille de Marengo, est de 5 pour cent de perte par mois, ce qui correspond à 60 pour cent pour l'année.
Pendant l'an 9..	$2\frac{1}{2}$.	$1\frac{1}{6}$.	$1\frac{1}{2}$.	
Pendant l'an 10.	$1\frac{1}{4}$.	$1\frac{3}{16}$.	1.	** L'escompte des obligations pendant les huit derniers mois de l'an XI, est fixé à demi pour cent par le traité du 13 frimaire de ladite année.
Pendant l'an 11.	$\frac{3}{4}$.	** $\frac{1}{2}$.	$\frac{1}{2}$.	

Cet

Cet intérêt, dans le cours des trois dernières années, a été réduit de 40 pour cent à 9 pour cent, et un nouveau traité le fixe en ce moment à 6 pour cent. Je ne crois pas que l'histoire de nos finances offre un autre exemple d'un passage aussi prompt du découragement à la confiance.

Sans doute ces heureux effets ont eu pour principale cause, tant d'événemens prospères qui se sont suivis sans interruption depuis le commencement du Gouvernement. Mais on peut aussi les rapporter aux soins que vous avez pris, premier Consul, de réserver pour chaque année et pour chaque mois, sur les recettes ordinaires, les fonds nécessaires aux paiemens. Les recouvremens sont faits dans un ordre tellement imperturbable, que l'on peut, dès le commencement de l'année, déterminer pour toute sa durée, les fonds à affecter aux dépenses de chaque ministère, avec une précision que l'événement justifie toujours. Votre prévoyance a aussi assuré le succès d'un changement important, qui autrement n'aurait pu s'effectuer sans difficultés. Avant l'an VIII, le trésor ne faisait une partie du service qu'à l'aide des produits à recouvrer. L'amorce d'un profit immense continua d'opérer, même après cette époque; et je fus souvent moi-même importuné des sollicitations de ceux qui avaient eu si long-temps le privilége de ce qu'ils appelaient de brillantes affaires. Ils ne renoncèrent à leurs poursuites que quand des effets certains les eurent convaincus que le trésor avait des moyens assurés de se passer d'eux. Le service fut fait pendant quelque temps par un seul agent; cinq banquiers en ont été chargés après lui. Bientôt des termes plus avantageux que ceux auxquels ils avaient traité, ont été offerts; et sur leur refus d'y souscrire, six autres banquiers les ont remplacés. Après quatre mois, une association des receveurs généraux vous a proposé de nouvelles améliorations, et elle a succédé aux banquiers; mais avec un avantage remarquable : c'est qu'en supprimant les intermédiaires, vous avez supprimé la part qu'ils avaient aux bénéfices, et vous en avez fait profiter le trésor. Ainsi, nous avons gagné à chaque changement; et à la différence des autres temps, ce sont les agens même du service qui doivent maintenant concourir, avec une émulation louable, à son amélioration.

Je dois observer encore que chaque fois qu'il y a eu de semblables changemens, un soin particulier a été pris des intérêts de ceux que nous avons ainsi remplacés : des facilités leur ont été données ; en même temps aussi, elles ont profité du trésor, qui a compensé avec eux pour les intérêts des délais qu'il a accordés ; et ce qui prouve la juste confiance qui accompagne les opérations du Gouvernement, ainsi que la solidité des associations qu'il avait chargées d'un service aussi considérable, c'est qu'il leur a été inopinément retiré, sans que leur crédit en ait éprouvé la plus légère atteinte, et le réglement des comptes leur a toujours alloué des bénéfices.

L'agence des receveurs généraux continuera ses opérations tant qu'il y aura, pour le trésor, des avantages sans inconvéniens ; mais il est affranchi de toute dépendance, et il traite avec les banquiers et les gens de finances, à des conditions aussi égales que celles qu'ils pourraient stipuler entre eux.

Je regrette infiniment que les bornes de mon Manuel ne me permettent pas d'insérer ici dans son entier une instruction du ministre du trésor public aux receveurs généraux et particuliers.

Cette instruction se divise en trois chapitres.

Le premier traite des recettes en général, et embrasse sous ce titre,

Les contributions directes,

Les contributions indirectes,

Les recettes diverses,

La surveillance des receveurs généraux sur les receveurs particuliers.

Le second chapitre traite de la tenue des écritures ; et sous ce nom, sont désignées,

Les écritures comptables,

Les écritures d'ordre, sommiers et livres auxiliaires ;

Les écritures des receveurs particuliers d'arrondissement.

Le troisième chapitre traite de la comptabilité, et dans cette partie on voit tout ce qui regarde,

Les bordereaux et comptes de mois,

Les versemens et envois au trésor public,

La comptabilité par états au vrai.

L'ordre à tenir pour la correspondance,
L'apurement des exercices antérieurs à l'an VIII,
Les formes à suivre en cas de mutation, des receveurs particuliers et généraux.

Je me suis borné à extraire de cette instruction quelques dispositions générales qu'il est essentiel de connaître quand on se livre sérieusement à l'étude de l'administration des finances. J'ai pris la forme de questions et de réponses, parce qu'elle est claire, précise, et qu'elle aide mieux à saisir les raisonnemens et les principes.

Comment les receveurs généraux doivent-ils justifier au ministre du trésor public que les obligations qu'ils ont souscrites sont acquittées ?

Les receveurs doivent, dans les premiers jours de chaque mois, réunir aux talons qui en ont été détachés, les obligations échues qu'ils ont acquittées le mois précédent, et comme telles, portées en dépense sur leurs journaux et dans leurs bordereaux, et après avoir biffé leur signature et cisaillé ces effets, adresser le tout accompagné d'un bordereau d'envoi, au bureau d'ordre, sous le couvert du caissier des recettes; ils auront soin également d'adresser un *duplicata* de ce bordereau à l'administrateur des recettes pour le directeur de la division.

Lorsque toutes les obligations souscrites seront ainsi renvoyées acquittées, la reconnaissance provisoire qui avait été fournie pour le montant, sera convertie en un récépissé définitif et comptable.

Les bons à vue qu'ils souscrivent pour le produit de leurs recettes sur les contributions indirectes et recettes diverses, sont une nature d'effets ou traites tirées sur eux-mêmes, et en même temps une déclaration d'en-caisse, dont l'effet est de mettre immédiatement, et sans intervalle, les fonds à la disposition du trésor public.

Ces remises ou envois doivent être adressés au caissier des recettes, avec la suscription *Bureau d'ordre*, et chargés à la poste.

Il convient de les accompagner de deux expéditions d'un

bordereau, destinées tant à la caisse des recettes qu'à celle du bureau d'ordre. Il sera pareillement envoyé une autre expédition à l'administrateur pour le directeur de la division.

Ce bordereau devra contenir, dans sa première partie, la date de l'envoi, le numéro, la date et la somme de chaque bon. La seconde partie, destinée aux imputations à donner à l'envoi, contiendra dans un premier tableau, l'indication des exercices, ainsi que la somme envoyée sur chaque exercice en particulier; et, dans un second tableau, l'imputation par nature de produits, avec la désignation des exercices auxquels ils appartiennent. Le report des envois précédens sera fait au-dessous du montant de l'envoi du mois; le bordereau de chaque envoi sera numéroté, (*Circulaires*, n°s. 112 et 127.)

Pour valeur de ces bons, il sera fourni des reconnaissances provisoires par le caissier des recettes, suivant les imputations demandées, lesquelles seront converties en récépissés définitifs et comptables; mais, ainsi que pour les obligations, les receveurs doivent justifier de l'acquittement de ces bons. A cet effet, ils réuniront au commencement du mois, ceux qu'ils auront acquittés dans le cours du mois précédent; et après avoir biffé leur signature et cisaillé ces effets, ils adresseront le tout au bureau d'ordre, dans la même forme et avec les mêmes précautions que pour les obligations acquittées.

Comme la vérification des valeurs retarde nécessairement l'expédition des récépissés, et qu'afin de tranquilliser les receveurs sur le sort de leurs envois, on leur en accuse réception, il est évident que lorsque les récépissés sont parvenus aux receveurs, les accusés de réception ne doivent plus figurer parmi les décharges du receveur, et qu'ils feraient double emploi s'ils n'en étaient retranchés : il convient donc que les receveurs renvoient au directeur de la division, ces accusés de réception, aussitôt qu'ils auront reçu les récépissés.

On rappelle ici que s'il se trouvait dans les envois, des déficit, ou des valeurs qui dussent être rejetées comme irrégulières ou inadmissibles, les receveurs en doivent faire déduction sur la dépense de leurs journaux, et en remplacer le montant dans le prochain envoi. Les reports de leurs bordereaux pour le montant des envois antérieurs, devront être également réduits, afin que le total de leurs bordereaux d'envois soit parfaitement égal et conforme au montant des reconnaissances fournies par le bureau d'ordre.

La recette régulièrement constatée, la dépense établie sur les acquits et reconnaissances provisoires, il s'agit d'en faire la balance pour opérer la décharge complète du comptable, et préparer enfin la reddition de son compte.

Comment les receveurs généraux doivent-ils rendre leurs comptes ?

Les receveurs généraux comptent directement à la comptabilité nationale, à commencer de l'exercice de l'an VIII; et ils y comptent par exercices, aux termes de l'art. V de la loi du 27 pluviose an IX : il leur est donné, à cet effet, le délai de trente mois pour cet exercice.

Afin de se conformer aux dispositions de cette loi, les receveurs ont dû prendre des mesures telles, que l'entier recouvrement des rôles fût terminé avant l'époque fixée pour la présentation du compte, et que le montant total en fût versé au trésor public : s'ils ont négligé de prendre ces mesures, et que le montant des rôles ne soit pas rentré à cette époque, les receveurs ne doivent pas moins s'en charger en recette, et compter de la totalité; ils seront même tenus de verser au trésor public la somme dont ils seraient en retard de faire le recouvrement. A défaut d'effectuer ce versement, ils seraient réputés débiteurs de parties non recouvrées, et comme tels poursuivis par voie de séquestre et vente de leurs biens, conformément à l'art. IX du chapitre II de la loi du 28 pluviose an III, sauf à se rembourser de leurs avances, soit sur l'arriéré de cet exercice, dont ils poursuivraient alors la rentrée pour leur compte personnel, soit par la répétition qu'ils pourraient exercer sur les receveurs particuliers d'arrondissement, auxquels en qualité de comptables les dispositions de la même loi sont applicables.

Mais avant de présenter leur compte à la comptabilité nationale, soit pour l'exercice de l'an VIII, soit pour l'exercice de l'an IX et les subséquens, il est nécessaire de constater le montant net des sommes revenant au trésor public, et de régulariser les valeurs et décharges qu'ils auront à produire à l'appui de leurs dépenses; il faut donc pour y parvenir établir par un bordereau sommaire, leur *état au vrai.*

La recette de cet état au vrai se divisera de la même manière que les bordereaux qu'ils envoient chaque mois au trésor public.

Elle devra contenir le montant total des contributions directes en principal et centimes additionnels.

Ainsi, un article sera destiné pour la contribution foncière, un autre pour la personnelle, mobilière et somptuaire, et un troisième pour les portes et fenêtres. La subvention établie par la loi du 27 brumaire, qui entrera dans le compte de l'exercice an VIII, devra également avoir deux articles séparés.

Quant aux contributions indirectes dont les versemens s'opèrent par les régies et administrations, on ne formera qu'un seul article de recette; mais il sera suivi d'un tableau nominatif de ces différentes contributions, et indicatif des sommes versées sur chacune d'elles.

L'administration des douanes aura un article particulier et distinct de celui de l'administration de l'enregistrement et du domaine, puisque les pièces probantes de ces deux recettes sont distinctes et séparées.

Le dernier chapitre contiendra les recettes diverses, et sera divisé en autant d'articles que dans le bordereau de chaque mois.

Les pièces probantes de ces recettes seront, pour les contributions directes, l'état par extrait du *répartement* de ces contributions en principal et centimes additionnels, certifié par le préfet, et les états au vrai qu'auront dû fournir les receveurs particuliers.

Les recettes sur les contributions indirectes se justifieront, 1°. par un état des récépissés délivrés aux préposés de l'administration des domaines et de l'enregistrement, lequel sera certifié par le directeur de cette administration dans le département; 2°. par les états des récépissés délivrés aux receveurs des bureaux principaux des douanes, lesquels seront certifiés par eux, et visés par le directeur dont les receveurs principaux dépendent. Les recettes diverses devront être appuyées par les arrêtés qui en ont ordonné le versement; les extraits d'arrêtés de comptes; les états des restes à recouvrer, s'il y a lieu d'en dresser; les ampliations des récépissés délivrés aux parties versantes, certifiés par elles; ou bien enfin par des extraits d'enregistrement au journal des recettes, visés par le préfet du département.

La dépense s'établira sommairement ainsi qu'il suit :

1°. Un article de reprise pour les non-valeurs, décharges et modérations, d'après l'état certifié par le préfet du département. Les ordonnances doivent être déposées au secrétariat de la préfecture, suivant les art. XIII, XIV et XV de l'arrêté des Consuls, du 14 fructidor an VIII. L'état contiendra le détail de ces ordonnances, avec distinction par contribution et par arrondissement ;

2°. Un article pour les taxations à la charge du trésor public, dont il est parlé, n°. 97, et pour celles sur les contributions indirectes et recettes diverses, déduction faite des recettes en effets de la dette publique, conformément à la loi du 17 fructidor an VI ;

3°. Un article pour la dépense du produit des centimes additionnels, lequel sera justifié par le compte de ce produit en recette et dépense, arrêté par le préfet du département. Les receveurs n'ignorent pas que c'est dans ce compte que doivent entrer, jusques et compris l'an IX, leurs traitement et taxations, et ceux des receveurs particuliers sur les contributions foncière, personnelle, mobilière et somptuaire, conformément à l'art. XLII de la loi du 11 frimaire an VII ;

4°. Un dernier article, dans lequel seront détaillés toutes les reconnaissances provisoires et les récépissés délivrés aux receveurs par le trésor public.

Les reconnaissances provisoires accompagneront l'envoi de l'état au vrai, afin d'en opérer la conversion en récépissés définitifs et comptables, ces reconnaissances provisoires n'étant point admises à la comptabilité nationale.

Cet état sera terminé par la balance entre la recette et la dépense.

Afin que l'état au vrai remplisse complétement son objet, et prépare la présentation du compte à la comptabilité nationale, avec simplicité et clarté, il est nécessaire qu'avant sa vérification, les receveurs convertissent toutes les valeurs, décharges provisoires et pièces représentatives en caisse, contre des décharges définitives du trésor public ; cette mesure indispensable doit occuper, avant tout, les receveurs généraux tenus d'apurer promptement leur comptabilité.

Les valeurs provisoires qu'ils enverront au trésor public, seront accompagnées de bordereaux et états détaillés pour en faciliter l'examen. Quant aux reconnaissances provisoires fournies pour les obligations, les receveurs devront se procurer de la caisse d'amortissement et du caissier général du trésor public, un certificat constatant qu'ils ne sont dépositaires d'aucune des obligations souscrites à cause de l'exercice sur lequel on poursuivra la conversion.

Ces états au vrai et les pièces à l'appui, ainsi que les valeurs à convertir, dans le cas où le délai accordé pour la présentation des comptes de l'exercice an IX et suivans ne serait pas rapproché, devront être adressés au trésor public dans les trois premiers mois de la seconde année qui suivra celle de l'exercice dont on devra compter, c'est-à-dire, dans 27 mois, attendu que l'article V de la loi du 27 pluviose an IX ayant accordé 30 mois aux receveurs pour présenter leurs comptes à la comptabilité nationale, ce qui revient au 6e. mois de la seconde année après celle de l'exercice, il faut que l'état au vrai et les pièces à convertir soient adressés au trésor public à une époque qui laisse le temps suffisant pour examiner ces états et convertir les valeurs.

Quelle marche les receveurs généraux doivent-ils tenir pour faire connaître au ministre du trésor public les recettes qu'ils ont faites dans le mois ?

Les receveurs, pour faire connaître au ministre du trésor public la quotité de leurs recettes, en adresseront des bordereaux exacts, contenant tant la recette que la dépense; et en cas d'excédant de recette, ils donneront le détail de ce dont il est composé.

Les comptables ont été précédemment tenus d'envoyer copie du texte de leur journal certifié : mais l'expérience a prouvé qu'en se bornant à des bordereaux, on obtenait le même résultat sans surcharger d'écritures les bureaux des receveurs.

Le trésor public a précédemment tracé la forme de ces bordereaux ; il les a fait imprimer pour établir l'uniformité; et chaque année, il a adressé aux receveurs généraux et particuliers, gratuitement, une quantité suffisante de ces imprimés, quoique cette dépense dût être entièrement à leur charge.

L'obligation de l'envoi de ces bordereaux au ministre du trésor public par les comptables, indépendamment de ce qu'elle résulte de la nature de leurs fonctions, résulte aussi des lois tant anciennes que nouvelles, et notamment de la déclaration du 10 juin 1716, art. VIII, et de celle du 4 octobre 1723, art. XXVII. Les lois des 24 novembre 1790, 17 brumaire et 25 nivose an V, veulent que les comptables fassent connaitre chaque décade, ou tous les quinze jours, mais plus particulièrement chaque mois, la situation de leurs recette et dépense, sous peine d'être destitués.

Ces bordereaux de situation doivent être exacts, et les receveurs sont tenus de les certifier véritables. Les résultats de ces bordereaux seront conformes à ceux établis par les journaux et sommiers. Les comptables ont un grand intérêt à s'assurer soigneusement de cette conformité : en effet, si après qu'ils les auront certifiés véritables, la non-conformité était prouvée, ils auraient de fait encouru les peines afflictives prononcées par l'art. XV de la section V du titre Ier. de la 2e. partie du code pénal, qui porte que tout fonctionnaire ou officier public, convaincu de s'être rendu coupable du crime de faux dans l'exercice de ses fonctions, sera puni de la peine des fers pendant vingt ans.

Cette application du code pénal à l'égard des receveurs dont les bordereaux ne seraient pas conformes aux journaux, a été spécialement faite par l'art. V, de l'arrêté des Consuls du 21 messidor an VIII, concernant les bons à vue.

Il résulte de cet article, que les receveurs dont le bordereau annoncerait des sommes moins fortes que celles portées aux registres, seraient poursuivis comme coupables d'avoir détourné ou soustrait les deniers publics, conformément à l'art. XII de la Ve. section du titre Ier. du code pénal.

Ce bordereau est divisé en trois parties principales : la recette, la dépense, et le détail du reste en caisse.

Les receveurs particuliers, comme premiers comptables, fournissent d'abord le leur au receveur général ; celui-ci en rédige un qui les réunit, et l'adresse au trésor public : ces bordereaux ont pour époque commune le premier de chaque mois, et ils se forment après avoir fait arrêter les journaux le 30 du mois, conformément à l'art. XX de la loi du 24 novembre 1790.

Les receveurs particuliers et le receveur général ont dû se conformer aux lois et aux dispositions développées sur la tenue des écritures : ainsi ils rédigeront avec facilité ce bordereau, qui n'est que le relevé exact des sommiers tenus par exercice. On emploie ici l'expression d'*exercice* et non celle d'*année*, parce que les contributions directes, dont le montant est fixé par les lois et les rôles, ne se recouvrent point en entier dans l'année de leur assiette; ainsi la recette d'une année, quand elle ne solde point les rôles, n'est qu'une portion de l'exercice, et l'exercice n'est terminé que quand les rôles sont entièrement soldés. Si l'on comptait par compte annuel, il faudrait à la fin de chaque année faire constater les restes à recouvrer; opération que l'expérience a démontrée impossible à exécuter avec exactitude; au lieu que la comptabilité par exercice présente le montant positif de la recette à faire. Le receveur en comptant de la totalité, soit en numéraire, soit en décharges, ne laisse aucune équivoque ni sur la quotité de ses recettes, ni sur la situation des recouvremens.

Pour former la recette de ce bordereau, les receveurs relèveront, sur la partie de leurs sommiers destinée à la situation du recouvrement, les recettes faites sur chaque contribution et produit en particulier; et comme le bordereau sera divisé, ainsi que le sommier, en trois parties, savoir, les contributions directes, les contributions indirectes, et les recettes diverses et extraordinaires, ils rempliront les articles de ces trois chapitres d'après leurs écritures, avec la distinction des valeurs reçues, tant pendant le mois qu'antérieurement. Le total de la recette du bordereau du receveur général devra être égal aux totaux réunis des bordereaux des receveurs particuliers; mais le receveur général aura soin, lorsque les receveurs particuliers feront des recettes extraordinaires, de faire indiquer sur les bordereaux l'origine de ces recettes, ainsi que le nom des parties versantes, et d'exiger que les pièces justificatives, soit ampliation des arrêtés des autorités constituées, soit duplicata des récépissés délivrés aux parties versantes, soient jointes au bordereau dans lequel ces recettes se trouveront comprises.

La dépense se dépouillera pareillement sur les bordereaux, d'après les sommiers et journaux: ainsi que la recette, elle devra être divisée en trois parties, avec l'énonciation distincte des différentes natures de paiement.

A la fin de chacun de ces trois chapitres, le receveur établira la balance de la recette et de la dépense; et au-dessous, il détaillera les valeurs dont est composé l'excédant de la recette existant en caisse. Il aura le plus grand soin d'y noter distinctement ce qui ne serait pas encore sorti des caisses des receveurs particuliers, ou ce qui ne serait pas encore parvenu à la sienne.

Ce bordereau sera terminé par une récapitulation générale des trois chapitres des recettes et dépenses, ainsi que par le détail de l'avoir en caisse, sur la totalité des recettes de toutes natures.

Les imprimés préparés au trésor public, distribués ainsi qu'on vient de l'exposer, rendront cet ordre d'écritures extrêmement facile : il ne s'agira donc que de les remplir avec exactitude.

Cette instruction, destinée à l'exercice de l'an X, et encore plus spécialement aux exercices suivans, ne change rien aux dispositions prescrites pour les exercices antérieurs ; et le résultat de ce bordereau devra être compris dans le *résultat général* de tous les exercices, qui, également préparé au trésor public et imprimé, sert à faire connaître la situation générale du receveur sur tous les exercices.

Les bordereaux rédigés pour chaque exercice, devront, pour les receveurs particuliers, être adressés au receveur général, et lui être parvenus dans les trois premiers jours de chaque mois au plus tard. Ceux du receveur général au trésor public devront y être parvenus du 10 au 15 de chaque mois, également au plus tard en raison de l'éloignement des divers départemens.

Si le receveur n'envoyait point de bordereau de l'un des exercices, parce qu'il n'aurait fait aucune recette pendant le mois, il est tenu d'y suppléer par l'envoi d'un *certificat négatif* de recette, visé par le sous-préfet quant au receveur particulier, et par le préfet quant au receveur général, afin de justifier de la cause du non-envoi de bordereaux.

Les receveurs particuliers doivent, en même temps qu'ils envoient leurs bordereaux au receveur général, en adresser, aux termes de l'article III de la loi du 25 nivose an V, un exemplaire au trésor public, en suivant la forme prescrite par la circulaire du 7 floréal an VIII, n°. 32 ; c'est-à-dire que les paquets contenant les bordereaux et autres papiers, devront être fermés de deux bandelettes de papier posées en croix, sur l'une desquelles sera inscrit le nom du directeur de la division, et couverts ensuite d'une enveloppe cachetée portant l'adresse des administrateurs du trésor public en nom collectif.

Les receveurs généraux suivront la même forme pour

l'envoi de leurs bordereaux et papiers, autres que ceux qui doivent être adressés à la caisse des recettes journalières, comme il va être dit.

Comment doivent se faire les versemens et envois au trésor public?

Après avoir fait connaître par les bordereaux, en quoi consistent leurs recettes, les comptables sont tenus d'en verser le produit; savoir, les receveurs particuliers au receveur général, et celui-ci au trésor public.

Ces versemens doivent s'opérer, quant aux premiers, toutes les semaines; et la régularité, ainsi que l'exactitude dans ces versemens, est un des devoirs les plus importans des comptables; car différer l'envoi des sommes rentrées, c'est être en quelque sorte rétentionnaire des deniers publics.

Lorsqu'ils enverront des espèces, ils se serviront de barils solides, et renfermeront chaque espèce de monnoie dans des sacs étiquetés du poids et de la somme; avant de charger ces barils aux bureaux des messageries ou voitures particulières, ils en feront dresser procès-verbal, après la reconnaissance des espèces à découvert, en présence du directeur de la messagerie et du sous-préfet de l'arrondissement, et le signeront avec eux. Ce procès-verbal sera fait triple; une expédition demeurera au receveur pour en justifier en cas de besoin; l'autre sera transmise au receveur général, avec un bordereau d'envoi et lettre d'avis; la troisième demeurera déposée à la sous-préfecture.

Par ce bordereau d'envoi, les receveurs particuliers annonceront au receveur général sur quelle nature de contributions ou recettes ils effectueront ce versement; et indiqueront l'imputation qu'ils desirent être donnée aux récépissés qui leur seront dus pour cet envoi.

Ils ne négligeront point de se conformer à la circulaire des commissaires de la trésorerie, du 25 vendémiaire an 8, relative à l'escorte qu'ils doivent requérir pour accompagner l'envoi, laquelle enjoint expressément de n'en expédier aucun sans en prévenir les chefs de la force armée, ainsi que les autorités civiles.

Aussitôt que les fonds sont parvenus à la caisse du receveur général, il ne doit point différer de procéder à leur vérification; de sorte que l'enregistrement puisse en être fait au moment même, et dans le jour de la réception, conformément à l'article XIX de la loi du 24 novembre 1790 ; sans quoi il encourrait la peine prononcée par l'article VII de l'édit de 1716, et par l'article IV de l'arrêté du 27 prairial an 10 : en cas d'omission de recette, il délivrera de suite le récépissé, conformément aux imputations demandées par le receveur particulier. L'article IV de l'arrêté du 27 prairial porte que tout receveur général et particulier, et généralement tout comptable convaincu d'avoir omis ou retardé de se charger en recette sur ses journaux et borderaux de situation, des sommes qui lui auraient été versées pour le service public, sera destitué et poursuivi comme coupable de détournement des deniers publics, conformément à l'article XI, section V, titre Ier. du code pénal.

Le receveur général s'occupera ensuite de transmettre au trésor public le produit de ses recettes : ses envois auront lieu chaque semaine ; mais en cas d'empêchement, il en justifiera, et y suppléera aussitôt que possible.

Lorsqu'ils seront en espèces, il se conformera à ce qui vient d'être dit pour les envois des receveurs particuliers ; le procès-verbal de chargement sera visé par le préfet, par triple expédition, savoir, une pour lui, une autre qui accompagnera la lettre d'avis au chef du bureau d'ordre pour le caissier des recettes du trésor public, et la troisième adressée à l'administrateur du trésor public, sous bande, pour le directeur de la division. Ces deux expéditions du procès-verbal de chargement devront être accompagnées d'un bordereau d'envoi et d'imputation indiquant l'exercice, ainsi que la nature des contributions ou recettes sur lesquelles s'opérera le versement, afin que ces récépissés puissent être expédiés avec régularité : le défaut de bordereau d'imputation empêcherait l'expédition du récépissé jusqu'au moment où cette pièce serait parvenue au trésor public.

Quand les receveurs seront autorisés à envoyer des effets sur Paris en échange des fonds qu'ils auraient en caisse, ils auront soin de les passer à l'ordre du caissier général ; ils seront accompagnés d'un bordereau certifié, contenant le nom des tireurs et débiteurs, l'échéance de l'effet et la somme. Ces effets, pour être admis au trésor public, ne devront pas avoir un terme plus long que le mois dans lequel la remise en sera faite. Le paquet pourra en être remis chargé à la poste, et il contiendra également un bordereau d'imputation, dont un double, ainsi qu'un double de l'état des effets, seront adressées à l'administrateur, comme il est expliqué à l'article des envois en espèces. Les receveurs demeurent garans de ces effets ; et à défaut de paiement, le montant ainsi que les frais de protêt seront déduits sur leurs envois subséquens.

A l'égard des autres valeurs de toute nature, ainsi que des rescriptions tirées par le caissier, et acquittées, que le receveur est tenu d'envoyer, elles devront, suivant leurs poids et volume, et conformément à l'arrêté du 7 fructidor an VI, et à la circulaire du 5 pluviose an X, être mises ou à la poste, ou à la messagerie : quand le receveur emploiera cette dernière voie, il se conformera à ce qui a été dit pour le procès-verbal de chargement. Dans l'un comme dans l'autre cas, l'envoi devra toujours être accompagné d'un état détaillé des valeurs, et d'un bordereau d'imputation, dont un double sera également adressé à l'administrateur pour le directeur de la division.

Les receveurs éviteront avec grand soin de confondre les effets ou valeurs actives avec les autres valeurs inactives ou de décharge ; mais *ils feront toujours deux paquets séparés de ces différentes valeurs*, afin que le recouvrement ou échange des premières n'éprouve aucun retard ; *et l'enveloppe contiendra l'indication de la nature de ces valeurs.* Cette précaution fera éviter tout retard dans l'examen des valeurs et l'expédition des récipissés.

Ces trois différentes natures d'envois ou versemens au trésor public, qui ne peuvent être reçues que par le chef du bureau d'ordre, doivent être adressées, ainsi que le prescrit la circulaire n°. 32, du 7 floréal an VIII, au caissier des recettes ; mais les paquets et barils doivent porter pour suscription, les mots, *Bureau d'ordre*, ainsi qu'il a été recommandé par la même circulaire, et, plus spécialement encore, depuis, par la circulaire du 23 floréal an IX.

Quelles sont les formes à suivre en cas de mutations des receveurs particuliers et généraux ?

Quelques receveurs généraux ont paru jusqu'à présent incertains sur les formalités qu'ils avaient à remplir dans le cas de décès, démission ou faillite d'un receveur particulier.

Quand il s'agit de démission, ce ne sont que des opérations purement administratives ; et le successeur qui remplace le démissionnaire, a un intérêt direct à se faire transmettre l'exercice, et rendre compte des recettes dont il sera chargé en entier, après ce compte rendu.

On va expliquer ci-après quelles sont ces opérations.

Dans le cas de décès ou faillite, comme il peut y avoir des débets, le receveur général, aussitôt qu'il en est informé, doit ou se transporter chez ce receveur, ou y envoyer un fondé de pouvoir, à l'effet de veiller à la sûreté des deniers, demander l'intervention des autorités constituées, et donner les renseignemens propres à accélérer les opérations nécessaires pour établir la situation du receveur.

Lorsqu'un receveur particulier donne sa démission, il est tenu de rendre un compte de clerc à maître à son successeur, tant de sa gestion que de celle de ses prédécesseurs, s'il en a eu, et de lui remettre les deniers, pièces de décharge et documens qu'il peut avoir, afin que le nouveau titulaire puisse compter de la totalité des exercices en son nom personnel. (*Loi du* 16 *juillet* 1793.)

Le nouveau receveur présentera au préfet du département l'arrêté de sa nomination, pour se faire recevoir et ensuite installer en cette qualité. Il produira en même temps le récépissé de la caisse d'amortissement, pour justifier qu'il a versé son cautionnement.

Dès le jour de l'installation d'un comptable par les autorités constituées, les traitement, taxations et remises lui sont acquis ; les recettes ne s'opèrent que pour son compte, et les décharges ne s'expédient qu'en son nom.

Un receveur particulier d'arrondissement doit d'abord faire connaître son installation au receveur général du département, et en même temps au comptable auquel il succède, ou bien à ceux qui le représentent ; il en donne également connoissance au ministre du trésor public et à celui des finances, en leur adressant copie de l'acte d'installation.

Il est procédé par l'ancien comptable ou ses ayant-cause présens ou appelés, et par le nouveau, en présence du sous-préfet, à l'arrêté des journaux et registres : il demande la remise des deniers en caisse, ainsi que du compte de clerc à maître des exercices commencés qu'il doit continuer. Les instructions, circulaires, tant du trésor public que du receveur général, et toutes les autres pièces et renseignemens qui ne seront point indispensables à la formation du compte de clerc à maître, lui sont remis de suite, conformément à la loi du 26 juillet 1793, et notamment une expédition du dernier bordereau de mois envoyé au receveur général, afin que celui du mois suivant, rédigé d'après les mêmes erremens, contienne réunies la recette précédemment faite, et celle opérée pendant le mois, tant par le nouveau que par l'ancien receveur; et enfin pour que l'envoi mensuel des bordereaux n'éprouve aucune interruption ni retard.

Il fait ensuite une circulaire aux percepteurs et receveurs de deniers publics de son arrondissement, pour les prévenir que c'est à lui qu'ils doivent verser, et il fait viser cette circulaire par le sous-préfet. Il pourra demander également qu'ils rapportent les quittances qui leur ont été délivrées par son prédécesseur sur l'exercice commencé, afin qu'elles soient constatées et reconnues par lui; et lors de cette représentation, il en dresserait des états qui serviraient à la vérification du compte de clerc à maître.

Si le receveur démissionnaire n'avait pas préparé son compte de clerc à maître, comme ses journaux et sommiers pourraient lui être nécessaires, le receveur entrant en établirait de nouveaux à l'effet d'y inscrire ses recettes et dépenses; mais il aurait soin de porter sur ces journaux, les recettes et dépenses de son prédécesseur, aussitôt que le compte de clerc à maître lui serait rendu : ces nouveaux registres devraient être côtés et paraphés conformément aux lois. Cette disposition est de rigueur; ceux qui l'auraient négligée doivent s'empresser de réparer cette omission.

Ses nouveaux journaux, visés et paraphés par le sous-préfet, étant préparés, il y inscrira les versemens qui lui seront faits.

Lorsqu'il sera établi en fonctions, il aura soin de presser la reddition du compte de clerc à maître : s'il y avait plusieurs exercices commencés, il serait fait un compte particulier pour chaque exercice.

La recette de ce compte sera distribuée en trois chapitres : les contributions directes, les indirectes, et les recettes diverses.

Le premier chapitre des contributions directes, divisé en autant d'articles que de sortes de contributions, sera justifié par des états à colonnes : la première contiendra le nom des communes; la seconde, le montant de leurs contributions; la troisième, la somme payée; et la quatrième, la somme restant à recouvrer.

Les contributions indirectes seront justifiées par l'état des

récépissés

récépissés délivrés aux préposés des administrations et régies par le receveur démissionnaire, et certifié véritable par ces préposés.

Les recettes diverses seront justifiées par la remise des arrêtés et décisions qui ont déterminé les versemens, et par l'ampliation du récépissé que le receveur a délivré à la partie versante qui aura dû la signer : quant aux dépôts et consignations, la remise des registres mettra le nouveau receveur à portée de juger si la recette accusée est exacte.

La dépense se divisera en autant d'articles que de natures de décharges.

Le premier article sera le détail par numéros, dates et sommes, des récépissés qui auront été délivrés au receveur démissionnaire, sur l'exercice dont il s'agit, par le receveur général.

Les articles suivans seront destinés aux diverses valeurs ou acquits et pièces qui peuvent opérer décharge, lesquels seront détaillés, datés et énoncés par sommes. Si le nombre des valeurs ou acquits était trop considérable pour être mis dans ce compte, il serait fait pour chaque nature un état particulier lequel serait joint à l'appui.

Enfin le dernier article de dépense serait composé de la portion de traitement, et de celle des taxations et remises revenant au receveur démissionnaire, sur la recette effective par lui faite d'après la fixation de la loi du 17 fructidor an VI et lois subséquentes : il serait joint un décompte de liquidation de ces taxations.

Ce compte serait terminé par un résultat ou balance ; et l'arrêté à la suite constaterait les valeurs remises, dont il contiendrait quittance. Les pièces, valeurs et acquits remis seront cotés et paraphés.

Le sous-préfet serait appelé à cette opération importante, et constaterait sa présence par son visa et sa signature sur chaque double de ce compte.

Comme le receveur nouveau aura dû demander aux percepteurs de rapporter les quittances qui leur ont été délivrées par le précédent receveur, il sera à portée de juger si la recette accusée est exacte, et de connaître ce qui reste à recouvrer. S'il avait négligé de prendre cette mesure, il s'empresserait de s'en occuper avant d'arrêter le compte de clerc à maître ; mais pour éviter toutes méprises à l'avenir, il pourrait échanger tous les récépissés ou quittances de son prédécesseur contre un seul récépissé qu'il délivrerait à chaque percepteur, en tête duquel il détaillerait les récépissés ou quittances partielles retirées.

Quant à la dépense, la remise des récépissés et pièces de décharge vérifiés avec soin, lui en démontrerait la régularité ou la non-exactitude; les recettes et dépenses de ce compte se porteront sur les nouveaux journaux du receveur, afin qu'ils contiennent la totalité de l'exercice; mais le précédent receveur n'en devra pas moins remettre à son successeur, conformément à l'art. XII de la loi du 16 juillet 1793, les journaux, registres, sommiers et livres auxiliaires, tant comme pièces justificatives de son compte que pour y avoir recours au besoin: les journaux devront être paraphés et arrêtés, afin qu'il ne puisse y être rien changé.

Plusieurs comptables démissionnaires ou révoqués, ont souvent différé de rendre leurs comptes de clerc à maître, et, par ce retard, nui à l'activité du recouvrement et au bon ordre de la comptabilité; le nouveau receveur a donc un intérêt direct à empêcher que ce retard ne se prolonge au-delà du délai nécessaire.

Ce délai ne peut s'étendre à plus de trois mois, temps suffisant pour préparer les états, appeler les percepteurs, et rédiger les doubles du compte.

Pour faire courir ce délai d'une manière légale, le nouveau receveur, en notifiant au prédécesseur son installation par lettre visée du sous-préfet et chargée à la poste, dans le cas où l'ex-receveur ne résiderait pas au chef-lieu de l'arrondissement, requerrait en même temps ce comptable de lui fournir son compte de clerc à maître dans le délai de trois mois, conformément aux dispositions de la loi du 28 pluviose an III, chapitre II, article Ier. Cette demande s'adresserait aux héritiers du précédent receveur, si ce comptable était mort.

Cette disposition, concernant la demande en reddition de compte de clerc à maître, doit être exécutée, non-seulement à l'avenir, mais aussi pour le passé, partout où elle a pu être négligée.

Si, avant l'expiration de ce délai, le receveur démissionnaire n'avait pas fourni son compte, le nouveau receveur en informerait le ministre du trésor public, qui, en vertu de la loi du 13 frimaire an VIII, manderait au préfet du département d'appliquer au comptable retardataire les dispositions, tant de la loi du 2 messidor an VI que de celle du 28 pluviose an III, portant, 1°. *qu'à défaut par les comptables ou leurs héritiers, de fournir leurs comptes dans les délais fixés; leurs biens seront séquestrés, et tous les fruits et revenus seront acquis à la République; 2°. que si, trois mois après l'établissement du séquestre, les comptables n'ont pas encore présenté leurs comptes, ils y seront contraints par la vente de leurs biens, en la même forme que pour les domaines nationaux, et par emprisonnement de leurs personnes.*

En cas de fuite ou d'empêchement personnel de l'ex-receveur de rendre son compte, le sous-préfet nommera d'office un citoyen qui, d'après l'approbation du préfet, sera chargé, aux frais et dépens de l'ex-receveur, de rendre le compte de clerc à maître de sa gestion; en prenant à cet égard les sûretés prescrites par l'article III de la loi du 17 octobre 1792.

Le nouveau receveur particulier informera avec exactitude le receveur général, de toutes les mesures prises et des poursuites faites pour obtenir l'achèvement de la comptabilité de son prédécesseur.

Le compte de clerc à maître rendu, vérifié et arrêté, le receveur en exercice en enverra au receveur général une expédition et en fera, comme il a déjà été dit plus haut, le dépouillement sur les nouveaux journaux et sommiers, de manière qu'ils soient chargés de la totalité de la recette de l'exercice.

La transmission d'exercice d'un receveur général, sous sa double qualité de receveur général et de receveur particulier d'arrondissement du chef-lieu, doit s'opérer d'après les mêmes errements : il produira au préfet, comme les receveurs particuliers, le récépissé de la caisse d'amortissement, pour prouver qu'il a versé son cautionnement en numéraire; il produira en outre le certificat du ministre du trésor public, portant que son cautionnement en inscriptions de cinq pour cent consolidé, représentant le cautionnement en immeubles, est en règle; et il donnera connaissance au ministre du trésor public et à celui des finances, de son entrée en fonctions, en leur adressant une expédition de l'acte d'installation par le préfet : il la notifiera aussi, comme il a été expliqué, aux receveurs d'arrondissement de son département, en leur demandant l'état des récipissés fournis par ses prédécesseurs.

La justification de la recette de son prédécesseur s'établira d'après ces états de récépissés, et d'après les bordereaux de mois des receveurs particuliers, lesquels seront produits comme pièces à l'appui.

La dépense se composera des récépissés et reconnaissances délivrées par le caissier des recettes du trésor public.

On observe à l'égard des reconnaissances provisoires, causées soit pour obligations, soit pour bons à vue, qu'il doit être fait déduction sur ces valeurs, savoir : sur les reconnaissances pour obligations, de celles de ces obligations qui ne sont pas échues ou qui ne sont pas encore acquittées; et sur les reconnaissances pour bons à vue, de ceux de ces bons non présentés ni payés.

Comme la distance des lieux et les nombreuses opérations du trésor public s'opposent à ce que les décharges des envois faits par les receveurs leur soient expédiées aussitôt, le receveur démissionnaire pourra justifier provisoirement sa dépense par l'enregistrement fait sur ses journaux, appuyé du procès-verbal de chargement, dont il doit être muni; il pourra encore s'aider des accusés de réception du trésor public, mais en ayant soin de les réunir aux procès-verbaux de chargement, afin d'éviter les doubles emplois : à l'égard des accusés de réception pour les obligations et bons à vue acquittés, que le receveur renvoie chaque mois après leur paiement, ils ne peuvent entrer en dépense, car ce serait un double emploi, avec les reconnaissances provisoires données en échange lors de leur souscription et premier envoi.

Les pièces de dépense et acquits que le receveur peut avoir en caisse, formeront aussi un article particulier dans son compte de clerc à maître; et s'ils étaient trop nombreux, il en serait dressé des états détaillés et distincts.

Les traitemens et taxations, tant du receveur général que des receveurs particuliers, formeront un autre article.

La dépense sera terminée par un article de reprise, dans lequel seraient portés les reliquats de caisse des receveurs particuliers, résultant de leurs bordereaux, soit en espèces, soit en valeurs ou acquits.

Enfin le compte de clerc à maître sera clos par une balance dont le résultat devra être versé, par le démissionnaire, à son successeur; et l'expédition en sera aussitôt adressée au ministre du trésor public.

Si le receveur général était installé dans le courant d'un mois, comme le compte de clerc à maître, dressé d'après les bordereaux au 1er. de ce mois, ne contiendrait pas la recette faite depuis, il en serait fait un compte supplémentaire; et à cet effet, les receveurs particuliers d'arrondissement fourniraient un bref état de leur recette effective, qui servirait de pièce justificative au compte supplémentaire.

On observe que les opérations concernant la recette générale étant sous la surveillance immédiate du préfet, c'est en sa présence, ou celle d'un commissaire nommé par lui, qu'elles doivent être faites; c'est lui qui doit arrêter les journaux et viser le compte de clerc à maître, et c'est à ce magistrat que le nouveau receveur doit recourir pour obtenir l'appui et les voies d'exécution dont il peut avoir besoin, ainsi que les moyens de faire rendre le compte de clerc à maître à son prédécesseur. Il sera néanmoins rendu compte au ministre du trésor public, par le receveur entrant, de toutes les difficultés qui pourraient survenir.

Quelles sont les obligations des receveurs relativement à la tenue de leurs livres de caisse, et quelles peines encourent-ils faute d'un enregistrement exact de leurs recettes et dépenses?

Un receveur doit inscrire ses recettes à l'instant du versement, et jour par jour (*art. VII de l'édit de juin* 1716, *et déclaration du* 10 *du même mois; déclaration du* 4 *octobre* 1723 *et loi du* 24 *novembre* 1790, *article* XIX.) A cet effet, il établit un livre de caisse ou journal général. Les versemens et paiemens qu'il peut faire, doivent également y être inscrits jour par jour, ainsi que tout ce qui compose la dépense. Le montant de cette dépense, réuni aux espèces et valeurs représentatives existant en caisse, doit balancer le montant de la recette; il ne peut y avoir ni différence en plus, ni différence en moins, car il y aurait alors erreur ou dissipation. L'inconvénient serait d'autant plus grand dans l'un ou l'autre cas, que ce livre de caisse est la base de toute la comptabilité du receveur; que toutes les recettes et dépenses, sur tous les produits et sur tous les exercices, enfin toutes les opérations de caisse généralement quelconques doivent y être consignées, pour, de-là, être enregistrées et reportées sur les journaux et sommiers; et que c'est ce livre qui sert de preuve de la régularité de ses autres écritures.

Les receveurs ne peuvent ignorer que les lois contiennent des dispositions contre les malversations et contraventions dont peuvent se rendre coupables les dépositaires de deniers publics. Une omission de recette exposerait le comptable aux peines prononcées par l'édit de juin 1716 et l'article XXXII de la déclaration du 4 octobre 1723, qui n'ont pas cessé de régir les comptables, ainsi qu'à celles résultant de l'art. IV de l'arrêté des Consuls du 27 prairial an X. L'article VII de l'édit de juin 1716 porte qu'en cas d'omission de recette ou de fausse dépense employée dans lesdits registres, les receveurs soient condamnés à la restitution du quadruple de la somme omise en recette ou faussement employée en dépense; le tout sans que lesdites peines puissent être réputées comminatoires, remises, ni modérées, et sans préjudice de la procédure extraordinaire qui pourra être instruite contre eux, s'il y échoit, pour raison de concussion ou divertissement, conformément à nos ordonnances et réglemens, lesquels nous voulons et entendons être exécutées.

L'omission d'enregistrement d'une dépense entraîne l'obligation d'en remplacer le montant de ses propres deniers; un déficit résultant de la comparaison de la recette avec la dépense réunie à l'avoir en caisse, serait une malversation qui exposerait le receveur à la peine afflictive prononcée par l'article XI de la 5ᵉ. section de la 2ᵉ. partie du code des délits et des peines qui porte, que tout fonctionnaire public convaincu d'avoir détourné les deniers publics dont il était comptable, sera puni de la peine de quinze années de fers.

QUATRIÈME PARTIE.

JUGEMENS DES RÉCLAMATIONS.

LETTRE *du ministre des Finances aux Préfets.*

Du 15 Germinal an XI.

Je dois, citoyen préfet, fixer d'une manière toute particulière votre attention sur un objet qui tient essentiellement à l'ordre invariable que je me suis proposé d'établir dans la partie des contributions directes, à compter de l'an 9.

Le système des soumissions a eu le succès que l'on pouvait en espérer; mais il ne peut être entièrement consolidé, si les demandes en décharges et réductions, non présentées en temps utile, ne sont pas sévèrement écartées, et les réimpositions des sommes tombant en décharge et réduction, exactement faites chaque année.

Depuis l'établissement de ce système, chaque année je vous ai fait connaître l'indispensable nécessité de ne point vous écarter de cette marche; et cependant je vois que dans quelques départemens on a admis, *au-delà des délais fixés par la loi*, des réclamations sur l'an 9 et sur l'an 10; peut-être même en admet-on encore: les réimpositions ne sont pas faites; et dès-lors, quoique toutes les soumissions de l'an 9 soient acquittées, quoique par-tout celles de l'an 10 soient sur le point de l'être, les receveurs généraux n'ont point encore leur remboursement assuré. De là, des protêts inévitables, des retards dans l'apurement des comptes, et le renouvellement du désordre, s'il n'y était apporté un prompt remède.

Dans le cas où votre département serait du nombre de ceux où ces irrégularités se rencontrent, je vous invite à appeler près de vous, au reçu de cette lettre, le directeur des contributions et le receveur général ; à vous assurer des difficultés qui peuvent se présenter d'abord sur l'exercice de de l'an 9, puis sur ceux de l'an 10 et de l'an 11, et à prendre ensuite les moyens les plus propres à les faire cesser. Ces moyens consistent, 1°. à lever tous les sursis qui pourraient avoir été donnés et qui ne sont autorisés par aucune loi ; 2°. à faire expédier toutes les ordonnances de remises et modérations que vous êtes autorisé à délivrer jusqu'à concurrence du fonds de non-valeur laissé à votre disposition, et de celui qui a pu vous être accordé par le Gouvernement ; 3°. à faire statuer, par le conseil de préfecture, sur toutes les demandes en double ou faux emploi, en décharges et réductions, de manière à ce que toutes les réimpositions appartenant à l'an 9 et à l'an 10, soient, ainsi que celles de l'an 11, faites dans les rôles de l'an 12, dont l'expédition doit avoir lieu très-incessamment.

Vous voudrez bien, par une lettre spéciale, me donner la certitude qu'à cet égard les intentions du Gouvernement auront été ponctuellement remplies.

Je dois, en terminant cette lettre, vous observer, 1°. qu'en général il ne doit être accordé aucun sursis, puisque la loi n'en donne point la faculté, et que lorsqu'il survient des pertes qui doivent donner lieu à des remises et modérations, vous devez vous borner à faire connaître au receveur général qu'il ne doit pas diriger des poursuites sur telle ou telle commune, tel ou tel contribuable ; qu'il importe de ne faire de semblables injonctions que jusqu'à concurrence du fonds laissé à votre disposition, et de celui que le Gouvernement aurait accordé à votre département, en ayant soin même de faire une réserve pour couvrir les non-valeurs résultant, à la fin de l'exercice, des procès-verbaux de carence, dont le montant devrait autrement être réimposé ;

2°. Que toutes les réclamations d'une année doivent être jugées dans les trois mois qui suivent la publication des rôles et les réimpositions exactement faites, afin que le contribuable, au profit de qui se font ces réimpositions, puisqu'il a toujours été de principe que l'exécution provisoire est due au rôle, puisse en toucher le montant l'année suivante.

C'est en vous conformant, citoyen préfet, à ces règles, que le système des soumissions n'éprouvera plus d'obstacles ; que l'intégralité de la somme demandée rentrera au trésor public ; que le contribuable obtiendra justice, et que les comptes pourront enfin être rendus à des époques déterminées.

Les demandes en décharge pour cause de double emploi peuvent-elles, quant aux délais, être assimilées à celles en réduction ?

Rien n'empêche que le même délai de trois mois ne soit fixé pour les réclamations en double emploi ; cependant, il est à observer que ces réclamations méritent plus de faveur que les autres, et qu'il ne serait pas toujours juste de rejeter celles qui pourraient être faites après ces délais, parce qu'il serait possible qu'un contribuable, dans ce cas, se trouvant très-éloigné, ne pût avoir connaissance de sa double taxe, que long-temps après leur expiration.

(*Lettre du ministre au préfet des Deux-Sèvres, du* 13 *fructidor an* 10).

Dans des réclamations qui donnent lieu à des opérations d'expertise, et où les experts n'ont pu s'accorder pour l'évaluatiou du revenu imposable, cette évaluation peut-elle être fixée par un sur-arbitre ou tiers expert étranger chargé de vérifier le travail des deux autres, et de faire un nouveau rapport ?

L'arrêté des consuls du 24 floréal an 8, a fixé d'une manière claire et précise les formes à suivre pour l'instruction et le jugement des réclamations en matière de contributions directes ; le but principal de cet arrêté est que les contribuables puissent obtenir justice le plus promptement et aux moindres frais possibles, et c'est pour y parvenir plus sûrement que les agens des directions ont été chargés spécialement de tout ce qui a rapport à l'instruction de ces réclamations ; lorsqu'elles donnent lieu à une opération d'expertise, l'article 5 du même arrêté veut que cette opération se fasse en présence du réclamant et de deux répartiteurs, par *deux experts et par le contrôleur*, qui est chargé d'en dresser procès-verbal et d'y joindre *son avis*.

Il est évident que cette dernière disposition a eu pour

but de lever toute incertitude dans le cas où les deux experts ne seraient pas d'accord ; le contrôleur se trouve dès-lors faire naturellement les fonctions d'un tiers expert

Cependant le cas a été prévu, où le conseil de préfecture jugerait cette première vérification insuffisante pour éclairer son jugement ; dans cette circonstance, le préfet doit charger le directeur des contributions de faire faire une contre vérification par l'inspecteur.

(*Lettre du ministre au préfet de l'Oise, du* 29 *thermidor an* 10.)

CINQUIEME PARTIE.

DIRECTION

DES CONTRIBUTIONS DIRECTES.

Cette partie comprend les objets suivans :

1°. Uniforme des employés de la direction ;

2°. Correspondance des directeurs et contrôleurs avec les sous-préfets et les maires.

3°. Formation d'un arrondissement de contrôle pour les inspecteurs ;

4°. Vérification des certificats des contributions payées par les conscrits ;

5°. Formation de la liste des 600 plus imposés ;

6°. Arpentement et expertise de 1800 communes.

UNIFORME.

Arrêté du 16 Frimaire an XI.

ARTICLE PREMIER

L'uniforme des employés de la direction des contributions directes est arrêté ainsi qu'il suit :

L'habit droit et la culotte de drap vert, doublé de même, veste blanche, chapeau français, et une arme.

II. La veste sera brodée en argent, d'un dessin en épis et feuilles de vigne, suivant le modèle joint au présent arrêté.

III. Le bouton sera, pour tous, de métal blanc, ayant au pourtour, des pampres, et portant au milieu les mots, *Contributions directes*.

Le chapeau avec ganse d'argent, et petit bouton du même modèle que celui de l'habit.

L'arme, une épée.

Le ministre des finances est chargé de l'exécution du présent arrêté, qui sera inséré au Bulletin des lois.

Lettre du ministre des Finances aux Préfets.

Du 15 Nivose an XI.

Les Consuls de la République, ont pris, citoyen préfet, le 16 frimaire dernier, un arrêté portant que les employés de la direction des contributions directes auront un uniforme. Je joins ici une expédition signée de moi, de cet arrêté. Vous voudrez bien en transmettre une copie au directeur des contributions de votre département, et le charger d'en donner connaissance à l'inspecteur et aux contrôleurs.

Ces employés ne devront paraître désormais dans les assemblées et cérémonies publiques, que vêtus de l'uniforme de leur grade. Le directeur sera informé des dispositions que j'ai faites pour le mettre à portée, ainsi que ses collaborateurs, de remplir le but de l'arrêté des Consuls.

FRANCHISE DES PORTS DE LETTRES SOUS BANDE.

Lettre des Administrateurs généraux des Postes aux lettres, aux Directeurs des Postes, relativement à la correspondance des inspecteurs et contrôleurs avec les Sous-Préfets et les Maires.

Du 22 Prairial an X.

Nous vous avons observé, citoyen, par notre circulaire du 25 floréal dernier, que la correspondance des contrôleurs des contributions avec les sous-préfets et maires des communes ne devait point circuler en franchise, d'après les dispositions du réglement du 27 prairial an 8. Vous vous drez bien continuer de taxer cette correspondance; mais le ministre ayant pensé que la confection des rôles qui s'opère dans ce moment doit donner lieu à une mesure particulière et momentanée, nous vous autorisons à délivrer, *sans en exiger le port*, et jusqu'à ce que vous ayiez reçu de nouveaux ordres de l'administration à cet égard, les lettres et paquets taxés, *mais sous bandes seulement*, que les contrôleurs des contributions pourront adresser relativement à leur service, aux sous-préfets et maires des communes, ou qu'ils pourront recevoir de ces fonctionnaires.

Vous porterez, jour par jour, sur un état de crédit, le montant de la taxe de ces lettres et paquets, et vous voudrez bien nous adresser exactement, chaque mois, l'état que vous aurez tenu pour le mois précédent, après l'avoir certifié et fait viser par le fonctionnaire qu'il concernera : nous vous en allouerons ensuite le montant dans vos comptes.

---

*L*ETTRE *des Administrateurs généraux des Postes, au ministre des Finances, relativement à la correspondance des Directeurs des contributions avec les Sous-Préfets et les Maires.*

Du 3 Thermidor an X.

Nous avons reçu votre lettre du 24 du mois dernier, par laquelle vous nous invitez, à cause de la confection des rôles qui s'opère dans ce moment, à adopter à l'égard de la correspondance des directeurs des contributions avec les sous-préfets ou maires des communes, les mesures que nous avons prescrites aux directeurs des postes le 22 prairial dernier, pour la correspondance des contrôleurs des contributions. Nous avons l'honneur de vous prévenir que nous donnons des ordres à tous nos préposés pour que les lettres et paquets sous bandes qui seront adressés par les directeurs de cette partie, aux sous-préfets ou maires des communes, ou qu'ils recevront de ces fonctionnaires soient également délivrés sans paiement du montant de leurs taxes qui seront portées sur des états de crédit.

FIXATION

D'un arrondissement de contrôle pour l'inspecteur des contributions.

Lettre du ministre des Finances aux Préfets.

Du 6 Brumaire an XI.

La surveillance des contrôleurs, citoyen Préfet, est la la principale fonction de l'inspecteur des contributions directes; elle a exigé une grande activité dans les premières années de l'établissement de la direction; mais aujourd'hui la présence de cet agent auprès des contrôleurs est plus rarement nécessaire, et on peut utiliser davantage ses services.

Plusieurs préfets ont demandé une augmentation du nombre des contrôleurs; cette augmentation n'a pu avoir lieu; j'ai pensé qu'on obtiendroit l'effet qu'on s'en était promis en assignant à chaque inspecteur un arrondissement, dont il fera personnellement tous les travaux, et qui devra en général être composé de la ville chef-lieu, et d'un petit nombre de communes.

Ce surcroit d'occupations ne devra point empêcher l'inspecteur de remplir les fonctions de sa place. Il devra se trouver toujours à portée de recevoir les ordres du directeur, et de se porter où le bien du service nécessitera sa présence.

Il est indispensable, pour l'exécution de cette mesure, qu'il soit fait une nouvelle division de votre département par arrondisement de contrôle, j'ai chargé le directeur des contributions de faire et de vous soumettre ce travail que vous voudrez bien m'adresser aussitôt que vous l'aurez approuvé.

VÉRIFICATION DES CERTIFICATS
DES CONTRIBUTIONS
PAYÉES PAR LES CONSCRITS.

EXTRAIT *de la loi du* 28 *Floréal an X.* (B. n°. 191.)

ART. V. Le conseil de la commune désignera les individus hors d'état, par leurs infirmités, de soutenir les fatigues de la guerre, sauf, en cas de contestation, le recours à qui de droit.

Ceux de ces individus qui ne paieront par eux-mêmes, ou par leurs pères, pour toutes leurs impositions réunies, qu'une somme de cinquante francs, seront exemptés de servir, sans qu'on puisse exiger d'eux aucune indemnité.

Dans le cas où les individus désignés comme hors d'état de servir, paieront, par eux ou par leurs pères, une somme supérieure à cinquante francs et de cent francs au plus, ils paieront pour indemnité une somme égale à leur imposition annuelle.

Au-delà de cent francs d'imposition, l'imdemnité sera augmentée de cinquante francs pour chaque vingt-cinq francs d'imposition au-dessus de cent francs, sans toutefois que l'indemnité puisse s'élever au-delà de douze cents francs

Les individus qui auront payé cette indemnité, seront rayés du tableau de la conscription, et dispensés de concourir à l'avenir aux différentes levées qui pourraient être ordonnées.

Les conscrits à qui cette disposition de la loi est applicable sont tenus de se procurer un extrait dans la forme du modèle qui suit:

EXTRAIT des rôles des Contributions directes de la Commune de pour l'an

---

Contributions du père ou de la mère.

Le Citoyen.

Contribution foncière, principal et accessoires.
Contribution mobilière et personnelle, principal et accessoires.........................
Subvention de guerre.........................
Portes et fenêtres.........................
Patentes.........................
Contributions directes payées dans d'autres communes.........................

TOTAL.........................

Contributions du Conscrit.

Le Citoyen fils.

Contribution foncière, principal et accessoires.
Contribution mobilière et personnelle, principal et accessoires.........................
Subvention de guerre.........................
Portes et fenêtres.........................
Patentes.........................
Contributions directes payées dans d'autres communes.........................

TOTAL.........................

Certifié par moi, percepteur de ladite commune, le

Vérifié par moi, maire de la commune d les articles

articles des contributions payées dans d'autres communes par les citoyens ont été remplis, d'après la déclaration qu'ils m'ont faite et les renseignemens que je me suis procurés.

Fait le

Vérifié l'extrait ci-dessus par moi, contrôleur des impositions directes du arrondissement déclarant que les citoyens ne paient aucune autre contribution dans ledit arrondissement.

Fait à le

FORMATION

DE LA LISTE DES SIX CENTS PLUS IMPOSÉS.

ARRÊTÉ du 19 Fructidor an X portant règlement pour l'exécution du Sénatus-consulte du 16 Thermidor.

TITRE III.

De la formation de la liste des plus imposés.

SECTION PREMIÈRE.

De la liste des plus imposés des départemens.

ART. LXIII. Chaque préfet de département fera faire, par le directeur des contributions, sur les rôles des impositions de tout genre, le relevé des cotes des plus imposés, et il réunira tout ce qui sera payé dans le département par la même personne,

1°. En contribution foncière,

2°. En contribution personnelle, mobilière et somptuaire;

3°. En patentes, pour impôt fixe et proportionnel.

LXIV. Les contribuables qui seraient imposés dans plusieurs départemens, se procureront un relevé conforme au modèle ci-annexé, sous le n°. 2, des sommes pour lesquelles ils se trouveront compris dans les rôles des départemens autres que celui de leur domicile.

Ils remettront ce relevé au préfet du département où ils auront domicile, et où ils déclareront vouloir exercer leurs droits politiques.

Ils pourront l'adresser au ministre des finances, avec la même déclaration.

LXV. La contribution foncière payée par le fermier ou locataire, à la décharge du propriétaire, en vertu de convention, sera comptée à ce dernier.

LXVI. On comptera au mari les contributions de toute nature payées par sa femme, quoique non commune en biens.

LXVII. On comptera au père les contributions payées sur les biens de ses enfans mineurs.

LXVIII. Un citoyen dont le père paie une somme totale de contributions assez forte pour être un des six cents plus imposés de son département, pourra, si son père y consent par une déclaration authentique, visée du maire du lieu de son domicile, être inscrit en sa place comme plus imposé sur la liste des éligibles.

LXIX. Si une femme veuve et non remariée paie une somme de contributions assez forte pour être du nombre des six cents plus imposés, elle pourra désigner un de ses fils majeurs pour être inscrit sur la liste des éligibles comme plus imposé.

LXX. Le préfet enverra au ministre des finances les pièces et renseignemens qui lui seront parvenus, et la liste dressée par le directeur des contributions avant le 10 vendémiaire prochain.

LXXI. Le ministre des finances comparera les listes de tous les départemens, y ajoutera suivant les pétitions appuyées de preuves qu'il aura reçues directement, et arrêtera définitivement la liste des six cents plus imposés de chaque département, suivant le modèle ci-joint, n°. 3.

Cette liste ne contiendra pas la quotité de l'imposition de chaque individu; mais le ministre conservera la minute où cette quotité sera établie.

LXXII. Le ministre fera imprimer ces listes, et en enverra un exemplaire à chaque préfet de département.

LXXIII. Ces listes seront formées par ordre alphabétique, si ce n'est pour les trente plus imposés du département, qui seront portés en tête de la liste, suivant la quotité de leur imposition.

LXXIV. Pour que le ministre des finances puisse examiner et comparer plus exactement les droits des concurrens, il ne mettra, à la première formation, que cinq cent cinquante noms sur la liste; les cinquante noms restans seront ajoutés dans le cours de l'an XI.

LXXV. Les listes des plus imposés d'un département, seront refaites tous les cinq ans.

LXXVI. Les réclamations contre la formation de la liste arrêtée par le ministre des finances, seront portées au Gouvernement, qui décidera en conseil d'état.

En aucun cas, elles ne pourront arrêter l'exécution des listes, qui aura lieu provisoirement; et jamais la décision à intervenir, quelle qu'elle soit, n'invalidera les élections ou opérations antérieures.

Lettre du Ministre des finances, aux Préfets

Du 26 Fructidor an X.

L'article XXV du sénatus-consulte organique du 16 thermidor, m'ayant confié, citoyen préfet, le soin de faire dresser la liste des six cents citoyens les plus imposés aux rôles des contributions foncière, mobilière et somptuaire, et à celui des patentes de chaque département, je vous adresse un extrait de l'arrêté des Consuls du 19 de ce mois, qui prescrit le mode de formation de cette liste; et j'y joins le modèle du relevé à fournir par les contribuables qui seraient imposés dans plusieurs départemens, et qui voudraient jouir des prérogatives que leur assure l'article LXIV de l'arrêté que vous trouverez en entier au Bulletin des lois.

Cet arrêté a prévu tous les cas dans lesquels les contribuables peuvent se trouver; il indique pareillement, avec le plus grand dévelopement, la forme dans laquelle on doit opérer, soit pour la rédaction des listes, soit pour les réclamations que les particuliers se croiraient autorisés à faire : je ne puis, en conséquence, que vous recommander de donner sans délai l'ordre au directeur des contributions de votre département, de dresser et de vous remettre la liste des six cents plus imposés, et de faire toutes les dispositions qui dépendront de vous, pour que cette liste, et les renseignemens qui doivent l'accompagner, me parviennent avant le 30 vendémiaire prochain.

Je pense qu'il sera nécessaire que vous donniez une grande publicité à la disposition qui autorise les contribuables à justifier au département de leur domicile, des contributions qu'ils acquittent dans d'autres départemens, et de fixer le délai dans lequel cette justification devra avoir lieu. Ce terme pourrait je crois être fixé au 20 vendémiaire : à cette époque le directeur ferait la clôture de sa liste, qu'il vous remettrait pour me la faire passer; et vous voudriez bien m'adresser directement les pièces relatives aux justifications qui auraient été faites postérieurement au 20 vendémiaire; afin que je puisse en faire usage dans la formation de la liste définitive.

L'importance de cette opération me dispense d'insister sur la célérité de son exécution, et je ne doute pas, citoyen préfet, des soins que vous prendrez pour qu'elle n'éprouve aucun retard dant votre département.

CADASTRE.

Arrêté du 11 Messidor an X.

Art. Ier. Il sera formé une commission de sept

membres pour s'occuper, sans délai, du moyen d'obtenir, dans la répartition de la contribution foncière, la plus grande égalité.

II. Le ministre des finances et de l'intérieur présenteront à la nomination du premier Consul les membres de cette commission.

Ils seront pris dans les diverses parties du territoire français, et choisis parmi les citoyens réunissant les connaissances relatives au travail de la commission.

III. Les ministres des finances et de l'intérieur sont chargés de l'exécution du présent arrêté.

Arrêté du 29 Frimaire an XI.

Bonaparte, premier Consul de la République, arrête :

Le citoyen Hennet, commissaire extraordinaire pour l'organisation des finances de la 27e. division militaire, est nommé commissaire sous les ordres du ministre des finances, pour l'exécution de l'arrêté des Consuls concernant les opérations à faire pour parvenir à une meilleure répartition de la contribution foncière.

Son traitement est fixé à quinze mille francs dont il sera payé sur les fonds du ministre des finances.

Le ministre des finances est chargé de l'exécution du présent arrêté.

Arrêté du 12 Brumaire an XI.

Les Consuls de la République, sur le rapport du ministre des finances,

Le conseil d'état entendu, arrêtent :

ARTICLE PREMIER.

Les limites des communes sur lesquelles il y a contestation, seront invariablement et contradictoirement fixées.

II. Le territoire de deux communes au moins et de huit au plus, par sous-préfecture, sera arpenté en l'an XI, par section et nature de culture; les communes qui devront être arpentées seront désignées par le sort, et le tirage se fera à Paris.

III. Cet arpentage, dans chaque département, sera confié par le préfet à un géomètre-arpenteur, qui s'adjoindra le nombre de collaborateurs nécessaire, sous la condition de rester seul responsable du travail, et de le terminer dans le délai qui lui sera prescrit.

IV. Les frais d'arpentage seront supportés proportionnellement par toutes les communes du département, et imposés en l'an XII. L'avance en sera faite jusqu'à concurrence des trois quarts, sur les produits des centimes additionnels affectés en l'an XI aux dépenses variables du département.

V. Il sera procédé à l'évaluation des produits imposables des communes dont le territoire aura été arpenté.

VI. Il sera nommé par le préfet un expert qui ne soit ni domicilié ni propriétaire dans le canton pour faire cette évaluation, d'après les renseignemens que lui fourniront les maires, et deux indicateurs choisis par le conseil municipal; le procès-verbal sera rédigé par le contrôleur des contributions; le mode d'évaluation sera déterminé par une instruction du ministre des finances, approuvée par les Consuls.

VII. Pour les communes dont l'arpentage n'aura pas été ordonné, il sera dressé, d'après les matrices ou états de section, un dépouillement qui présentera les contenances et revenus actuellement imposés.

VIII. Ces dépouillement seront examinés et comparés avec le résultat des opérations des communes arpentées.

IX. Il sera procédé à cet examen et à l'évaluation comparative des revenus des communes de chaque sous-préfecture, par une assemblée composée du sous-préfet et de cinq citoyens, dont deux propriétaires de l'arrondissement; ces cinq commissaires seront nommés par le préfet.

L'inspecteur ou le contrôleur des contributions remplira les fonctions de secrétaire.

X. Les opérations des sous-préfectures seront discutées au chef-lieu du département, dans une assemblée qui sera composée du préfet, de trois propriétaires nommés par le Gouvernement, et du directeur des contributions, qui remplira les fonctions de secrétaire.

XI. Le Gouvernement nommera des commissaires *ad hoc* pour assister aux assemblées départementales : ils auront la mission spéciale de recueillir tous les documens nécessaires pour mettre le Gouvernement à portée d'apprécier la matière imposable, et d'établir l'égalité proportionnelle entre les départemens.

XII. Le ministre des finances est chargé de l'exécution du présent arrêté.

INSTRUCTION

Pour l'exécution de l'Arrêté des Consuls, en date du 12 Brumaire an XI.

DÉMARCATION.

Article Ier. de l'arrêté.

Par l'instruction du ministre des finances, en date du 2 pluviose an 9, les préfets ont été chargés de statuer sur toutes les contestations des communes, relativement à leur territoire respectif.

Le plus grand nombre de ces contestations a cessé depuis que l'on n'assujettit plus à la contribution foncière les bois nationaux ou séquestrés, dont l'envahissement pour l'imposition avait multiplié les doubles et faux emplois.

S'il existe encore quelques difficultés, il est important qu'elles soient terminées dans le plus court délai. Les lois et arrêtés rendus jusqu'à présent sur les limites des communes, indiquent plutôt les autorités compétentes qu'elles ne déterminent les principes d'après lesquels on doit fixer la démarcation des territoires ; l'usage a consacré une législation d'après laquelle il est reconnu plus utile de s'en tenir aux convenances, que de consulter des prétentions fondées sur des titres contestés, ou dont la révolution a détruit le mérite primitif ou l'objet féodal.

Quant aux réclamations que pourront faire naître les procès-verbaux de la démarcation contradictoire qui doit précéder l'arpentage, le titre de la commune sur le bien contesté, doit être l'imposition que ce bien y aura jusqu'alors supportée.

Dans toutes les communes qui n'ont pas de limites naturelles, telles que riviéres, ruisseaux, fossés invariables, routes, chemins publics ou vicinaux, les préfets prescriront aux maires de faire poser des bornes de séparation, immédiatement aprés le procés-verbal de démarcation des territoires.

Ces séparations, en fixant ostensiblement les limites, préviendront les envahissemens et les difficultés qui en résultent; leur conservation sera dans les attributions du garde champêtre, qui recevra à cet égard les instructions de la police municipale.

Les préfets détermineront, d'après les localités, la forme et la matière de ces bornes : la dépense qu'elles occasionneront sera payée sur les fonds communaux.

A R P E N T A G E.

Les géomètres-arpenteurs auront à fournir des plans qui, divisés par sections, présenteront, dans chacune, les différentes natures de culture.

Article II de l'arrêté.

Ces plans doivent reposer sur trois bases principales; savoir :

L'uniformité de disposition,

L'uniformité d'échelle,

Le rattachement à des points pris en dehors du territoire de la commune.

Par *Uniformité de disposition*, on entend la manière d'orienter les plans; ils devront être orientés *plein nord*.

Par *Uniformité d'échelle*, on entend que les plans doivent être dressés sur une échelle commune, qui sera d'*un* sur le papier, à *cinq mille* sur le terrain.

A cet effet, indépendamment des instrumens nécessaires pour la levée géométrique des plans, l'arpenteur se pourvoira d'une règle de métal, sur laquelle sera gravée l'échelle d'*un* à *cinq mille*.

Enfin, par le *Rattachement*, on entend qu'après avoir tiré la ligne de circonscription de la commune, on déterminera par des angles les rapports de situation des principaux points de cette ligne à d'autres points pris dans les territoires voisins, tels que clochers, moulins et autres signes apparens.

Le géomètre choisira, dans l'étendue de la commune, un emplacement où il puisse mesurer une base dont les extrémités seront fixées conformément à l'article II de la loi du 23 septembre 1791.

La mesure de cette base sera faite en tenant toujours la chaîne de niveau, et sera vérifiée avec le plus grand soin. Pour en assurer davantage la position et en faciliter la reconnaissance, le géomètre en rattachera aussi, autant que possible, les extrémités à quelques-uns des points pris au dehors.

Il procédera ensuite à la reconnaissance de la ligne de circonscription de la commune, en calculant les angles, en mesurant les lignes, et en constatant la position des bornes.

Lorsqu'il aura, par ces premières operations, déterminé la contenance en masse de tout le territoire, il s'occupera de la levée des plans de section ; le périmètre en sera formé, autant que possible, par les chemins, rues, rivières, ruisseaux, etc.

Le plan fera connaître, dans chaque section, les différentes natures de culture, telles que terres labourables, vignes, prés et bois, etc ; la surface de chacune d'elle y sera distinguée par une couleur qui lui sera affectée.

Leur contenance sera déterminée dans un procès-verbal, que l'arpenteur sera tenu de rédiger, de toutes ses opérations.

Le géomètre fera trois copies du plan et du procès-verbal, une pour la commune, une pour les archives du département, et une pour le Gouvernement.

Il sera accordé au géomètre-arpenteur une indemnité qui sera graduée par le préfet, et qui ne pourra pas excéder 50 centimes par hectare. Les trois quarts de cette indemnité seront payés par des ordonnances du préfet, sur le produit des centimes additionnels affectés en l'an 11 aux dépenses variables ; le dernier quart sera payé lorsque le préfet aura acquis la certitude qu'il ne s'est élevé aucune réclamation fondée sur l'exactitude de l'opération.

Cette indemnité tiendra lieu au géomètre-arpenteur de tous frais généralement quelconques.

Le préfet, dans le traité qu'il fera avec le géomètre-arpenteur, lui imposera l'obligation de terminer par lui et par ses collaborateurs toutes les opérations qui lui sont confiées, avant le premier messidor prochain.

EXPERTISE.

Article VI de l'arrêté.

L'expert-estimateur est appelé dans une commune arpentée, à l'effet de déterminer le revenu imposable de cette commune par l'estimation de toutes ses propriétés.

Il y arrivera avec une copie du procès-verbal d'arpentage, qui lui donnera la connoissance de la contenance du territoire, de sa division en sections, et des différentes natures de propriétés que contient chaque section.

Il se fera représenter la carte du territoire.

Il sera accompagné du contrôleur des contributions directes chargé de rédiger le procès-verbal de ses opérations.

Mesures locales.

La première opération sera de constater, avec les maires et indicateurs, les mesures locales et anciennes, soit de superficie, soit de poids, soit de capacité, et de les inscrire en son procès-verbal avec leurs réductions en mesures républicaines.

Prix des denrées.

Il y établira ensuite le prix moyen des denrées, dont le tarif formé en exécution de l'instruction du 2 pluviose an 9, lui aura été remis par le directeur des contributions; mais il en déduira les frais de transport en proportion de l'éloignement où la commune se trouve du lieu du marché le plus voisin.

Tableau des divers genres de propriétés.

Avant de procéder à l'estimation des propriétés, il faut en connaître les divers genres; on en trouve déjà une désignation par section dans les divisions constatées par le procès-verbal d'arpentage.

Il convient de les rassembler en tableau dans l'ordre indiqué par le modèle du procès-verbal annexé à la présente instruction.

Ce tableau présentera, tant en mesures locales qu'en hectares, la contenance totale de chaque genre de propriété dans le territoire, et la contenance partielle dans chaque section.

Le résultat de ce tableau devra être égal à celui de l'arpentage.

Après ces opérations préliminaires, l'expert clorra cette partie du procès-verbal, et se transportera sur le terrain, afin de le reconnaître et d'y prendre toutes les notes et indications nécessaires pour établir.

Classification des propriétés.

1°. La *Classification* de chaque genre de propriété ;

2°. L'*Estimation* de chaque classe par mesure locale et par hectares ;

3°. Le *Classement* du territoire par sections et portions de section.

Il faut bien distinguer ces trois opérations, sur lesquelles on va donner des développemens.

La *Classification* consiste à déterminer en combien de classes chaque espèce de propriété doit être partagée, à raison des divers degrés de fertilité du terrain, et de la valeur du produit.

Il ne faut pas confondre cette opération avec le *classement* qui consiste à distribuer, entre les classes établies par la *classification*, tous les terrains que chaque propriété occupe.

Ainsi, on *classifie* les propriétés ; on *classe* les arpens ou hectares, et le *classement* est l'application de la *classification* à chaque partie du territoire.

L'instruction du 2 pluviose an 9 veut que la classification soit faite successivement et séparément, pour les terres, prés, et autres genres de propriétés : elle parle de trois classes seulement ; et en général, ce nombre doit suffire dans une commune pour chaque espèce de propriété.

Cependant, pour les terres labourables dont la fertilité est très-variée, il serait quelquefois impossible d'en distribuer toute l'étendue en trois classes, sans faire dans une même classe des réunions contraires aux intérêts de l'impôt ou à ceux des contribuables.

Toutefois il faut négliger les différences légères, et surtout ne compter pour rien celles qui ne proviennent que d'une culture mieux entendue, ou d'une plus grande avance de fonds.

Avec ces ménagemens, on parviendra presque toujours à restreindre à trois classes, et au-dessous, la *classification* de chaque genre de propriété; et si, à l'égard des terres labourables, le besoin absolu en exige un plus grand nombre, on pourra au moins ne pas excéder celui de cinq classes.

La qualification de première, seconde et troisième classe, n'a de rapport qu'à la comparaison des terrains de la commune entre eux, et non avec ceux des autres communes du canton, ou de l'arrondissement, ou du département : telle terre est de première classe dans la commune où elle est située, qui serait peut-être de troisième classe dans le tarif général de l'arrondissement.

Estimation.

Quant à l'*Estimation*, les lois distinguent le *produit brut*, qui est le produit total de la récolte ; le *revenu net*, qui est ce qui reste au propriétaire, déduction faite sur le *produit brut* des frais de culture, semence, récolte et entretien ; et le *revenu imposable*, qui est le *revenu net moyen*, calculé sur un nombre d'années déterminé.

On va donner quelques observations sur les moyens de procéder à la *Classification* de chaque nature de propriétés, et à l'*Estimation* de son produit net.

Terres labourables.

Pour évaluer le produit de la terre labourable, il faut connaître la nature du terrain et à quelles productions il est propre, les frais de culture qu'il exige en labours, engrais et semences, la succession de ses assolemens et la proportion de chaque récolte à la semence ; enfin, la quotité de fruits qui en revient au propriétaire.

Nature du terrain.

Les variétés de terrains sont nombreuses : ici, c'est une couche profonde de pure terre végétale ; là, elle est mêlée d'argile, de pierre, de craie, de cailloux ou de sable, etc. ; ces qualités les rendent propres à produire, soit en grains, des fromens, méteils, seigles, orges, avoines ou sarrazins, etc. ; soit en fourrages, des trèfles, sainfoins, luzernes, etc. ; soit en plantes oléagineuses, des chanvres, lins, colzats, navettes, pavots, etc. ; soit en légumes, des haricots, pois, vesces, etc.

Frais de culture. Labours.

Les frais de labour s'estiment par la qualité et le nombre

d'animaux attelés à la charrue, le nombre d'hommes employés à la conduire, et la quantité de façons qu'exige le terrain.

Engrais.

Indépendamment des engrais ordinaires provenant de la consommation des pailles, il y a des cantons où on en emploie d'extraordinaires, comme marne, cendres, etc.; le prix d'achat ou d'extraction et les frais de transport de ces engrais, font partie des frais de culture.

Semences.

La quantité de chaque espèce de semence qu'il faut jeter par arpent ou autre mesure locale, s'exprime par le poids ou par des mesures de capacité.

Successions des assolemens.

L'ordre successif des assolemens s'entend d'une suite d'années pendant lesquelles la terre labourable reçoit diverses sortes de semences, qui sont presque toujours suivies d'une année de repos.

La succession la plus commune est de trois années.

Il y a des terrains si ingrats ou si éloignés de tous engrais, qu'après une seule récolte on est forcé de les laisser en repos pendant une ou plusieurs années.

Dans les terres très-fertiles, au contraire, ou qui sont à portée de recevoir beaucoup d'engrais, on fait succéder diverses cultures, et la succession des assolemens est de cinq, six, sept ans et plus.

Proportion de la récolte à la semence.

La proportion de la récolte à la semence, année commune, est généralement connue des cultivateurs.

Ils l'expriment, ou par un seul chiffre 6, 7, 8, ce qui veut dire que la récolte est à la semence comme 6 est à 1, etc.; ou par la quantité de quintaux de grains ou de fourrages, de gerbes, ou de mesures qu'ils récoltent.

Par la connaissance de ce rapport, et celle de ses assolemens, on a le produit brut annuel d'une terre labourable. Il se compose du total des produits bruts de toutes les recoltes, divisé par le nombre d'années de l'assolement, y compris celle du repos.

Quotité de fruits.

Enfin la quotité de fruits que le cultivateur rend au propriétaire, est presque toujours notoirement connue dans le pays. C'est ou une portion en nature, comme moitié, tiers, une mesure déterminée, ou une rétribution en numéraire, qui représente cette portion.

Lorsque la rétribution est en grains, elle est évaluée au prix des mercuriales.

L'expert devra acquérir toutes ces notions, tant par l'inspection du terrain que par les questions qu'il fera aux maire et indicateurs, et il en prendra note pour les consigner dans son procès-verbal. Si elles ne suffisaient pas pour lui donner une connaissance parfaite du revenu imposable de chaque nature de terre, elles lui seront infiniment utiles, lorsque les réunissant aux baux, ventes et autres preuves écrites, il aura besoin de faire des comparaisons et des ventilations, et elles le mettront même à portée de juger de la fidélité des baux.

Terrains plantés ou bordés d'arbres.

La culture en labour est la plus générale, et l'estimation d'un terrain comme terre labourable est le *minimum* de sa valeur :

Car lorsque le propriétaire ajoute au terrain quelques plantations, ou qu'il l'emploie à quelque autre culture particulière, c'est pour augmenter son revenu.

D'après cette observation, qui est commune à tous les terrains plantés ou bordés d'arbres, soit qu'ils cessent ou qu'ils ne cessent pas d'être labourés et semés, il suffit d'ajouter à leur estimation comme terres labourables, la plus-value que leur donne la plantation, suivant sa nature et l'importance de son produit, et lorsqu'elle a acquis l'âge de quinze ans, fixé par l'article 115 de la loi du 3 frimaire an VII.

Si la plantation est en arbres forestiers qui ne produisent aucuns revenus de branches, il ne faut avoir égard, dans l'estimation, ni à la valeur des arbres, ni à la diminution qu'ils apportent dans la fertilité du sol qu'ils ombragent, article 74 de la même loi.

Vignes.

De toutes les propriétés, la vigne est la plus difficile à estimer tant en produit brut, qu'en produit imposable.

On ne peut recourir au prix de fermage, car il est fort rare que l'on donne la vigne à ferme.

Il y a des cantons où le vigneron cultivateur la tient du propriétaire à portion de fruits, comme moitié, ou tiers franc. On pourra alors estimer le produit imposable de la vigne, par la quantité de vin qu'on y récolte année commune, et par son prix moyen.

Dans les cantons où il est assez ordinaire de vendre la vendange pendante au cep, ces transactions peuvent donner des notions pour évaluer le produit brut dégagé des frais de récolte; mais il restera encore à déduire les frais de culture, et leur évaluation présente aussi de grandes difficultés.

Il faut donc recourir à des moyens plus certains et d'une application générale.

La vigne est aussi un terrain planté, qui, même dans quelques pays, se cultive à la charrue, et admet des semences intermédiaires, mais qui plus ordinairement admet la culture à bras, et occupe tout le terrain.

Dans tous les cas, il est nécessaire d'estimer d'abord le terrain comme non planté; car lorsque la vigne vieillit, on est obligé de l'arracher, et on la cultive pendant quelques années en nature de terre labourable, jusqu'à ce qu'elle soit redevenue propre à recevoir une nouvelle plantation. Cette estimation, faite d'après les qualités du terrain, ou par comparaison avec les terres labourables de la commune, sera appliquée à la vigne pendant son repos, et aussi pendant le temps où la plantation nouvelle ne donne encore aucun produit.

On peut donc procéder à l'estimation de la vigne par la plus-value que la plantation donne au terrain, comme pour les terres labourables plantées.

La vigne est susceptible d'être distribuée en plusieurs classes dans la même commune; et elle donne principalement lieu à une observation qui peut être étendue à d'autres sortes de propriétés; c'est que le terrain qui produit la meilleure denrée,

denrée, n'est pas toujours celui qui doit tenir le premier rang dans la classification, parce que souvent il en produit fort peu, soit par la nature du terrain, soit par celle du plant.

La classification doit être déterminée par la combinaison de la quantité, de la qualité et du prix des denrées.

Jardins potagers.

Les jardins, comme les vignes, présentent rarement un prix de fermage connu.

L'article 58 de la loi du 3 frimaire an VII a fixé le *minimum* de leur estimation à celle des meilleures terres labourables de la commune; parce que leur situation ordinaire auprès des habitations les rend susceptibles de recevoir plus d'engrais et de soins journaliers, et de donner de plus abondantes productions.

C'est pourquoi, s'ils sont situés sur un terrain de première qualité, ils acquièrent nécessairement une plus-value qui doit porter leur estimation au-delà de ce *minimum*.

On doit observer que le jardin du laboureur, de l'artisan, du journalier, occupés ailleurs de travaux continuels, n'est ordinairement cultivé qu'en gros légumes les plus nécessaires, et qui demandent le moins de soins; de sorte que sa valeur ne peut guère différer de celle de la terre de première qualité; mais celui qui est cultivé par un jardinier de profession, soit comme propriétaire, soit comme locataire ou gagiste, acquiert plus de valeur, parce qu'il est l'atelier de son travail journalier : il est donc susceptible d'une plus forte estimation.

Autres cultures à bras.

Ce qu'on a dit des vignes et des jardins est applicable à toutes les autres cultures locales qui se font à bras, pour quelques plantes ou arbustes que ce soit; dont le produit est destiné aux arts ou à la consommation des villes voisines. Ces cultures locales ajoutent toujours à la valeur naturelle du terrain considéré comme terre labourable; car c'est dans la vue d'un bénéfice que le cultivateur les y consacre.

Prairies naturelles.

Le produit brut des prés est facile à déterminer ; car on sait dans chaque commune ce que telle prairie rapporte de milliers de foin, année ordinaire, par arpent ou autre mesure locale. Ainsi, la quantité est le premier élément de la classification.

On distingue aussi, par-tout, différentes qualités de foin, par la nature des plantes dont il est principalement composé : la qualité du foin est donc le second élément.

Enfin, on sait quel est le prix ordinaire de chaque qualité de foin, à raison de la préférence qu'il obtient dans les marchés : et ce prix devient le troisième élément.

Le produit brut d'un pré est donc la combinaison de la quantité, de la qualité et du prix du foin qu'il rapporte.

L'instruction de 1790 veut qu'on y comprenne le revenu des arbres qui peuvent y être plantés, mais aussi, qu'on ait égard à la diminution qu'ils apportent dans la fertilité du terrain qu'ils ombragent.

Ces arbres sont ordinairement de ceux qu'on élague ou que l'on tond ; et c'est cet élagage ou cette tonte qui en fait le revenu : ce sont aussi quelquefois des arbres fruitiers ou forestiers. Il faut appliquer alors les régles prescrites pour les terres labourables plantées.

La production du pré étant spontanée, il n'y a pas de frais de culture à déduire, si ce n'est les frais d'irrigation pour les prairies qui en sont susceptibles, la dépense d'engrais ou de terrage suivant l'usage du pays, et, de temps en temps, le curement des fossés.

Les frais de récolte, fauchage, fanage, bottelage, sont faciles à évaluer, et doivent être déduits sur le total du produit.

Ceux de transport au marché sont déjà déduits dans le tarif du prix des denrées.

Il est donc assez facile, pour les prés, d'arriver du produit brut au produit imposable.

Les prairies dont on fait consommer les herbes sur pied, appelées dans plusieurs cantons *herbages*, doivent être estimées comme celles que l'on fauche, d'après leur produit année commune.

Les prairies artificielles ne seront évaluées que comme les terres labourables d'égale qualité, article 63 de la loi du 3 frimaire an VII.

Pâtures.

L'article 64 de la même loi a réglé le mode d'estimer le revenu imposable de tous les terrains connus sous les noms de *pâtures*, *patis*, *marais* et autres dénominations quelconques qui, par la qualité inférieure de leur sol ou par d'autres circonstances naturelles, ne peuvent servir que de simples pâturages.

Cette estimation doit être faite d'après le produit que le propriétaire serait présumé pouvoir en obtenir, année commune, selon les localités, soit en faisant consommer la pâture, soit en la louant sans fraude à un fermier auquel il ne fournirait ni bestiaux, ni bâtimens, et déduction faite des frais d'entretien.

Il y a bien des variétés dans la valeur des pâtures, soit sèches, soit marécageuses, depuis celles qui sont immédiatement inférieures aux prairies ou herbages dont on vient de parler, jusqu'à celles qui ne diffèrent guère des terres vaines et vagues, et autres, dont l'article 65 de la même loi règle la moindre cotisation à un décime par hectare; leur valeur respective peut être déterminée par le nombre de bestiaux qu'elles peuvent nourrir.

Les pâtures sont aussi souvent plantées en arbres forestiers ou fruitiers; il faut suivre, dans leur estimation, les mêmes principes que pour les terres ou prés.

Les pâtures communes doivent être estimées comme les pâtures privées, et être imposées au nom collectif de la commune.

Bois.

La loi du 1er. décembre 1790, articles 18 et 19 du titre II, et celle du 3 frimaire an VII, articles 67, 68 et 69, déterminent l'estimation des bois en coupes réglées, d'après le prix moyen de leurs coupes annuelles, déduction faite des frais d'entretien, de garde et de repeuplement, et le prix des bois qui ne sont pas en coupes réglées, par comparaison avec les bois en coupes réglées de la commune ou du canton; de sorte que s'ils se coupent à quinze ou vingt ans, le propriétaire soit imposé comme s'il en coupait le quinzième ou le vingtième tous les ans.

Presque toutes les communes ont étrangement abusé de leurs pouvoirs dans l'estimation des bois; et, parce qu'ils sont rarement la propriété des habitans de campagne, mais celle des gens riches ou de la nation, elles ont cherché le soulagement de leur propre taxe, en forçant l'estimation des bois.

La loi du 19 ventose an IX, ayant exempté de l'impôt foncier tous les bois nationaux, les propriétés particulières restent seules soumises à cette surtaxe, qui, sous un point de vue d'économie politique, a des conséquences très-désastreuses, puisqu'elle force les propriétaires à défricher leurs bois et à les convertir en terres labourables.

Il est important de faire cesser cette injustice, et non-seulement de réduire les estimations des bois au taux déterminé par la loi, et de les mettre en proportion juste avec les autres propriétés, mais encore de déduire sur les bois, comme sur les autres propriétés, les frais, qui sont l entretien, la garde et le repeuplement.

Lorsque les bois futaies sont en coupes réglées, il faut suivre la même régle que pour les bois taillis en coupes réglées (instruction de 1790.)

Mais s'ils ne sont pas en coupes réglées, il faut aux termes de l'article 70 de la loi de frimaire an VII, les estimer à leur valeur au temps de l'estimation, et les cotiser jusqu'à leur exploitation, comme s'ils produisaient un revenu égal à deux et demi pour cent de cette valeur.

Les bois réputés futaies sont ceux de trente ans et au-dessus.

Il peut exister dans une commune plusieurs classes de bois, suivant leur essence, le terrain qu'ils occupent, l'âge où on les coupe, la facilité des exploitations.

Ces accidens se trouvent calculés dans le prix de la vente, lorsqu'on le connaît.

Étangs.

Les étangs se pêchent ordinairement tous les trois ans, entre lesquels il faut répartir le prix de la pêche pour avoir le produit annuel.

S'il est d'usage, après chaque pêche, de mettre le terrain en culture, un an ou plus, il faut en évaluer le produit comme pour les terres labourables, et, le combinant avec celui de la pêche, former le produit annuel : c'est le cas prévu par l'article 80 de la loi du 3 frimaire an VII.

Le produit imposable d'un étang ne peut être estimé sur

le produit annuel qu'à la déduction des frais d'entretien de vannes et chaussées, et aussi à la déduction des frais de repeuplement, lorsqu'il est à la charge du propriétaire.

La superficie, tant en eau qu'en ce qu'on appelle *queue d'étang*, doit être déterminée, puisqu'elle fait partie du territoire; et on doit répartir le produit annuel de l'étang sur cette superficie, pour en diviser la valeur par hectare.

Cependant, lorsque les queues d'étang sont affermées séparément, soit comme pâtures, soit pour y faucher de grosses herbes, elles doivent être estimées distinctement de la superficie en eau.

Il est possible que plusieurs étangs, sur la même commune, forment plusieurs classes, parce que leur terrain est plus ou moins favorable à la conservation et à l'accroissement du poisson, et aussi à cause de l'avantage des cultures intermédiaires.

Tourbières, mines et carrières.

C'est la superficie du terrain qu'occupent ces exploitations, et son estimation égale à celle des terrains adjacens, qui en fixent le produit imposable. Cependant, à l'égard des tourbières, le produit doit être évalué au double du terrain, pendant les dix premières années du tourbage, après quoi il rentre dans la valeur ordinaire (Articles 76 et 80 de la loi du 3 frimaire an VII.)

Propriétés bâties.

Il faut constater le nombre des maisons d'habitation et celui des bâtimens servant à l'agriculture, ainsi que leur contenance.

Les maisons d'habitation doivent être imposées suivant leur valeur locative (article 81 de la loi du 3 frimaire an VII.)

Cette valeur est moins facile à connaître dans les campagnes que dans les villes, parce que les propriétaires occupent eux-mêmes presque toujours, et qu'il y a moins d'objets de comparaison, sur-tout pour les maisons appelées bourgeoises.

La loi ci-dessus citée, (article 83) a fixé le *minimum* de l'évaluation des maisons, à raison du terrain qu'elles occupent et des étages qu'elles ont ; savoir, au double des meilleures terres, si elles n'ont qu'un rez-de-chaussée ; au triple, si elles ont un étage ; au quadruple, si elles en ont plusieurs.

Mais les bâtimens, cours et dépendances qui sont consacrées à l'agriculture, ne doivent être évalués que comme terrain de la première classe (art. 85.)

La déduction du quart doit être faite sur la valeur locative des maisons d'habitation, à cause des réparations et du dépérissement ; c'est une des dispositions de l'art. 82.

Mais on doit entendre que cette déduction n'a pas lieu sur les bâtimens, cours et dépendances employés aux exploitations rurales, parce qu'ils ne sont estimés que comme terrain.

On peut classer les maisons par des comparaisons entre elles.

Il arrivera sur-tout dans les campagnes, que les premières classes ne comprendront qu'une ou un très-petit nombre de maisons ; pour les classes inférieures, les comparaisons seront plus faciles ; parce que les hommes de même profession se logent convenablement aux besoins et aux facultés de leur état, et leurs habitations occupent à peu-près le même terrain.

C'est pourquoi on trouvera plus de facilités à estimer les maisons dans des proportions convenables, en commençant par les plus basses classes, et en remontant aux classes supérieures graduellement par comparaison.

Il faut observer de ne jamais faire d'évaluations au-dessous du *minimum* fixé par loi.

Manufactures, forges, fabriques et usines.

Il faudra faire l'état de toutes les manufactures, forges, fabriques et usines qui sont en activité dans la commune, et déterminer leur valeur locative, afin qu'elles soient imposées sur cette valeur, à déduction du tiers pour les réparations et le dépérissement (article 87.)

Constructions nouvelles.

Les maisons, les usines et tous les édifices nouvellement construits ou reconstruits, ne doivent être imposés pendant le temps de la construction, et deux ans encore après, que sur le pied du terrain qu'ils enlèvent à la culture ; ce n'est que la troisième année après la construction, qu'ils doivent payer la contribution foncière à raison de la valeur locative (article 88.) Il faut néanmoins porter en plein leur valeur locative, sauf à faire mention de l'année de la construction, pour que le directeur y ait égard dans la confection des rôles des trois premières années.

Après avoir parlé des moyens propres à chaque genre de propriétés, pour en fixer l'estimation, on va indiquer ceux qui leur sont communs, et dont on peut s'aider concurremment avec les premiers pour éloigner toutes erreurs.

On doit consulter les preuves écrites ; savoir, les baux à ferme, les partages, les ventes et tous actes translatifs de propriétés.

Baux à ferme.

Le prix des baux à ferme est le revenu du propriétaire : cependant on ne peut s'y abandonner entièrement, parce qu'il peut être frauduleux ; mais la réunion de plusieurs baux, lorsqu'ils sont en accord, peut amener à des résultats plus sûrs.

Partages.

Les partages n'énoncent pas toujours le revenu ; mais, par l'égalité qu'ils établissent entre les copartageans, ils font reconnaître des proportions certaines entre la valeur des héritages ; et on peut en tirer un parti avantageux pour l'estimation des revenus, et pour leur ventilation.

Ventes et actes translatifs de propriétés.

Quoique la valeur vénale soit une mesure bien fautive pour estimer absolument le revenu d'une propriété quelconque, elle peut être utilement consultée pour estimer relativement et par comparaison les revenus de divers genres de propriétés.

Par exemple, elle pourrait servir avec succès pour estimer la plus-value qu'un terrain planté soit en arbres fruitiers, soit en vignes, ou consacré à une culture particulière, doit avoir sur un terrain de même qualité, mais nu et employé à la culture ordinaire.

Elle peut être utile aussi pour faire la ventilation d'un prix commun de fermage entre des propriétés du même genre, mais d'une qualité différente.

La connaissance de la valeur vénale n'est donc pas à négliger comme renseignement, mais ne peut être admise comme règle.

Prix moyen de fermage.

Mais ce qui doit principalement fixer l'attention de l'expert, et ce qui doit être pour lui une raison déterminante, c'est le prix moyen de fermage. L'instruction de 1790 recommande expressément de s'attacher à le connaître. « Le prix moyen de fermage, dit-elle, est le pro» duit net, dans lequel il ne faut pas comprendre l'entre» tien des bâtimens nécessaires à l'exploitation, et dont » il faut aussi déduire le loyer ou l'avance des bestiaux, » dans les pays où ils sont fournis par le propriétaire des » fonds.

» Il faudra donc que chaque estimateur se pénètre de » ces principes, et se dise à lui-même : Si j'étais proprié» taire de ce bien, je pourrais trouver à l'affermer raison» nablement tant ; si j'étais dans le cas d'être fermier, je » pourrais en rendre la somme de   c'est-à-dire, le » prix que serait affermée cette propriété, lorsque, pour » son exploitation, le propriétaire ne fournirait ni bâti» mens, ni bestiaux, ni instrumens aratoires, ni semences, » mais serait chargé d'en acquitter la contribution fon« cière ».

Dans tous les baux à ferme, même les moins suspects, les prix de fermages ne sont pas toujours parfaitement égaux pour les mêmes espèces de propriétés ; ils dépendent souvent de l'intelligence des contractans, ou de la convenance, ou des circonstances particulières. Ainsi, ce que l'instruction appelle prix moyen de fermage, n'est pas celui qui résulte de la connaissance d'un seul bail, mais plutôt de la combinaison de plusieurs baux.

Il résulte aussi souvent d'une certaine notoriété sur le prix raisonnable et ordinaire de location de telle ou telle espèce de propriété.

Enfin l'instruction le recherche jusque dans la conscience de l'estimateur, éclairé par tous les renseignemens qu'il a recueillis; elle lui recommande de la consulter sous le double rapport de propriétaire et de fermier, et de balancer avec elle ces deux sortes d'intérêts distincts et opposés.

Avec ce dernier moyen, réuni à tant d'autres, il paraît impossible que l'expert-estimateur qui veut remplir sa mission avec probité, s'écarte de la vérité.

Classement.

Il ne suffit pas d'avoir déterminé le nombre de classes de chaque genre de propriété, et l'estimation de chaque classe; il faut encore faire le *Classement*, qui consiste à distribuer entre les classes établies et reconnues tous les terrains que chaque genre de propriété occupe.

C'est par la réunion de cette troisième opération aux deux précédentes, que l'expert se mettra en état d'établir le revenu imposable de la commune.

Ces trois opérations, dont les principes généraux ont été successivement rappelés, doivent être faites sur le terrain même.

L'expert s'y transportera, accompagné du maire, des deux indicateurs et du contrôleur des contributions.

Il examinera, dans chaque subdivision de la section, la qualité du terrain pour chaque nature de propriété, et se mettra en mesure de déterminer, 1°. en quel nombre de classes ce terrain peut être divisé; 2°. le nombre d'hectares de chaque nature de propriété à porter dans chacune des classes déterminées. Pour cet effet, le cahier de classement sera rempli avec exactitude, et annexé comme pièce justificative au procès-verbal, dont le modèle est joint à la présente instruction; 3°. il fera sur la valeur locative et le produit imposable de l'hectare des différentes classes, distinctes et réunies, une estimation locale, qu'il comparera aux renseignemens déjà rassemblés.

En s'arrêtant successivement dans chaque section, l'expert y fera les mêmes examens, y renouvellera les mêmes opérations : comparant ensuite les nouveaux résultats avec les précédens, il pourra assimiler ou différencier les qualités, et se mettre en état de régler, pour toute la commune, une *classification* combinée avec les produits respectifs des sections, et de porter tous les genres de propriétés dans des classes graduées et relatives.

Muni de tous ces renseignemens pris sur le terrain, l'expert se retirera avec le contrôleur des contributions, pour continuer son procès-verbal, dont la seconde partie présentera pour chaque nature de propriété,

1°. Le nombre de classes entre lesquelles elle doit être partagée ;

2°. L'estimation de la mesure locale, et de l'hectare de chacune de ses classes.

Elle présentera aussi le prix moyen de fermage de chaque nature de propriétés ; enfin elle contiendra le classement et l'estimation des propriétés bâties.

Le procès-verbal ainsi terminé sera accompagné de trois états ou relevés, que l'expert et le contrôleur auront remplis d'après les modèles qui auront été arrêtés par le ministre des finances. Ces états sont,

1°. Le tarif, c'est à-dire, le tableau des estimations par nature de propriétés, et par classes, et des prix moyens de fermage ;

2°. Le tableau du classement, ou la distribution des propriétés de chaque section dans les classes. Ce tableau doit être l'extrait et le résumé des états particuliers dressés sur le terrain dans chaque section ;

3°. L'évaluation des revenus imposables de la commune. Ce dernier tableau est le résumé de toutes les opérations de l'expert ; il présente, par l'application du classement au tarif, le produit imposable de chaque classe, et le prix moyen des classes de chaque nature de propriété.

Ce prix moyen se compose en divisant le produit de toutes les classes du même genre de propriété par le nombre de mesures locales ou d'hectares qu'elles contiennent.

Il ne faut donc pas confondre les prix moyens des classes avec les prix moyens de fermages dont on a parlé plus haut, et qui sont entrés dans le tableau ou tarif des évaluations. Les opérations seront d'autant plus parfaites, que les prix moyens des classes seront plus d'accord avec les prix moyens de fermages. Ceux-ci sont le contrôle et la preuve de la justesse des opérations ; et s'il y a différence notable, il y a vice, soit dans l'estimation des classes, soit dans la répartition du classement, et il faudra les corriger.

Les tableaux, ainsi que le procès-verbal, seront certifiés par l'expert, et signés tant par lui que par le contrôleur.

DÉPOUILLEMENT DES MATRICES.

Article VII.

Le directeur des contributions est chargé de former, pour chaque commune non arpentée, un état qui présentera, d'après la matrice, la contenance de chaque nature de propriété, et le prix moyen de la mesure locale et de l'hectare.

Si la matrice ou les états de sections n'offrent pas ces renseignemens, les contrôleurs se transporteront dans les communes, et demanderont aux maires et répartiteurs, les élémens nécessaires pour former ces états.

Par le résultat de ces états, dont le directeurs des contributions formera un tableau général, on connaîtra les contenances et les revenus tels qu'ils sont cotisés.

L'exactitude des contenances imposées sera reconnue par la comparaison des dépouillemens faits à la direction des contributions avec les quantités établies par la carte des triangles.

Cette carte sera formée pour chaque arrondissement, d'après les ordres du ministre des finances.

ASSEMBLÉE DE SOUS-PRÉFECTURE.

Articles VIII et IX.

L'assemblée des cinq propriétaires sera convoquée par le préfet dans chaque chef-lieu de sous-préfecture, aussitôt que les opérations relatives à l'arpentage et à l'expertise auront été terminées.

Cette assemblée aura sous les yeux les travaux faits par l'arpenteur et l'expert, la carte des triangles qui indiquera le nombre d'hectares dont se compose l'arrondissement, et enfin les états formés par le directeur des contributions.

Elle pourra faire appeler les experts qui auront concouru aux opérations dont les résultats lui seront présentés

Elle classera et réunira les communes non arpentées de l'arrondissement, d'après leurs rapports et leur analogie avec les communes expertisées. Comparant successivement les évaluations locales avec les prix déterminés par l'expert, pour chaque nature de propriété, elle établira, par assimilation, induction ou rapprochement, les produits imposables de toutes les communes.

On suppose un arrondissement de cent communes, dont quatre ont été expertisées.

La culture principale de la première est en grains; les vignes sont la principale production de la seconde; les arbres fruitiers, les prés et les bois sont prédominans dans la troisième.

Dans la quatrième, les terres labourables sont plus nombreuses; mais leur qualité inférieure et les frais d'exploitation plus considérables, ont motivé une évaluation plus faible que celle fixée pour la première commune.

Ces distinctions et ces différences pour les qualités et estimations des productions de quatre communes du même arrondissement, détermineront quatre objets de comparaison et des échelles sur lesquelles seront gradués les produits imposables des cultures semblables ou analogues.

Les maisons des communes non arpentées seront estimées par les mêmes comparaisons ou assimilations.

Dans toutes les évaluations pour des propriétés semblables, l'assemblée ne perdra pas de vue les modifications que les localités doivent déterminer.

Le prix comparé et rétabli de l'hectare de chaque nature de propriété, multiplié par le nombre d'hectares déclarés et imposés dans les matrices, donnerait le produit de cette nature de propriété, si les contenances étaient bien connues.

Il est à présumer que les contenances imposées seront quelquefois moindres que celles données par la carte des triangles.

L'analogie indiquée pour connaître le revenu des communes non arpentées, ne peut pas être proposée pour distribuer entre ces communes les quantités de terrain non imposées. Cependant ces quantités doivent une contribution; leur affranchissement devient une surcharge pour l'arrondissement, et une des causes des inégalités de la répartition générale.

Lorsque la différence en moins, entre le résultat de la carte des triangles et celui des dépouillemens des matrices, aura été constatée, l'assemblée doit s'assurer si, dans les quantités omises, il n'existe pas des surfaces non imposables, telles que bois nationaux, emplacemens de propriétés bâties et non productives, rivières, ruisseaux, chemins, rues et communications vicinales.

Le nombre d'arpens qu'occupent ces surfaces non imposables, doit être défalqué des quantités omises, et le produit de la portion qui reste soustraite à l'impôt, doit être calculé d'après le prix commun de l'hectare des différentes propriétés de l'arrondissement.

Avant de soumettre ces terrains omis aux calculs des prix communs, il faudra encore examiner s'il n'y existe pas des landes, friches, bruyères et autres terres qui ne sont pas susceptibles de l'évaluation commune, et qui, d'après la loi du 3 frimaire an 7, ne doivent être cotisées qu'à un décime par hectare.

Le prix commun sera établi ainsi qu'il suit : On additionnera le produit imposable résultant des évaluations arrêtées par l'assemblée de sous-préfecture, pour tous les terrains productifs des communes de l'arrondissement ; ce total sera divisé par le nombre connu et imposé des hectares de ces terrains : la somme que produira cette division, sera le prix commun et la base d'après laquelle l'assemblée calculera le produit imposable des quantités omises.

Cette somme ajoutée au revenu des propriétés déjà imposées de tout l'arrondissement, et au produit de l'évaluation des bruyères et landes, s'il en existe de non cotisées donnera le total des revenus imposables de cet arrondissement.

Le résultat du travail de l'assemblée sera motivé dans un procès-verbal, et présenté sur un tableau dont le modèle sera envoyé par le ministre des finances.

ASSEMBLÉE AU CHEF-LIEU DE DÉPARTEMENT.

Article X.

Le travail fait dans les sous-préfectures sera examiné dans une réunion qui doit avoir lieu au chef-lieu du département, et dont l'époque sera déterminée par le ministre des finances.

Cette assemblée, qui aura sous les yeux les élémens et les résultats des opérations faites dans les communes expertisées et dans les arrondissemens, s'assurera s'il existe entre les prix déterminés par les experts et les évaluations relatives des communes non arpentées, les proportions que la parité, les rapports et les analogies ont dû déterminer.

Cet examen raisonné de la base et du résultat des évaluations particulières faites dans chaque arrondissement pris séparément, préparera les comparaisons collectives à établir d'arrondissement à arrondissement.

Si les proportions ont été exactement observées dans tous les arrondissemens, on pourra détacher de chacun d'eux quelques communes pour les opposer entre elles, pour former des assimilations, et se procurer des notions sur les rapports qui existent entre ces arrondissemens.

Ainsi, en comparant entre elles des communes limitrophes ou voisines, prises dans deux ou trois arrondissemens, l'assemblée saura, par l'opposition des estimations, si ces arrondissemens sont dans des rapports relatifs ou proportionnels.

Elle pourra faire remarquer les différences, soit pour les justifier par des considérations locales, soit pour motiver les changemens en plus ou en moins qu'elle pourra proposer.

Les motifs et les conséquences de ce travail seront consignés dans un procès-verbal. Un tableau, dont le modèle sera envoyé par le ministre des finances, présentera, pour chacun des arrondissemens, le nombre d'hectares et l'évaluation de chaque nature de terrains productifs, ainsi que le nombre, la nature et les estimations des propriétés bâties.

Les membres de cette assemblée, honorés de la confiance spéciale du Gouvernement, sont associés à une opération générale, dont l'objet est le rappel de tous les départemens à l'égalité proportionnelle dans la répartition de la contribution foncière.

Le Gouvernement appréciera un travail qui, basé sur les principes de la justice générale, et dirigé par les mêmes sentimens qui animeront les commissaires *ad hoc* justifiera sa confiance dans les propriétaires, et prouvera leur véritable patriotisme.

PROCÈS-VERBAL

D'évaluation du revenu imposable de la commune d

L'an de la République française et le jour du mois de je domicilié en la commune d département d commissionné par le préfet du département à l'effet de procéder, conformément à l'arrêté des Consuls du 12 brumaire an XI et à l'instruction y annexée, à l'évaluation des revenus imposables de la commune d laquelle a été arpentée par le citoyen ainsi qu'il résulte du procès-verbal d'arpentage en daté du dont copie conforme m'a été remise, me suis en conséquence transporté à chef-lieu de ladite commune, accompagné du citoyen contrôleur des contributions directes, où étant, j'ai exhibé ma commission, en date du au citoyen maire de la commune, et l'ai invité à convoquer les deux citoyens contribuables de ladite commune qui doivent avoir été choisis par le conseil municipal à l'effet de m'assister, en qualité d'indicateurs, dans le travail qui m'est ordonné. A quoi il a répondu que, d'après une lettre du sous-préfet de l'arrondissement d en date du il avait été procédé à cette nomination, et que par délibération du les citoyens

avaient été nommés et prévenus de leur nomination, qu'ils avaient acceptée; et lesdits citoyens avertis de mon arrivée, sont à l'instant survenus, et se sont joints au maire pour me donner toutes les indications et tous les renseignemens nécessaires à mes opérations; dont le présent procès-verbal est rédigé par ledit citoyen contrôleur des contributions directes, ainsi qu'il suit :

MESURES LOCALES.

Superficie.

La mesure de superficie ci-devant en usage dans cette commune, est l'arpent, composé de cent perches de vingt pieds chacune, revenant à quarante-deux ares dix-huit centiares.

Poids.

La mesure de poids est la livre, de deux marcs ou seize onces, revenant à

Capacité.

Celles de capacité sont, savoir :

Pour les grains, le bichet, pesant en froment quatre-vingts livres, et faisant le tiers du setier de Paris : il est composé de deux boisseaux.

Le boisseau se livre comble pour l'avoine, et ras pour les autres grains. Le boisseau, réduit à la nouvelle mesure, représente,

Pour les fourrages, le millier de livres, ou cent bottes de dix livres chacune, revenant à

Pour le bois de chauffage, la corde, de huit pieds de couche sur quatre de hauteur, la buche de trois pieds six pouces de long; ce qui fait stères;

Pour le charbon, le muid, contenant dix-huit voies ou feuillettes combles;

Pour les liquides, le muid et la pinte de Paris. Le muid de vin est composé de deux feuillettes de 150 pintes chacune.

La feuillette, à la nouvelle mesure, forme.

TARIF DU PRIX DES DENRÉES.

Le prix commun des denrées au marché de qui est le plus voisin de la commune, est fixé, et doit être modéré, à raison de la distance de kilomètres, à cause des frais de transport, ainsi qu'il suit :

	PRIX du marché.	Modération pour le transport.	PRIX déterminé.
Froment, le bichet.	8f 00c	0f 20c	7f 80c
Méteil. . . . *id*.	6. 00.	0. 20.	5. 80.
Seigle. . . . *id*.	4. 50.	0. 20.	4. 30.
Orge. . . . . *id*.	4. 00.	0. 20.	3. 80.
Avoine. . . *id*.	3. 50.	0. 15.	3. 35.
Haricots. . *id*.	8. 00.	0. 20.	7. 80.
Pois. . . . . *id*.	6. 00.	0. 20.	5. 80.
Vesces. . . . *id*.	4. 00.	0. 20.	3. 80.
Foins, 1re qualité, le millier.	20. 00.	2. 00.	18. 00.
2.e qualité. . . *id*. . . .	16. 00.	2. 00.	14. 00.
3.e qualité. . . *id*. . . .	14. 00.	2. 02.	12. 00.
Trefles, sainfoin. . . *id*. . . .	20. 00.	2. 00.	18. 00.
Luzerne. . . *id*. . . .	16. 00.	2. 00.	14. 00.
Vin, le muid de 300 pintes.	90. 00.	3. 00.	87. 00.

PROPRIÉTÉS DE LA COMMUNE.

Il résulte du procès-verbal d'arpentage dont il est ci-dessus parlé, que le territoire de la commune contient, en mesures locales du pays, trois mille deux cent soixante-dix-huit arpens vingt-une perches, qui font mille trois cent quatre-vingt-deux hectares soixante-quinze ares, et qu'il est divisé en sept sections, désignées par les lettres A, B, C, D, E, F, G, entre lesquelles les propriétés de la commune sont réparties ainsi qu'il suit :

NATURE DES PROPRIÉTÉS.	LETTRES indicatives des Sections.	DISTRIBUTION par SECTION, En Arpens.	En Hectares.	TOTAUX DE CHAQUE NATURE de propriétés. En Arpens.	En Hectares.
	A.				
Terres labourables.	B.				
	C.				
Idem, plantés en arbres fruitiers.	A.				
Vignes.	A.				
Jardins potagers.	A.				
Prés.	A.				
Pâtures communes.	D.				
Bois taillis.	F.				
Futaies.	B.				
Étangs.	F.				
Carrières à plâtre.	G.				
Maisons, bâtimens et usines.	A.				
Bruyéres.	F.				
Rues, places, ruisseaux et chemins.	. . . .				
TOTAL égal au résultat de l'arpentage. . .	. . . .	. . . .	. . . .		

Aprés avoir formé ces tableaux, de concert avec les citoyens maire et indicateurs, je les ai invités à m'accompagner dans les sections du territoire où je vais me rendre, pour procéder à l'estimation de chaque propriété. En conséquence, j'ai suspendu en cet endroit la rédaction de mon procès-verbal.

Et le après avoir vaqué pendant les jours du présent mois à la visite du territoire, à l'effet de déterminer le nombre de classes de chaque genre de propriété dans chaque section, le nombre de mesures locales et d'hectares à porter dans chacune des classes, et leur valeur; ayant, au desir de l'instruction approuvée du ministre des finances, rempli avec exactitude les états qui m'ont été remis à cet effet; ayant aussi comparé tous les renseignemens que j'ai pris sur la nature du terrain, sur les frais de culture et sur les produits, avec les prix moyens de fermage, dont les preuves sont extraites des actes et relevés qui m'ont été donnés en communication, j'ai reconnu et arrêté ce qui suit :

TERRES LABOURABLES.

Nature du terrain.

Les terres labourables de cette commune doivent être partagées en quatre classes, à raison de quatre variétés principales du terrain.

La première classe est composée d'une terre franche et végétale qui a huit pouces au moins de profondeur;

La seconde est une terre compacte et argileuse;

La troisième est un sol mêlé de cailloux;

La quatrième est un sable pur.

A quoi il est propre.

La première et la seconde classes sont propres au froment et à toutes espèces de menus grains; mais la première est, de plus, susceptible d'être convertie en prairies artificielles ou chenevières.

La troisième convient seulement au méteil et à l'avoine;

La quatrième ne porte que du seigle, et n'est propre à aucune espèce de menus grains.

Frais de culture. Charrue.

Un homme seul conduit la charrue attelée de deux forts chevaux ; l'usage est de donner trois façons de charrue et deux de herse, pour disposer le terrain à la semence d'automne; mais la seconde classe exige une façon de plus de chaque espèce, à cause de sa nature pesante et argileuse, et il faut choisir les temps propres à la façonner.

Engrais.

Pour alléger ce terrain difficile, les cultivateurs aisés emploient quelquefois des cendres, à raison, par arpens, de sacs, contenant un setier de Paris, qu'ils achètent le sac, au port d sur la rivière de distante de kilomètres.

On n'emploie pour les trois autres classes que les fumiers, et particulièrement ceux de moutons.

Semences.

La semence par arpent du pays, pour chaque espèce de grains, est de deux bichets et demi, pesant en froment deux cents livres.

Succession des assolemens.

La succession des assolemens pour la première classe est ordinairement de sept ans; savoir :

Première année, froment ; deuxième, orge ou avoine ; troisième et quatrième, trèfles ; cinquième, chanvres ou navette ; sixième, vesces ; septième, repos.

Mais lorsqu'on y sème de la luzerne, elle est jetée avec l'orge la seconde année, et dure sept à huit ans ; après quoi on y sème de l'avoine, ce qui fait dix à onze ans sans repos.

Les deuxième et troisième classes se reposent la troisième année ;

La quatrième ne portant aucuns menus grains, se repose la seconde année.

Proportion des récoltes aux semences.

La première classe rend, année commune, vingt quintaux de froment, c'est-à-dire, dix pour un de la semence;

La seconde ne rend que quatorze quintaux froment, ou sept pour un;

La troisième, six pour un, en méteil;

La quatrième, quatre pour un, en seigle.

Les terres sont ordinairement louées; savoir : les deux premières classes réunies, 20 francs ou deux bichets et demi de froment, et que j'estime valoir trois bichets ou un setier de Paris, en froment, pour la première classe; deux bichets, aussi en froment, pour la seconde.

Dix francs ou trois boisseaux de méteil pour la troisième classe et la quatrième réunies, ce que j'estime appartenir à la troisième classe pour deux bichets, et à la quatrième pour un.

En cet état, j'estime que le revenu imposable de chaque classe doit être fixé ainsi qu'il suit, tant en arpens qu'en hectares :

	ARPENS.		HECTARES.	
Première classe.......	23 fr.	40 c.	55 fr.	50 c.
Seconde classe........	15	60	37	00
Troisième classe......	11	60	27	50
Quatrième classe......	5	80	13	75

Toutes les terres labourables sont classées dans chaque section, suivant qu'il est détaillé au cahier annexé au présent, et dont les résultats sont portés au tableau de classement.

TERRAINS PLANTÉS.

Vergers.

Les vergers sont tous situés autour des habitations sur des terres de première classe.

Lorsque les arbres sont en rapport dans les années abondantes, ils doublent le produit du sol; mais, attendu que le produit des arbres est casuel et ne donne assez ordinairement que de deux ans l'un, je n'estime la valeur des vergers qu'à moitié en sus des terres labourables de première classe.

Vignes.

Les vignes de la commune sont situées en deux cantons, partie dans la section *B*, partie dans la section *C*.

Celles de la section *B* sont sur un terrain de la troisième classe, pierreux et en pente rapide. Il faut souvent y renouveler les engrais, et reporter dans le haut les terres que les eaux entraînent.

On y cultive des plants fins et peu productifs, mais qui donnent du vin de bonne qualité, dont le prix moyen est de 100 francs le muid, sortant du pressoir.

Les vignes de la section *C* sont sur un terrain de la seconde classe, en pente douce, et qui est peu susceptible de dépenses extraordinaires : on y cultive des plants forts, qui produisent plus de vin, mais d'une qualité inférieure, dont le prix moyen est de 80 francs le muid.

J'estime que les vignes en rapport de l'une et l'autre espèce, doivent être évaluées le double de la terre qu'elles occupent. En conséquence, la première classe sera composée de celles situées dans la section *C*, et

	Arpens.	Hectares.
sera évaluée au double des terres de seconde classe....................	31 f. 20 c.	*ou* 74 f.
Les vignes de la section *B* seront évaluées au double des terres de troisième classe....................	23 20	*ou* 55

Jardins potagers.

Les jardins potagers de la commune sont aussi tous situés autour des maisons d'habitation, et sur un terrain de première classe.

J'estime les jardins des cultivateurs, artisans et journaliers, à moitié en sus de la valeur de cette classe.

Mais deux jardins cultivés par des jardiniers, contenant ensemble cent vingt-cinq perches ou cinquante-deux ares soixante-onze centiares, doivent être évalués au double de la terre, ce qui fait

	Arpens.	Hectares.
Pour la première classe.........	46 f. 80 c.	111 f. c.
Pour la deuxième classe.........	35 10	83 25

Il n'y a pas, dans la commune, d'autres cultures à bras que celles ci-dessus énoncées, vignes et jardins.

Prairies naturelles.

Les prés sont de trois classes :

La première comprend une partie des prés situés au-dessus du moulin section *D* : ils sont arrosés par le ruisseau, et produisent de première herbe quatre milliers de foin de seconde qualité ; plus, un regain évalué à un millier.

La seconde classe est composée de prés hauts, situés dans la section *A* et dans une partie de la section *D*, qui produisent deux milliers de foin de première qualité, sans regain.

La troisième classe est située au-dessous du moulin, dans la section *D*, sur un terrain marécageux, qui produit deux milliers de foin de troisième qualité, sans regain.

D'après le prix des denrées, et le rapprochement fait avec le prix résultant des baux, j'estime le produit brut de la première classe, 70 fr. l'arpent, et son produit net, déduction faite des frais de récolte, d'arrosemens et autres, à . . . . 60 f.

Ce qui fait pour l'hectare. . . . . 142 f. 25 c.

Celui de la deuxième classe produit brut 36 f, réduit en produit net, à 30

Et pour l'hectare. 71 52

Celui de troisième classe, produit brut 24 f, réduit en produit net, à. 18

Et pour l'hectare. 42 68

Pâtures communes.

La pâture commune située en la même section *D*, est aussi marécageuse, : je l'estime un tiers du pré de troisième classe, ou . . . . 6 f. 14 f. 22 c.

Bois taillis.

Les bois sont de deux qualités formant deux classes ; savoir :

Première classe, quatre cent cinquante arpens, en essence de chêne, situés sur une plaine haute : ils sont partagés en coupes réglées de l'âge dix-huit ans, à raison de vingt-cinq arpens chacune.

Deuxième classe, quarante-trois arpens quarante-huit perches, en boulleau et chêne, situés sur une pente assez rapide : ils sont mal peuplés et ne sont point en coupes réglées.

Les premiers sont loués 5,400 francs la coupe, ce qui fait 216 francs l'arpent, dont j'estime qu'il faut déduire le sixième pour les frais de garde, entretien et repeuplement.

Il reste 180 fr., qui font pour la feuille à l'arpent.. 10 f.

A l hectare.. 23 f. 70 c.

Les bois en coupes non réglées, attendu leur situation, leur essence et leur dépeuplement, m'ont paru ne valoir que moitié des précédens, ce qui fait pour la feuille à l'arpent.. 5 f.

Et à l'hectare.. 11 f. 85 c.

Bois futaie.

Il existe dans la section *B* un bois futaie de l'âge de trente six ans, contenant quatre cent quatre-vingt-quatre perches, que j'estime valoir, à 600 francs l'arpent, 2,904 fr. dont le revenu imposable à deux et demi pour cent, fait 72 fr. 60 c., c'est-à-dire, à l'arpent........................ 15 f. c

A l'hectare.. 35 56

Étangs.

Deux étangs situés dans les bois, sont de valeur inégale. Le plus considérable contient trente arpens.

La pêche en est affermée 1,200 fr., ce qui fait 400 fr. par an, dont il faut déduire le quart pour les frais d'entretien des vannes, chaussées et repeuplement ; il reste 300 fr., ce qui donne par arpent 10 fr., et par hectare 23 fr. 70 centimes.

Le second contient douze arpens soixante-sept perches, le fonds en est meilleur ; et après la pêche on y sème, pendant deux ans, de l'avoine et du chanvre.

La pêche se vend 600 fr., dont, déduisant le quart pour les réparations, il reste 450 fr. ou 37 fr. 50 c. par arpent pour trois années, ci........................ 37 f. 50 c.

A quoi il faut ajouter le produit de deux années de culture de terre de 2e. classe, à 15 fr. 60 c.. 31 20

Total pour cinq ans......... 68 70

Et par an........... 13 fr. 75 c.
Et par hectare............................ 32 60
Celui-ci forme donc la première classe.

Carrière à plâtre.

La carrière à plâtre est située dans la section *G*, et est sur un terrain de 3e. classe.

Bruyères.

Les bruyères situées au-delà des bois dans la section *F*, doivent être évaluées 1 franc par hectare, ou 42 centimes par arpent.

Propriétés bâties.

Les propriétés bâties avec les cours et dépendances, contiennent ensemble, suivant l'arpentage, quinze arpens huit perches, à la mesure du pays, ou six hectares trente six ares.

Cette contenance doit être divisée ainsi qu'il suit :

	Arpens.	Perches.	Hectares.	Ares.
Cinquante-deux maisons d'habitation..........................	5	25	2	22
Autres bâtimens servant aux exploitations, avec les cours qui en dépendent.....................	8	45	3	56
Un jardin d'agrément, dépendant d'une maison bourgeoise.........	1	00	0	42
Un moulin á eau..............	0	38	0	16
TOTAUX.........	15	08	6	36

Les maisons doivent être partagées en cinq classes; savoir :

1re. *Classe*, une maison bourgeoise à deux étages, évaluée de loyer....	150f.	
2e. — Huit, à 30 fr...............	240	
3e. — Dix, à 20 fr.................	200	
4e. — Quinze, à 15 fr..............	225	
5e. — Dix-huit, à 10 fr............	180	
	995	00
Un quart à déduire...........	248	75
Il reste...................	746f.	25c.

Bâtimens, cours et jardin d'agrément à évaluer en terre de 1re. classe, contenant ensemble 945 perches......................................	121	13
Le moulin à eau et à un tournant, est loué 450 fr.; un tiers à déduire, reste.............	300	

Après avoir divisé en classes et estimé chaque nature de propriété, j'ai formé les tableaux qui suivent sur les modèles imprimés qui m'ont été remis à cet effet; savoir :

1°. Le tarif ou tableau des estimations par nature de propriété et par classe, et des prix moyens;

2°. Le tableau du classement ou de la distribution des propriétés de chaque section dans les classes.

Ce tableau est l'extrait et le résumé des états dressés sur le terrain dans chaque section, et qui y demeurent annexés.

3°. L'application du tableau au tarif, dont le résultat établit le revenu imposable de la commune à la somme de 52,804 fr. 43 centimes.

Lesquels tableaux j'ai arrêtés, certifiés, signés.

Toutes mes opérations étant ainsi terminées, j'ai clos mon présent procès-verbal, que j'ai signé avec le citoyen   contrôleur des contributions directes.

Fait à   le

Lettre du ministre des Finances aux Préfets.

Du 30 Nivose an XI.

J'ai l'honneur, citoyen Préfet, de vous envoyer exemplaires de l'arrêté des Consuls du 12 brumaire dernier, de l'instruction du 3 frimaire suivant, et des modèles qui y sont annexés.

Les opérations prescrites par cet arrêté, ont pour objet le rappel de la contribution foncière à l'égalité proportionnelle ; et vous êtes particulièrement chargé de concourir à leur exécution, et d'en assurer le succès.

Ce travail se divise en trois parties distinctes et qui méritent une égale attention.

La première, qui fait la matière de l'article 1er. de l'arrêté, a pour objet de fixer invariablement les limites de toutes les communes ;

La deuxième, prescrite par les articles 2, 3, 4, 5 et 6, consiste dans l'arpentement et l'estimation des revenus de dix-huit cents communes ;

La troisième enfin est l'application à toutes les communes de la République, des connaissances acquises par le travail fait sur les dix-huit cents communes arpentées ; c'est l'objet des cinq derniers articles de l'arrêté.

L'instruction annexée à l'arrêté, donne, sur chacune de ces trois opérations, tous les développemens nécessaires.

Je vais parcourir avec vous, citoyen Préfet, les articles relatifs à ces trois opérations, et fixer votre attention sur les mesures que vous avez à prendre, et sur les ordres que vous avez à donner. Cette lettre aura pour objet la première opération : j'aurai l'honneur de vous écrire, sur les deux autres, deux lettres distinctes, que vous recevrez très-incessamment. J'ai pensé qu'en traitant ces objets séparément, les instructions de détail deviendraient plus claires et plus précises, et que ce mode assurerait et faciliterait la marche des différentes personnes appelées à concourir à ce travail.

PREMIÈRE OPÉRATION.

Délimitation des communes.

Des lois et arrêtés ordonnent les démarcations des territoires des communes : il a paru nécessaire de rappeler une disposition qui n'a pas été généralement remplie, et dont l'exécution terminera les difficultés existantes, et en préviendra de nouvelles.

Vous voudrez bien vous faire remettre par le Directeur des contributions, un tableau nominatif de toutes les communes pour chaque arrondissement ; cet état contiendra quatre colonnes : le Directeur marquera, dans la première, à la suite de chaque commune, s'il est à sa connaissance qu'il se soit élevé des difficultés sur la démarcation de son territoire, ou s'il ne lui est parvenu aucune réclamation à cet égard ; ou, enfin, s'il a été fait droit sur les contestations qui ont pu exister.

Vous communiquerez à chaque Sous-préfet l'état qui le concerne, pour qu'il ajoute, dans la colonne suivante, ses observations sur l'état actuel des délimitations de chaque commune.

Vous porterez ensuite, dans la troisième colonne, vos décisions sur ce que vous jugerez devoir être fait pour chaque commune, ou sur celles que l'on peut regarder comme définitivement en règle. Un double de cet état sera remis au Directeur, pour qu'il suive l'exécution des ordres que vous aurez donnés.

La dernière colonne est destinée à recevoir l'énoncé des décisions par lesquelles la délimitation de chaque commune aura été définitivement arrêtée. Lorsque l'état sera entièrement rempli, tout votre département se trouvera en règle pour cet objet. Pour m'en donner la certitude, vous voudrez bien m'en adresser une copie.

Je vais actuellement, citoyen Préfet, vous rappeler les différentes lois ou arrêtés rendus sur cette matière.

Une loi du 28 juin 1791, avait ordonné que les limites des départemens et des districts seraient réglées d'après les procès-verbaux de la division de la France.

Une autre loi, du 24 germinal an 6, porte que les Administrations départementales sont chargées de transporter le montant des contributions directes des communes ou parties de communes distraites d'un arrondissement et réunies à un autre ; que les Administrations municipales feront le même transport pour les portions de territoire passées d'une commune à une autre ; enfin, que le Directoire exécutif fera le même transport pour les communes sorties d'un département et entrées dans un autre.

Un arrêté du Directoire exécutif, du 29 pluviose an 7, a déterminé des bases pour les délimitations des communes : ces bases sont les lois particulières qui ont ordonné des distractions ou des réunions ; la possession actuelle ; la proximité du centre du chef-lieu, et les limites naturelles des rivières ou des montagnes.

Enfin, plusieurs lois particulières rendues dans le cours des six derniers mois de l'an 10, ont fixé les territoires de différentes communes.

Ce n'est que sous le rapport des dépenses locales, que les communes ont intérêt à avoir des territoires plus ou moins étendus ; mais il est bien intéressant pour la chose publique que ces territoires soient enfin invariablement fixés, et sur-tout qu'un même objet ne soit pas imposé de deux côtés à-la-fois. Je vous invite donc à terminer toutes les difficultés de ce genre qui peuvent exister dans votre département, en suivant, pour celles d'un intérêt majeur l'ordre de votre correspondance avec le Ministre de l'intérieur.

Lettre du citoyen Hennet aux Directeurs des contributions.

Du 30 Nivose an XI.

J'ai l'honneur de vous envoyer, citoyen, exemplaires de l'arrêté des Consuls du 12 brumaire dernier, et de l'instruction y annexée. Vous voudrez bien en faire passer un à l'inspecteur et à chacun des contrôleurs, et garder les autres en dépôt, dans le cas où quelques-uns des employés viendraient à en avoir besoin.

Je joins également ici une copie de la première lettre instructive du de ce mois, que le ministre écrit au préfet, sur la délimitation des communes. Cette lettre vous charge de mettre sous les yeux du préfet l'état de la situation où se trouvent actuellement les communes sous ce rapport. Je vous invite à donner beaucoup de soins à cette première opération, la base de toutes les autres. Il faut absolument qu'au premier germinal prochain, toutes les contestations qui pourraient exister à cet égard soient terminées, et que toutes les communes, sans exception, présentent aux travaux ordonnés par le Gouvernement, des territoires fixés d'une manière authentique et invariable. S'il s'élevait quelques difficultés, veuillez bien me les communiquer, et je m'empresserai d'en rendre compte au ministre.

Je vous promets, citoyen, la correspondance la plus active, et que chacune de vos lettre sera répondue dans le seul espace de temps nécessaire pour traiter chaque affaire. Je sais que je puis compter de votre part sur la même activité. Le temps prescrit par le Gouvernement est très-limité, et vous sentez qu'il n'y a pas un moment à perdre.

Les nouvelles opérations exigent beaucoup d'intelligence, d'activité et d'honnêté. Je vous prie de me marquer si tous vos coopérateurs réunissent ces trois qualités essentielles, et de m'indiquer ceux sur lesquels vous croiriez ne pouvoir pas compter avec assurance.

La forme d'un tableau nominatif, que je mettrai sous les yeux du ministre, me paraît propre à lui donner rapidement une juste idée de la composition de votre direction, et je lui proposerai de saisir la circonstance de la nomination des receveurs des villes pour placer les contrôleurs que leur âge ou leur santé rendrait peu propres à ce genre de travail.

Lettre du ministre des Finances aux Préfets.

Du 22 Pluviose an XI.

Je vous ai entretenu, citoyen préfet, dans ma lettre du 30 nivose dernier, de la première partie des opérations prescrites par l'arrêté du Gouvernement du 12 brumaire dernier pour la répartition de la contribution foncière ; je passe à la seconde partie.

DEUXIÈME OPÉRATION.

Arpentement et expertise de dix-huit cents communes.

Cette opération, citoyen préfet, consiste à avoir, pour chacune des dix-huit cents communes désignées par le sort, un arpentement et une expertise parfaitement exacts, et dont on puisse faire ensuite l'application aux autres communes.

Elle se divise en deux parties :

1°. L'arpentement du territoire et la levée du plan ;

2°. L'estimation des revenus.

Arpentement.

L'article III de l'arrêté vous charge de nommer un géomètre-arpenteur, qui, seul responsable du travail, s'adjoindra le nombre de collaborateurs nécessaire. Vous ne pouvez donner trop d'attention au choix de ce géomètre, qui devra réunir aux connaissances de sa profession, une probité reconnue.

Je joins ici l'état des communes désignées par le sort pour votre département. Si leur désignation n'était pas exacte, vous voudriez bien la rectifier; si un simple hameau était porté comme une commune, ce serait la commune dont il dépend qui devrait être arpentée.

La direction de votre département contient moins de contrôleurs qu'il n'y a de communes à arpenter : le géomètre-arpenteur devra s'adjoindre un nombre de collaborateurs au moins égal à celui des contrôleurs, pour que l'opération puisse commencer simultanément dans les communes. Quoique le géomètre soit responsable de ses collaborateurs, vous veillerez à ce que les choix répondent, sous tous les rapports, à l'importance du travail. Vous voudrez bien m'envoyer un état nominatif du géomètre-arpenteur et de ses coopérateurs, avec une courte indication des motifs qui ont déterminé les choix.

Le géomètre-arpenteur, chargé de toutes les communes, mais n'étant attaché à aucune d'elles en particulier, pourvoira ses collaborateurs de tous les instrumens nécessaires, et notamment d'une régle de métal, gravée à l'échelle d'un à cinq mille.

L'administration forestière, citoyen préfet, a des géomètres-arpenteurs disséminés sur toute la surface de la République. Indépendamment de l'avantage d'employer des gens déjà exercés à ce travail, on trouverait encore celui d'économiser la dépense des instrumens, qui serait un objet de 200 fr., les arpenteurs forestiers étant pourvus de ces instrumens.

Le géomètre-arpenteur donnera à ses coopérateurs des

instructions claires et précises, pour que la levée des plans soit parfaitement uniforme. Il s'entendra ensuite avec le directeur des contributions, pour la marche à suivre dans sa tournée, et se rendra dans la première commune convenue, où il trouvera le contrôleur de l'arrondissement et le maire de la commune.

Après avoir conféré avec eux, et constaté la consistance de la commune, il donnera la première impulsion à ce travail, et le laissera ensuite continuer par l'arpenteur ou les arpenteurs qu'il en chargera; ceux-ci devront toujours opérer en présence du contrôleur, autant que cela sera possible à ce dernier.

Le plan devra être levé sur du grand papier, fort et de bonne qualité; le géomètre aura soin d'y ménager une marge suffisante. Ce plan sera divisé par sections. La première section sera prise au nord, à l'extrémité de la commune, puis en remontant à l'orient, au sud, à l'occident, puis toujours dans le même ordre et en spirale, de manière à finir au centre de la commune.

Le contrôleur et l'arpenteur examineront si la division des sections est bonne; s'ils croyaient avantageux d'en charger le périmètre, ils pourront le faire. Ils s'attacheront donc à ce que les sections soient délimitées d'une manière claire, fixe et permanente.

Je m'occupe, au surplus, d'une instruction détaillée sur l'arpentement et la levée des plans.

L'arpenteur fera quatre copies du plan : une pour le Gouvernement, une pour vous, une pour le directeur des contributions, et une pour la commune. Ces copies devront être parfaitement uniformes pour le format, le lavé des diverses natures de biens, et les autres signes indicatifs.

Le procès-verbal, signé par l'arpenteur qui aura fait le plan, par le géomètre en chef et par le contrôleur, restera dans les mains de ce dernier, ainsi que la copie du plan destinée à la commune, afin qu'il puisse le remettre à l'expert chargé des estimations.

Expertise.

Cette opération, citoyen Préfet, est la plus difficile, la plus délicate : elle exige beaucoup de connaissance des localités, une grande justesse d'esprit, et des principes parfaitement intègres. Le choix de ces experts vous est confié, et je

suis

suis bien sûr que vous y apporterez la plus scrupuleuse attention. Je recommande au Directeur de vous indiquer les sujets qu'il peut connaître, et qui réuniront toutes les qualités requises pour cette opération. Vous en nommerez autant qu'il y aura de contrôleurs, et par conséquent de communes dont le cadastre pourra commencer en même temps ; il serait bien utile, je regarde même comme indispensable, que l'expert assiste à l'arpentage ; en suivant cette opération, il acquerra déjà des connaissances précieuses sur les localités, se familiarisera avec le terrain, et se préparera des facilités pour son opération ultérieure ; il devra donc signer comme présent le procès-verbal d'arpentement.

L'expert et le contrôleur auront entre les mains, autant qu'ils pourront se les procurer, l'ancien terrier de la commune, s'il en existe, l'ancien cadastre ou dénombrement dans les pays autrefois cadastrés, les anciennes cartes topographiques qui pourraient se trouver, la vérification générale qui aurait pu avoir été faite pour les vingtièmes depuis 1771 jusqu'en 1788, la matrice du rôle foncier, et tous les états de mutations rédigés d'année en année ; ces renseignemens ne seront pas même inutiles à l'arpenteur, à qui le contrôleur donnera toutes les explications, tous les développemens dont il aura besoin.

Aussitôt l'arpentement fini, l'expert commencera ses opérations.

La première est le *tableau comparatif des mesures locales anciennes avec les nouvelles mesures :* des tableaux de ce genre ont déjà été dressés dans tous les départemens ; le directeur aura soin que le contrôleur en ait un ; et l'expert, après s'être assuré de leur exactitude, ou l'avoir rectifié s'il y a lieu, signera avec le maire le tableau comparatif dressé par le contrôleur.

La seconde opération est le *tarif du prix des denrées :* le modèle en est annexé, sous le n°. 4, à l'instruction du 2 pluviose an 9 sur la refonte des matrices de rôles. Il devra y être ajouté la déduction des frais de transport, déduction nécessairement très-faible, sur-tout pour les communes voisines des marchés, attendu que les chariots et les animaux qui y sont employés servent aux travaux de l'agriculture, et entreront dans les frais de culture, d'entretien et de récolte.

La troisième opération est le *Tableau des divers genres de propriétés :* c'est une espèce de récapitulation du procès-verbal de l'arpentage, et ils doivent donner le même résultat.

Vient ensuite la quatrième opération, celle de *la Clas-sicfiation de chaque genre de propriétés.* L'instruction explique très-bien en quoi consiste cette *classification.* Il s'agit de déterminer en combien de classes doit être divisée chaque nature de biens, selon leur plus ou moins bonne qualité. On divise ordinairement les terres en trois classes, bonnes, médiocres ou mauvaises; on pousse quelquefois cette division jusqu'à cinq classes, très-bonnes, bonnes, médiocres, mauvaises, très-inférieures.

Pour y parvenir, l'expert et le contrôleur se transporteront successivement avec le maire et les deux indicateurs sur chaque section, ainsi que l'explique l'instruction du 3 frimaire dernier.

L'estimation forme la 5e. opération, et c'est la plus importante.

On commence par les terres labourables, et l'on prend un arpent de première classe. On constate combien cet arpent produit de setiers ; on a, par le tarif n°. 2, le prix moyen d'un setier année commune ; on trouve alors que tant de setiers donnent une somme de tant.

Il faut ensuite, sur ce premier produit, faire la déduction des frais de culture, semence, récolte et entretien. Cette partie est suffisamment développée. Il faut observer seulement que plusieurs de ces frais rentrent les uns dans les autres, et que ce serait une erreur de compter chacune de ces dépenses isolément et en plein. Ce travail ne donne encore que le produit d'une année de plein rapport ; il faut ensuite calculer les assolemens, et prendre le produit d'une année commune.

Il résultera de cette première estimation, *un tarif du produit net de chaque arpent pour chaque nature de biens :* le modèle en est joint sous le n°. 5, à l'instruction du 2 pluviose an 9.

Il est si facile de se tromper dans tous ces calculs du produit brut, des frais de transports, des dépenses de semences, de récolte et d'entretien, que, même faits avec la plus grande exactitude, même opérés sur des données que l'on ne pourrait contester, ils jetteraient dans de grands

écarts

écarts si l'on s'en rapportait uniquement à cette première estimation.

Aussi l'instruction a prévu cet inconvénient, et prescrit à l'expert et au contrôleur de faire usage des baux pour parvenir à découvrir la vérité.

En effet, je suppose qu'un bien contenant quatre hectares ou arpens métriques de 1re. classe, soit affermé 240 francs; il est clair que chaque arpent est afferiné 60 fr.; si cependant, par l'estimation précédente, l'arpent de première classe n'a été porté dans le tarif que pour 50 fr., il est certain que l'estimation est trop faible de 10 fr., ou d'un cinquième; car enfin le propriétaire jouit de ces 10 fr., le fermier les paie; et certes, ce n'est pas de sa part un sacrifice gratuit, c'est un argument que nulle personne raisonnable ne peut contester.

J'ai donné pour exemple un bail ne contenant qu'une seule nature de biens et d'une seule classe; mais un même bail renferme presque toujours plusieurs espèces de propriétés de plusieurs classes différentes. Rien de plus facile que de faire la ventilation de toutes les espèces et de toutes les classes.

Un bail contient-il une maison, un jardin, six arpens de terres dont deux de chacune des trois classes, quatre arpens de vignes et quatre arpens de prés, dont deux de première classe et deux de seconde,

On applique le tarif à ce bail, et, prenant ici les sommes portées pour exemple dans le modèle annexé à l'instruction, on fait les calculs suivans :

Une maison........................	30 f.	00 c.
Un jardin d'un arpent.............	111	00

Terres labourables.

Deux arpens, première classe......	111	00
Deux arpens, deuxième classe......	74	00
Deux arpens, troisième classe.....	55	00

Vignes.

Deux arpens, première classe......	148	00
Deux arpens, deuxième classe......	111	00

Report........................	640 f.	00 c.
Prés.		
Deux arpens, première classe.....	284	50
Deux arpens, deuxième classe.....	143	04
TOTAL...............	1,067	54
Le tout est affermé, suivant le bail, pour..........................	1,174	29
Il n'est évalué qu'à................	1,067	54
Excédant du bail sur l'évaluation, revenant juste à un dixième de l'estimation...................	106	75

Il est incontestable que l'estimation est trop faible d'un dixième, et que chaque article du tarif doit être augmenté d'un dixième, ou bien que l'on a porté dans des classes inférieures, des biens qui doivent être remontés dans une classe supérieure.

Il est possible, au contraire, que les évaluations soient plus fortes que les résultats du bail; et cela prouverait que le bénéfice du fermier a été mal calculé, ou que la situation et la nature du bien exigent que le propriétaire afferme moins avantageusement. Dans ce cas, il serait juste d'affaiblir les estimations dans la proportion trouvée.

Si l'on n'opérait que sur un seul bail, on risquerait de se tromper, soit parce que ce bail serait infidèle, soit parce que des circonstances particulières le rendraient trop favorable soit au propriétaire, soit au fermier; mais le contrôleur doit être muni de plusieurs baux, et opérer principalement sur ceux des biens nationaux et des biens des hôpitaux, dont la fidélité est en général moins suspecte. Si un bail s'écarte trop de l'estimation, c'est une indication presque certaine qu'il est simulé ou accompagné d'un pot-de-vin ou d'une contre-lettre, et il doit être rejeté.

L'instruction du 5 frimaire indique encore un autre usage des baux. Il consiste à en tirer le prix moyen des fermages, et à le comparer au prix moyen des classes réunies.

Il ne s'agit, pour avoir le prix moyen des classes, que de diviser le produit des évaluations de toutes les classes d'une propriété, par le nombre d'arpens qui les composent.

Le contrôleur aura une idée de l'exactitude de ce résultat, en comparant le prix moyen, tel qu'il vient de l'obtenir, avec le prix moyen de fermage qui aura été déterminé par la connaissance de la valeur des baux, ou qui aura été porté dans le tarif des évaluations.

Si le prix moyen résultant de la division du produit des classes par le nombre d'arpens, est inférieur à la valeur commune locative, il faudra en conclure, ou que le classement n'a pas été bien fait, et que les premières classes ne contiennent pas les quantités qui leur appartiennent; ou que les évaluations partielles de chaque classe sont trop faibles. Cette différence reconnue entre deux résultats qui doivent être à très-peu de chose près les mêmes, déterminera un nouvel examen, et le contrôleur devra le provoquer auprès de l'expert.

C'est au surplus à la prudence de l'expert à faire des estimations, et de leur rapprochement avec les baux, un usage éclairé et circonspect. Il résultera de cette sixième opération un *tarif définitif du produit net imposable de chaque nature de biens divisée par classes*; il sera signé du contrôleur et de l'expert.

Vous voyez, citoyen préfet, combien il est important que les contrôleurs rassemblent des baux sur les communes désignées. Vous les autoriserez, en conséquence, à en faire des relevés, chez les receveurs des domaines. Vous les autoriserez également à faire aussi des relevés des actes de ventes, et vous leur procurerez dans vos bureaux les actes de ventes des domaines nationaux postérieurs au papier-monnaie.

Ces six premières opérations terminées, il reste à l'expert à faire le classement de chaque propriété.

A cet effet, il partagera le nombre d'arpens porté dans l'état n°. 3, en une, deux, trois, quatre ou cinq classes au plus : ce *classement* forme la septième opération.

Il est facile alors à l'expert d'appliquer au classement les évaluations portées dans le tarif définitif; de dire, par exemple, que l'arpent de terre labourable de première qualité étant évalué à 60 fr., les quarante arpens situés au canton du Bel-Air sont évalués à 2400 fr. : ainsi de simples calculs arithmétiques suffisent pour remplir la seconde page de l'état du classement et des évaluations.

Ici se termine le travail de l'expert. Le contrôleur réunira alors le procès-verbal avec tous les états y annexés, savoir, 1°. *le tableau comparatif des mesures anciennes et nouvelles*; 2°. *le tarif du prix des denrées*; 3°. *le tableau des divers genres de propriétés*; 4°. *la classification de chaque genre de biens*; 5°. *le tarif du produit net de chaque classe pour chaque nature de biens, rédigé d'après les estimations*; 6°. *le tarif définitif du produit imposable de toutes les classes de propriétés*; 7°. *le tableau du classement et des évaluations de toutes les classes des différentes natures de biens*; 8°. *enfin la récapitulation générale de tout le travail.*

Le contrôleur enverra tout ce travail au directeur, qui vous en rendra compte et le conservera ensuite dans ses bureaux ; il m'adressera une copie de la récapitulation n°. 8.

J'ai l'honneur de vous envoyer les modèles du procès-verbal et des huit états qui y sont annexés : ils sont remplis de détails fictifs. Vous voudrez bien faire imprimer des cadres absolument semblables, même pour le format, à ces modèles, et tous égaux entre eux, de manière à pouvoir être reliés, et en remettre le nombre nécessaire aux directeurs pour qu'ils les fassent passer à chaque contrôleur.

Je termine ici les développemens relatifs à la seconde opération de l'arrêté des Consuls : le cadastre des dix-huit cents communes. La lettre suivante traitera de la troisième et dernière opération : l'application de ces cadastres aux autres communes non cadastrées.

Lettre *du citoyen* Hennet, *aux directeurs des contributions directes.*

Du 22 pluviose an XI.

Le Ministre, citoyen, vient d'écrire au Préfet de votre département une seconde lettre instructive sur l'exécution de l'arrêté du Gouvernement du 12 brumaire dernier, relatif aux opérations prescrites pour améliorer la répartition de la contribution foncière ; j'ai l'honneur de vous envoyer exemplaires, ainsi que des modèles y annexés ; vous en ferez passer un à chacun de vos collaborateurs.

Cette lettre a pour objet la seconde des opérations prescrites par le Gouvernement ; l'arpentement et l'expertise d'un certain nombre de communes par département. Je joins ici l'état de celles désignées par le sort dans le vôtre ; s'il s'était glissé quelque erreur dans l'orthographe des noms, vous voudriez bien me l'indiquer.

Cette opération se divise en deux parties, *l'arpentement* et *l'expertise*. Vous verrez, par la lettre du Ministre, que, sans être chargé spécialement d'aucune, le contrôleur doit être l'ame de toutes les deux. Vous vous attacherez à lui faire sentir l'importance de ses fonctions, et vous l'engagerez à justifier la confiance du Gouvernement, dont il est ici l'agent direct.

Le contrôleur devrait assister à tout le travail ; cependant, il a d'autres occupations, et il ne doit pas interrompre le cours des réclamations, ni retarder la confection des matrices de rôles ; mais, avec du zèle et de l'activité, il pourra se multiplier, pour ainsi dire, et suffire à tous ses devoirs.

Il suffira d'ailleurs, pour *l'arpentement*, qu'il assiste à l'ouverture des travaux, et ensuite à leur clôture ; pour *l'expertise*, il trouvera encore des intervalles où il pourra vaquer aux autres fonctions de sa place.

Arpentement.

Le Ministre recommande au Préfet la plus grande attention dans le choix du géomètre-arpenteur ; il lui indique ceux de l'administration forestière, qui, instruits dans cette partie et munis d'instrumens, peuvent traiter à moindres frais. Vous pourrez, si vous connaissez des sujets propres à ce travail, les indiquer au Préfet, à qui seul appartient la nomination. Ces observations s'appliquent au choix des arpenteurs secondaires.

Le géomètre-arpenteur doit s'entendre avec vous pour sa marche dans les communes désignées, et pour l'ouverture des travaux dans chacune d'elles, combinée avec le nombre des contrôleurs. Je présume que le temps permettra de les commencer vers le 10 ou le 20 ventose.

Dès que la marche du géomètre en chef sera connue, vous en préviendrez chacun des inspecteurs ou contrôleurs, et vous m'en donnerez connaissance.

S'il existait d'anciens terriers, cadastres ou plans pour quelques-unes des communes désignées, vous tâcherez de vous les procurer, et de les envoyer aux contrôleurs, ainsi que les autres renseignemens qui vous paraîtraient utiles.

Il sera bon que vous vous concertiez avec le géomètre en chef et avec ses collaborateurs, sur la conversion des arpens ou autres mesures agraires anciennes en mesures nouvelles, et que vous informiez les contrôleurs de ce qui aura été arrêté à cet égard.

Enfin, si toutes ces mesures préliminaires éprouvaient quelques difficultés, quelques retards, vous m'en informeriez, et j'en rendrais compte au Ministre.

Expertise.

Le choix des experts est plus important peut-être encore que celui du géomètre-arpenteur; le succès de l'opération dépend de leurs connaissances et de leur exacte impartialité. Votre département doit sans doute présenter plusieurs citoyens qui aient toutes les qualités requises, et vous vous ferez un devoir d'indiquer au Préfet ceux qui sont à votre connaissance.

Je vous invite, actuellement que vous connaissez les communes désignées, à rassembler personnellement tous les détails que vous pourrez vous procurer sur chacune d'elles; la lettre du Ministre les indique au Préfet : vous les ferez passer aux contrôleurs. Vous leur recommanderez en même-temps, 1°. de se transporter chez le ou les receveurs des domaines, et d'y prendre des copies ou des relevés de tous les baux *nationaux* qui peuvent exister pour ces communes; 2°. de prendre également des relevés des baux *particuliers* enregistrés depuis l'an 4; 3°. de compulser également les actes de ventes enregistrés; 4°. de se procurer s'il lui est possible, les annonces ou affiches de ventes ou de fermages, qui contiennent quelquefois l'indication des revenus; 5°. enfin, de réunir tous les autres matériaux propres à faciliter son travail. Il devra sur-tout avoir la matrice du rôle foncier, et les états de changemens.

Le contrôleur devra encore être muni des livres qui peuvent avoir été publiés sur le rapport des anciennes et des nouvelles mesures, et des relevés du prix des diverses denrées depuis quinze ans, non compris les années du papier-monnaie.

Le temps qui s'écoulera d'ici au moment où l'arpentement commencera, doit être employé par le contrôleur à rassembler ces matériaux pour les communes désignées, et vous l'aiderez, dans cette collection, de tous vos moyens.

Le contrôleur est chargé d'accompagner l'expert dans ses opérations, de l'éclairer de ses conseils, et de ne rien négliger pour prévenir ou faire rectifier les erreurs dont il s'apercevrait. Si l'expert, à qui l'arrêté donne toute la prépondérance, soutenait des classemens ou des évaluations qui paraîtraient blesser la justice ou les intérêts locaux, le contrôleur, dans un rapport particulier, présensera et motivera les changemens convenables. Ce rapport vous sera envoyé, et vous en déférerez l'objet, avec votre avis, au Préfet, qui ordonnerait s'il y avait lieu une contre-expertise.

La lettre du Ministre trace l'ordre des opérations; les modèles qui y sont annexés en développent tous les détails : vous veillerez à ce que la réimpression des feuilles soit parfaitement conforme aux modèles, même pour le format, en ôtant toutefois tous les noms et les chiffres fictifs insérés pour exemples. Vous recommanderez aux contrôleurs de suivre exactement ces modèles, et si toutes les colonnes sont bien remplies suivant leurs intitulés, l'opération, du moins pour la forme, sera parfaitement régulière.

C'est le contrôleur qui est chargé de la rédaction du procès-verbal; le modèle en est joint à l'instruction : mais le contrôleur devra insérer dans ce procès-verbal, ou plutôt à la suite, les états qui accompagnent la lettre du Ministre, étant, avec plus de détails et sous une forme plus commode, les mêmes, pour le fond, que ceux qui ne sont qu'indiqués dans l'instruction. Je joins ici un modèle de ce procès-verbal disposé de cette manière. Vous prierez le Préfet de faire également imprimer les feuilles nécessaires.

Lorsque l'opération sera terminée, le procès-verbal et tous les états expédiés, le contrôleur vous adressera tout le travail, et vous ferez faire la copie de la récapitulation, que vous devez envoyer au Ministre. Vous conserverez ce travail pour en faire usage lors de la troisième et dernière opération prescrite par l'arrêté du 12 brumaire dernier, sur laquelle le Ministre se propose d'écrire au Préfet une lettre particulière dont j'aurai soin de vous envoyer la copie.

Il me reste, citoyen, à vous recommander de combiner la marche des travaux et des contrôleurs de manière à remplir le plus qu'il sera possible le voeu du Gouvernement, qui desire que tous les arpentemens soient finis au 1er. messidor prochain, et les expertises dans le cours des deux mois suivans. C'est sur-tout de la distribution du temps que dépend la rapidité de l'opération ; et je vous serai obligé de m'informer de toutes les dispositions que vous aurez faites à cet égard, pour que je puisse en les mettant sous les yeux du Ministre, lui donner une nouvelle preuve du zèle qui vous anime.

Je n'ai point placé ici les modèles des huit états qui accompagnent ces instructions, à raison de la grandeur de leur format. Ils sont, d'ailleurs, entre les mains de tous les employés de la direction. Je me suis borné à les indiquer par leur titre, et j'ai inséré à la suite, le procès-verbal d'évaluation du revenu imposable des communes.

No. I.

Cet état est le tableau comparatif des mesures anciennes et nouvelles.

No. II.

Tarif du prix des denrées.

Le modèle de ce tarif est le même que celui joint à

l'instruction du 2 pluviose an 9, et inséré dans le premier supplément du Manuel.

Voyez l'observation contenue dans la lettre du citoyen Hennet, du 18 ventose an XI.

N°. III.

Tableau des diverses propriétés de la commune, et de leur contenance d'après le procès-verbal de l'arpentement.

Ce tableau contient les propriétés de toute nature que renferme chaque section.

Au bas de chaque section il y a une récapitulation.

N°. IV.

Tableau de la classification des propriétés foncières.

Après chaque espèce de terrain, on en décrit les différentes qualités, et ensuite l'expert estime en combien de classes ces terrains doivent être divisés.

N°. V.

Tarif du produit net des différentes natures de propriétés distribuées par classes d'après les évaluations et toutes déductions faites.

N°. VI.

Tarif définitif du produit net imposable de toutes les natures de propriétés divisées par classes.

N°. VII.

Classement par cantons, triages ou lieuxdits et évaluation des revenus imposables des propriétés foncières de la section de.....

N°. VIII.

Récapitulation de la contenance et des recevenus imposables de la commune de.....

Lettre du citoyen Hennet, *aux Directeurs des contributions.*

Du 18 Ventose an XI.

Il s'est glissé, citoyen, une faute d'impression dans le modèle n°. 8 qui accompagnait la lettre du ministre du 22 pluviose dernier. Ce modèle est intitulé *Récapitulation de la contenance et des revenus imposables de la section d* il doit y avoir *de la commune d* Si les exemplaires de ce modèle sont encore entre vos mains, je vous prie d'y faire substituer le mot *commune* à celui de *section*; s'ils sont distribués, veuillez bien recommander aux contrôleurs de faire ce changement.

Le modèle n°. 2 présente une autre erreur : la nomenclature des années commence par 1780 et 1781 et finit par l'an 7 et l'an 8; elle doit commencer par 1782 et 1783, et finir par les années 9 et 10. L'année prochaine, il faudra ôter une année au commencement et ajouter l'an XI, et ainsi de suite.

Il suffira que vous veilliez à ce que les feuilles que le préfet fera réimprimer, énoncent les quinze années les plus récentes, toujours sans y comprendre celles pendant lesquelles le papier-monnaie avait cours.

PROCÈS-VERBAL

D'évaluation du revenu imposable de la commune d

L'an de la République française, et le jour du mois de

Je domicilié en la commune d département d commissionné par le préfet du département à l'effet de procéder, conformément à l'arrêté du Gouvernement du 12 brumaire an XI et à l'instruction y annexée, à l'évaluation des revenus imposables de la commune d laquelle a été arpentée par le citoyen ainsi qu'il résulte du procès-verbal d'arpentage en date du dont copie conforme m'a été remise, me suis, en conséquence, transporté à chef-lieu de cette commune, accompagné du citoyen contrôleur des contributions ; où étant, j'ai exhibé ma commission, en date du au citoyen maire de la commune, et l'ai invité à convoquer les deux citoyens contribuables de ladite commune qui doivent avoir été choisis par le conseil municipal, à l'effet de m'assister en qualité d'indicateurs, dans le travail qui m'est ordonné. A quoi il a répondu que, d'après une lettre du sous-préfet de l'arrondissement d en date du il avait été procédé à cette nomination, et que par délibération du les citoyens avaient été prévenus de leur nomination, qu'ils avaient acceptée. Et les citoyens avertis de mon arrivée, sont à l'instant survenus, et se sont joints au maire pour me donner toutes les indications et tous les renseignemens nécessaires à mes opérations, dont le présent procès-verbal est rédigé par le citoyen , contrôleur des contributions directes.

Nous avons d'abord procédé à la confection du tableau comparatif des anciennes mesures locales usitées dans la commune, et des nouvelles mesures indiquées dans l'arrêté du Gouvernement du 13 brumaire an 9, et nous en avons arrêté l'état, annexé sous le n°. 1er. au présent procès-verbal.

Le contrôleur m'a ensuite représenté le relevé du prix

des grains et autres denrées au marché de ,
qui est le plus voisin de la commune : ce prix m'a paru, à raison de la distance de mille, devoir être modéré, à cause des frais de transport. J'ai dressé, en conséquence, le tarif ci-annexé, n°. 2.

Il résulte du procès-verbal d'arpentage, que le territoire de la commune contient, en mesures locales du pays, qui font, en nouvelles mesures, et que ce territoire est divisé en sections, entre lesquelles les propriétés foncières de la commune sont réparties, conformément à l'état ci-annexé, n°. 3.

Après avoir formé ces tableaux, de concert avec les citoyens maire et indicateurs et le contrôleur ; je les ai invités à m'accompagner dans les sections où je vais me rendre pour procéder à l'estimation des propriétés.

Et le après avoir vaqué pendant jours à la visite du territoire, à l'effet de déterminer le nombre de classes de chaque genre de propriété, le nombre d'arpens métriques, perches carrées et mètres carrés que contient chaque classe dans chaque section, et leur produit imposable, j'ai arrêté d'abord l'état de la classification des terres et autres biens, ci-annexé n°. 4.

J'ai ensuite procédé à l'estimation du produit net des différentes classes de chaque nature de biens, d'après les évaluations de la quantité de denrées qu'elles produisent, et déductions faites des frais de culture, semence, récolte et entretien, et j'en ai formé un premier tarif ci-annexé n°. 5.

Comparant ensuite les résultat de ce premier tarif avec les baux qui m'ont été représentés par le contrôleur, j'ai reconnu, 1°. que le bien de appartenant à affermé par bail du moyennant le prix d présenterait, en évaluant chaque classe de chaque nature de biens, d'après le premier tarif ci-dessus, les résultats suivans ; SAVOIR :

	CONTENANCE.		PRODUIT.	
	Arpens.	Perches.	f.	c.
Maisons..............	″	″	″	″
Jardins..............	″	″	″	″
Terres labourables.				
1re. Classe...........	″	″	″	″
2e. Classe...........	″	″	″	″
3e. Classe...........	″	″	″	″
Vignes.				
1re. Classe...........	″	″	″	″
2e. Classe...........	″	″	″	″
etc.................	″	″	″	″
etc.................	″	″	″	″
etc.................	″	″	″	″

Ce qui donne un produit total de.......

Et la totalité du bien étant affermée au prix de

il en résulte que le produit des évaluations est {supérieur ou inférieur} au prix du fermage.

2°. Le bien de

3°. La propriété dite

4°. La propriété nationale de

5°. Une autre propriété dite

Comparant enfin le prix moyen des classes réunies avec

le prix moyen de fermage, après avoir pris l'avis du maire, des indicateurs et du contrôleur, j'ai fixé, en dernière analyse, les évaluations du produit imposable des différentes classes de chaque nature de propriété, ainsi qu'il est porté au tarif définitif ci-annexé, n°. 6.

J'ai procédé alors au classement de chaque nature de bien dans chaque canton, triage ou lieudit. . . . . . c'est-à-dire, j'ai réparti entre les cantons, et divisé entre les classes convenues par l'état n°. 4, les contenances portées dans l'état n°. 3, et il en est résulté le tableau de classement ci-annexé, sous le n°. 7.

Enfin, appliquant à ce tableau de classement les évaluations portées dans le tarif définitif, n°. 6, j'en ai formé le tableau général des évaluations de tous les revenus fonciers formant les pages de recto de l'état n°. 7.

La récapitulation générale ci-annexée n°. 8 de ce dernier tableau, établit le revenu net imposable de la commune à la somme de

Après avoir revu et vérifié tous les états ci-dessus, je les ai arrêtés, certifiés et signés, ainsi que le présent procès-verbal, et j'ai remis le tout au contrôleur des contributions.

Fait à le

Expert. *Contrôleur.*

LETTRE *du Ministre des finances, aux Préfets.*

Du 12 Germinal an XI.

L'arrêté du 12 brumaire dernier, citoyen Préfet, relatif à l'arpentement et à l'expertise des communes, porte qu'il sera nommé par le Préfet un expert qui ne soit ni domicilié ni propriétaire dans le canton, lequel sera assisté du maire et de deux indicateurs nommés par le conseil municipal.

Presque tous les préfets m'ayant adressé des représentations sur l'impossibilité où ils étaient de trouver des

experts

experts qui voulussent se charger gratuitement de ce travail, j'en ai rendu compte au Gouvernement, qui m'a autorisé à allouer une indemnité aux experts.

C'est à vous citoyen préfet, à régler cette indemnité sur la proposition du directeur. Je crois seulement devoir vous présenter quelques considérations qui pourront vous guider dans cette fixation.

L'indemnité ne doit pas être par-tout la même; elle doit varier, d'abord entre les départemens, à raison du plus ou moins de cherté des vivres, et du prix de la main-d'œuvre; elle doit varier encore à raison de l'expert, forcé à un voyage plus ou moins éloigné, et à raison de la commune offrant plus ou moins de difficultés. Elle sera moins forte, par exemple, dans les communes qui ne présentent que deux ou trois genres de cultures, et des grandes masses de propriétés; il sera juste de l'augmenter dans celles où les cultures sont diversifiées et multipliées. Je ne puis, à cet égard, que m'en rapporter à votre sagesse. Toutes les dépenses de ces nouvelles opérations doivent être imposées en centimes additionnels à la contribution foncière; c'est un grand motif pour vous d'y apporter la plus scrupuleuse économie. L'intention du Gouvernement est, au surplus, que cette indemnité n'excède jamais huit francs par jour.

Quelques préfets ont pensé aussi qu'il devait être alloué une indemnité aux indicateurs; le plus grand nombre n'en a pas fait l'observation. Le Gouvernement a considéré qu'en prescrivant à l'expert de se faire accompagner par deux indicateurs pris dans la commune, il avait voulu donner aux contribuables la faculté de défendre leurs droits, d'éclairer l'expert, et de prévenir les erreurs et les sur-évaluations. Il n'est point de commune où deux citoyens ne s'empressent à consacrer quelques jours de leur temps pour veiller aux intérêts de tous les propriétaires. Dans les pays qui ont été cadastrés, et anciennement dans les vérifications générales de vingtièmes, on n'a jamais rencontré de difficultés à cet égard. Le Gouvernement a donc décidé qu'il ne serait accordé aucune indemnité aux indicateurs. Quand aux maires, ils n'en formeront certainement pas même la demande.

Rien ne pouvant plus actuellement arrêter la nomination des experts, je ne doute pas, citoyen préfet, que vous n'y donniez tous vos soins et que, par des choix sages et éclairés, vous n'assuriez d'avance le succès de cette importante opération.

Lettre du citoyen Hennet, *aux Directeurs des contributions.*

Du 12 Germinal an XI.

Je m'empresse, citoyen, de vous envoyer la copie d'une lettre que le ministre écrit aux préfets pour les autoriser à allouer aux experts chargés de l'évaluation des communes, une indemnité qui doit varier d'après les considérations locales ou personnelles, et dont le *maximum* est fixé à 8 fr. par jour. Cette indemnité doit être réglée spécialement pour chaque expert par le préfet, sur votre proposition; et je ne doute pas que vous ne mettiez, dans les rapports que vous ferez à cet égard au préfet, toute l'économie compatible avec la régularité qu'exige ce travail.

La même lettre décide qu'il ne sera alloué aucune indemnité aux maires et aux indicateurs.

L'empressement du Gouvernement à lever ces difficultés, vous prouve, citoyen, l'intérêt qu'il met au succès de ces opérations; cet intérêt doit soutenir votre zèle et encourager vos efforts.

Lettre du ministre des Finances aux Préfets.

Du 16 Germinal an XI.

J'ai donné la plus grande attention, citoyen préfet, aux observations que vous m'avez adressées sur les difficultés qui vous arrêtaient dans la nomination du géomètre-arpenteur qui doit être chargé de l'arpentage des communes à expertiser cette année dans votre département. Les mêmes observations m'ont été transmises par plusieurs préfets, et elles peuvent se réduire à quatre:

1°. La brièveté du délai dans lequel l'arpentement doit

être terminé; il est fixé au 1er. messidor par l'instruction annexée à l'arrêté du gouvernement du 12 brumaire dernier;

2°. La quatrième copie du plan de chaque commune, exigée par mes instructions;

3°. L'insuffisance de l'indemnité de 50 centimes par arpent métrique, allouée au géomètre-arpenteur;

4°. Enfin, la difficulté de trouver des sujets instruits dans l'art de l'arpentage.

Sur le premier objet, je vous observerai que le délai fixé par l'instruction n'est pas de rigueur. Je sens que l'arpentement de quelques grandes communes peut exiger un ou deux mois de plus. Il suffit qu'il soit terminé de manière à ce que l'expertise qui peut exiger un mois, soit faite avant la fin de l'année. Ainsi, ce délai ne doit pas arrêter le géomètre qui voudrait traiter avec vous. J'espère, au surplus, qu'une fois l'opération entamée dans les communes, elle marchera avec plus de célérité que ne l'a pensé le géomètre au premier apperçu.

Sur le second objet, le gouvernement a renoncé à la quatrième copie de chaque plan; il suffira d'en faire trois: une pour la commune, une pour le département, qui restera déposée aux bureaux de la direction, archives naturelles du département pour tout ce qui concerne les impositions directes, copie que vous pourrez facilement vous faire remettre toutes les fois que vous le jugerez à propos; la troisième enfin, pour le gouvernement, qui restera déposée dans les archives du ministère des finances.

La copie de ces plans, au surplus, sera moins chère que les géomètres ont pu le croire: les citoyens *Chanlaire* et *Laprade*, domiciliés à Paris, qui ont été employés par le Gouvernement pour la partie d'art relative aux nouvelles opérations, m'ont proposé de se charger de la copie de tous les plans des communes, au prix très-modique de 8 centimes par hectare pour les trois copies réunies. Les géomètres trouveront sans doute un grand avantage à traiter avec eux, parce qu'il leur serait très-difficile de trouver sur les lieux des dessinateurs à ce prix; et le Gouvernement les verrait avec plaisir adopter cette marche, qui tend à donner à ces copies toute la régularité dont elles sont suceptibles. Je vous enverrai très-incessamment le prospectus rédigé à ce sujet par ces deux géographes.

La troisième difficulté consiste dans la quotité des honoraires alloués au géomètre. Cette difficulté n'existe point dans plusieurs départemens, et ne devrait exister dans aucun d'après les considérations que je vais vous présenter.

Chaque commune, en France, contient, l'une portant l'autre, environ douze cents hectares ou arpens métriques. Les unes sont plus petites, les autres plus grandes; mais, compensation faite, l'étendue moyenne est de douze cents arpens.

On peut ranger les territoires en trois classes: pays de plaine et de grande culture: pays parsemés de collines, et où les cultures sont plus divisées; pays de propriétés éparses et morcelées par des montagnes escarpées, ou contenant des forêts dont il faut pénétrer l'épaisseur pour prendre les clairières.

Dans les pays de première classe, un arpenteur peut lever par jour soixante arpens; dans ceux de la seconde, trente-six; et dans ceux de la troisième, quinze seulement.

Dans les premiers, l'arpenteur secondaire, payé à raison de 15 centimes par arpent, recevra pour les soixante arpens, 9 francs par jour; il aura à payer deux porte-chaînes, qui lui coûteront chacun 1 franc 25 centimes, et les deux, 2 francs 50 centimes; il lui restera donc environ 6 francs 50 centimes par jour, et ce traitement paraît suffisant.

Dans les territoires de la seconde espèce, l'arpenteur secondaire pourrait être payé à raison de 25 centimes par arpent; il recevrait pour les trente-six arpens, 9 francs; et donnant 2 francs 50 centimes à ses porte-chaînes, il lui resterait également 6 francs 50 centimes par jour.

En général, les territoires des communes peuvent se rapporter à ces deux premières espèces; et, faisant un taux moyen, les collaborateurs du Géomètre en chef peuvent traiter à 20 centimes par arpent métrique; comme je suppose que le géomètre en chef doit avoir une somme égale à celle de ses collaborateurs réunis, il peut traiter à 40 centimes, et à plus forte raison à 50 centimes: aussi, dans beaucoup de départemens, ont-ils trouvé ce taux suffisant; le Gouvernement espérait même, dans quelques-uns, obtenir des économies.

Il est vrai que dans les territoires de la troisième espèce, pour que l'arpenteur qui ne pourra lever par jour que quinze arpens, ait de même 6 francs par jour, il faudrait lui donner 56 centimes par arpent : il recevrait alors 8 francs 40 centimes pour les quinze arpens; et donnant 2 francs 40 centimes à ses porte-chaînes, il lui resterait 6 francs par jour.

Mais le nombre de ces terrains est rare; il ne doit y avoir dans ce cas que quelques portions de quelques communes. En supposant même qu'il y en eût un cinquième, on pourrait faire les calculs suivans :

Deux cinquièmes des territoires, à raison de 15 centimes..........................	30^{c}.
Deux cinquièmes, à raison de 25 centimes....	50.
Un cinquième, à raison de..............	56.
TOTAL............	136.

Cinquième formant le prix moyen.........	27^{c} $\frac{1}{5}$
Somme pareille pour le géomètre en chef..	27 $\frac{1}{5}$
TOTAL............	54 $\frac{1}{2}$.

Ce prix approche beaucoup du *maximum* fixé par mon instruction.

Reste à examiner si l'indemnité du géomètre sera suffisante.

Le nombre de communes à arpenter dans chaque département, est, en général, de dix-huit; à raison de douze cents arpens chacune, c'est vingt-un mille six cents arpens, et, au prix moyen de 50 centimes, c'est.........		10,800^{f}.
dont moitié pour les arpenteurs secondaires...		5,400.
Reste pour le géomètre en chef...........		5,400.
Si l'opération dure quatre mois..... à raison de 6 francs par jour pour ses frais de route et de séjour, c'est....	720.	
Les trois copies de chaque plan, à raison de huit centimes, font 96 francs, ainsi les dix huit plans coûteront....	1,728.	
Les instrumens de ses collaborateurs, que je suppose au nombre de neuf, seront pour chacun un objet de 130 francs; et pour les neuf, de.......	1,100.	
TOTAL.........	3,548. ci.	3,548.
Reste pour ses honoraires..........		1,852.

Quelques-uns des arpenteurs sont sans doute déjà munis d'instrumens; les frais de surveillance ambulatoire peuvent être moins forts : ainsi le géomètre pourra, par cette opération, se procurer un produit net de 2000 francs au-delà de ses dépenses.

Communiquez, je vous prie, citoyen préfet, ces calculs aux géomètres qui seraient dans le cas de se charger de cette opération; ils détermineront sans doute l'un d'eux à traiter avec vous.

Si cependant vous ne pouviez absolument en trouver à ce prix, veuillez bien me marquer quelles sont les raisons particulières à votre département qui s'y opposent. Invitez les géomètres à vous faire des propositions précises, raisonnables et appuyées sur des calculs; vous me les enverrez, et j'en rendrai compte au Gouvernement. Dans ce cas, et comme il est important de ne point retarder l'opération, vous pourriez toujours conclure un traité en vous écartant le moins possible de la base de l'instruction. Au surplus, comme cette dépense doit être imposée l'année prochaine sur toutes les communes, c'est leur intérêt que je défends; et je sais combien cette considération a de poids à vos yeux.

La dernière difficulté est celle de trouver des géomètres et des arpenteurs. Je présume qu'à mesure que le projet sera plus connu, il se présentera des citoyens instruits dans cette partie.

Les mêmes citoyens *Chanlaire* et *Laprade*, dont il a été question ci-dessus, m'ont proposé de se charger d'ouvrir dans les environs de Paris, un cours de géométrie pratique, dans lequel quatre professeurs qu'ils se sont adjoints, instruiront dans l'art de l'arpentage des jeunes gens qui ont déjà quelques connaissances en mathématiques : le Gouvernement a agréé cette proposition, et décidé que leurs élèves qui se rendraient dans les départemens, recevraient un franc par lieue pour leurs frais de route. Si le géomètre que vous nommerez éprouve des difficultés à se procurer des arpenteurs, vous voudrez bien me faire connaître le nombre de sujets dont il aurait besoin, et je ferai partir ceux qui seront suffisamment instruits. Ces frais de route ne seront pas, au surplus, à la charge du géomètre en chef.

Si même vous ne pouvez trouver aucun géomètre en chef, veuillez bien me le marquer, et je vous enverrai, ou ceux des élèves ci-dessus qui se seront le plus distingués, ou d'autres artistes de Paris.

Quelques-uns des géomètres qui ont traité avec les préfets, ont eu à-peu-prés l'idée dont je viens de vous entretenir : dans la difficulté de trouver des collaborateurs, ils se proposent de faire travailler des jeunes gens sous leurs yeux dans une première commune ; et lorsqu'ils les auront suffisamment instruits, de les charger des autres communes. Le géomètre que vous aurez choisi pourrait de même ouvrir un de ces cours pratiques et former des arpenteurs.

Je crois, citoyen préfet, avoir, par cette lettre et par celle du 12 de ce mois, relative aux experts, levé les principaux obstacles qui pouvaient arrêter la marche de ces opérations. Je ne puis que vous inviter à donner de votre côté tous vos soins pour aplanir les difficultés locales qui existeraient encore. Sans doute une opération nouvelle aussi vaste et aussi importante, doit, dans les commencemens, rencontrer des difficultés; mais nos efforts réunis parviendront à les surmonter.

Lettre du citoyen Hennet *aux Directeurs.*

Du 16 Germinal an XI.

La nomination des géomètres - arpenteurs, citoyen, a rencontré, dans plusieurs départemens, des difficultés que le ministre s'est empressé d'aplanir. Vous verrez par la copie de la lettre qu'il écrit aux préfets, que rien ne doit plus actuellement retarder l'opération.

L'instruction sur l'arpentage est sous presse ; elle sera accompagnée des modèles de calculs, de l'extrait d'une autre instruction sur la manière de laver les plans, et sur les couleurs et les signes caractéristiques à employer, et d'un plan figuratif destiné à servir de modèle : le tout sera prêt à partir dans huit ou dix jours.

Le Gouvernement, citoyen, a fait tout ce qui dépendait de lui pour détruire les principaux obstacles qui pouvaient retarder cette opération ; c'est à vous à lever les difficultés locales qu'elle pourrait encore rencontrer : le succès de ce travail est important pour les directions ; il achevera de démontrer l'utilité de leur établissement.

LETTRE des citoyens CHANLAIRE *et* LAPRADE *, géographes , Directeurs du cours de géométrie-pratique approuvé par le Gouvernement , et ouvert pour l'exécution de son arrêté du* 12 *brumaire an XI,*

Aux géomètres chargés dans les départemens des opérations d'arpentage ordonnées par cet arrêté.

Nous avons été chargés , citoyen , par le ministre des finances et par le commissaire du Gouvernement pour la répartition, d'exécuter le travail qui, à-la-fois , doit préparer l'opération géométrique ordonnée par l'arrêté du Gouvernement du 12 brumaire dernier , et fixer les bases de vérification qui assureront l'harmonie de l'ensemble , et l'exactitude des détails de cette importante opération.

Les témoignages de satisfaction que notre zèle nous a mérités, sont consignés dans la lette du ministre dont nous joindrons ici copie : vous y verrez l'encouragement qu'il nous donne pour que nous prenions part aux travaux des géomètres à qui les préfets auront accordé leur confiance.

Nous croyons avoir d'autant plus de droits à la vôtre , que nous allons vous faire des propositions aussi avantageuses à votre intérêt personnel qu'elles le deviennent au perfectionnement du travail.

Ces propositions consistent à nous charger ,

1°. Du dessin et du lavis des trois copies de chaque plan que vous devez fournir ;

2°. De la rédaction de ces copies , conformément aux modèles approuvés ;

3°. Du rattachement aux lignes parallèles et à celles perpendiculaires à la méridienne de Paris , lignes que vous serez tenu d'adapter à ces copies ;

4°. De fournir papier , couleurs et généralement tout ce qui sera nécessaire à ce travail ;

5°. De correspondre avec vous et de vous donner tous les renseignemens qui sont à notre disposition pour la partie d'art.

Nous joignons à ces propositions l'offre officieuse de de veiller au choix et à l'expédition des instrumens dont vous pourrez avoir besoin, et qu'on ne se procure guère qu'à Paris.

Après avoir calculé les dépenses qu'exigera de notre part le travail que nous nous imposons, nous avons reconnu qu'en fixant à *huit centimes* par hectare le prix des trois copies de chaque plan, nous n'étions assurés d'un bénéfice que par l'étendue du travail, par les moyens de le faciliter, et par la concurrence des sujets que nous pouvons y employer sous notre surveillance immédiate.

Nous avons provisoirement déterminé cette indemnité pour la portion qui vous concerne, et voici les bases de notre calcul:

L'étendue territoriale du département d
est de : ce département contient communes; c'est donc pour l'étendue moyenne de chaque commune hectares, et pour les communes dont vous devez lever le plan hectares,

Qui, à *huit centimes* chacun, donnent pour notre indemnité approximative francs.

Si vous comparez cette somme à celle qu'il vous en coûterait ailleurs pour les copies de plan que vous devez fournir; si vous considérez le temps que vous emploieriez vous-même, soit pour y adapter les parallèles et les perpendiculaires à la méridienne de Paris, soit pour surveiller la rédaction, le dessin et le lavis de ces plans; si enfin vous réfléchissez sur la longueur de ce travail, sur les soins qu'il exige, sur les inconvéniens de son imperfection, que nous prendrons sur notre responsabilité, nous ne doutons pas que, non-seulement vous ne vous empressiez d'accepter nos offres sous le rapport de l'économie, mais encore qu'elles ne soient propres à vous encourager dans l'entreprise de vos travaux.

L'indemnité qui vous est accordée devant être payée par quart, vous trouverez tout naturel que la quotité que nous en demandons nous rentre dans la même proportion et aux époques des paiemens qui vous seront faits.

Les receveurs sur lesquels les mandats vous seront délivrés, ne se refuseront pas, sans doute, à faire cette retenue et à nous en faciliter le recouvrement.

Cette portion d'indemnité qui nous concerne, sera définitivement liquidée après le calcul des plans ; et ce sera lors du paiement du dernier quart de la somme qui vous est allouée, que nous nous tiendrons respectivement compte du trop ou moins payé dans le rapport du nombre d'hectares qu'auront donné les communes arpentées.

Vous ne trouverez sans doute aucun inconvénient à faire exécuter dans nos bureaux à Paris le travail dont nous offrons de nous charger : au surplus, il est aisé de vous rassurer à cet égard. Et en effet, lorsque vous aurez accepté notre proposition, nous vous ferons passer des feuilles de papier en nombre proportionné à celui des communes dont vous aurez à lever le plan. Chaque géomètre fera un calque du plan qu'il aura levé ; et vous nous adresserez ces copies, d'après lesquelles les expéditions seront rédigées.

Le point essentiel est que ce calque soit exactement conforme à la minute du plan, tant sous le rapport de la construction géométrique, que sous celui de la désignation des sections et des diverses natures de propriétés.

Il faut encore que les écritures soient nettes, et que l'ordre numérique servant à indiquer les différens genres de culture, ne présente aucune confusion.

Vous sentez que ce calque devant servir de type aux copies, elles seraient nécessairement entachées de ses imperfections, s'il y en existait. La comparaison scrupuleuse des minutes avec les calques préviendra cet inconvénient.

Notre proposition n'arrête donc ni la marche de vos opérations, ni celle de l'expertise, puisque vous ne vous dessaisirez d'aucune pièce.

Du reste, le travail d'un calque est au plus celui d'un jour, vu sur-tout que le papier que nous vous enverrons a une telle transparence, que la main la moins exercée peut prendre, avec autant d'exactitude que de facilité, tous les traits de la minute.

Pour contribuer davantage encore à la célérité que le Gouvernement desire dans l'opération dont il s'agit, nous nous chargerions volontiers du calcul des plans ; mais nous pensons que vos collaborateurs pourront eux-mêmes se livrer à cette partie du travail de cabinet, quand le mauvais temps ne leur permettra pas d'aller sur le terrain.

Dans tous les cas, nous offrons de faire ces calculs moyennant deux centimes par hectare, ce qui reviendrait à-peu-près à   francs par commune arpentée.

Nous opérerions sur les calques ; et dix jours après leur

réception, nous vous enverrions les résultats des calculs, dont nous garantirions l'exactitude.

Ne voyez, au surplus, dans cette dernière offre, qu'une preuve de notre zèle à vous seconder de tous nos moyens.

Bientôt le ministre des finances adressera aux préfets une instruction très-détaillée sur les opérations géométriques à exécuter ; cette instruction sera accompagnée d'un modèle de carte par section et nature de culture, et de modèles de cahiers et tableaux qui aideront à l'intelligence du travail, en même temps qu'ils garantiront son uniformité.

Mais quelque claire, quelque développée que soit une instruction de cette nature, il est possible qu'elle ait besoin de quelque explication de détail. Si les géomètres se trouvaient dans le cas d'en demander, nous nous ferons un devoir de répondre à leurs questions ; et peut-être plusieurs d'entre eux trouveront-ils, dans cette correspondance, des moyens propres à faciliter leurs opérations.

Lettre écrite aux citoyens Chanlaire et Laprade, *par le ministre des Finances.*

Du 10 Ventose an XI.

Le zèle et l'intelligence que vous apportez, citoyens, dans le travail que je vous ai confié, et dont l'objet est de préparer les opérations géométriques ordonnées par l'arrêté des Consuls du 12 brumaire de l'an XI, m'avaient fait en quelque sorte desirer que vous pussiez prendre une part active à ces opérations, en vous concertant avec les géomètres qui auront obtenu la confiance des préfets. J'ai donc vu avec satisfaction le projet que vous avez formé à cet égard, et que vous avez soumis à mon approbation ; je suis d'autant plus persuadé de son utilité, que vous en dirigerez l'exécution : j'emploierai volontiers les moyens qui sont en mon pouvoir pour faciliter le succès de votre entreprise.

Lettre du ministre des Finances aux Préfets.

Du 1er. Floréal an XI.

L'arrêté du gouvernement, citoyen préfet, du 12 brumaire dernier, porte, article IV, que les frais d'arpentage seront supportés proportionnellement par toutes les communes du département, et imposés en l'an 12.

La majeure partie des préfets ont traité avec un géomètre en chef, et sont convenus du prix de l'arpentage par arpent métrique ; les autres ne tarderont pas à conclure de semblables traités. Il est facile de calculer par aperçu le nombre d'arpens que contiennent les communes à arpenter, et d'établir les frais de cette opération.

D'après ma lettre du 12 du mois dernier, qui vous autorise à allouer une indemnité aux experts, on peut également connaître, d'une manière approximative, la somme à laquelle pourront s'élever ces indemnités.

Enfin vous venez de recevoir les modèles annexés à l'instruction du 10 ventose dernier sur l'arpentement ; l'imprimeur du département peut vous remettre un devis du prix des cadres qu'il doit réimprimer, tant d'après cette instruction que d'après celles que vous avez reçues antérieurement.

Je vous prie, en conséquence, de faire diriger par le directeur des contributions, un état du montant des dépenses des trois natures ci-dessus. Vous voudrez bien l'examiner, y faire les changemens que vous jugerez convenables, et l'arrêter ensuite définitivement. Vous croirez sans doute, en mettant dans cette fixation toute l'économie possible, devoir cependant vous ménager une marge, dans le cas où, par l'évènement, les dépenses viendraient à excéder leur montant présumé.

Vous pourrez aussi, si le total de cet état présente une fraction, arrondir la somme de manière que, comparée au principal de la contribution foncière de l'an 12 de votre département, elle présente une proportion simple et facile à calculer, telle qu'un demi centime, ou trois cinquièmes ou deux tiers de centime, etc.

Lorsque vous aurez constaté cette proportion, vous ajouterez à vos mandemens pour la contribution foncière, à la suite des dépenses variables, ce qui suit :

Pour les frais de l'arpentement et de l'expertise des communes, conformément à l'article IV de l'arrêté du Gouvernement du 12 brumaire an XI, à raison de à la somme de

Ci......................

TOTAL *du présent mandement*...

Les sous préfets feront la même addition à leurs mandemens. Vous aurez soin, en conséquence, de faire observer cette addition dans la réimpression des modèles de mandement qui accompagnaient ma lettre du 16 germinal dernier, relative au répartement de l'an 12.

Je vous serai obligé de m'envoyer une copie de l'état de ces dépenses tel que vous l'aurez arrêté, en indiquant au bas la proportion de leur montant avec le principal de la contribution.

LETTRE du citoyen HENNET *aux Directeurs.*

Du 1er. Floréal an XI.

J'ai l'honneur de vous envoyer, citoyen, une copie de la circulaire que le ministre vient d'écrire aux préfets pour l'imposition, en sus du principal de la contribution foncière, des centimes additionnels nécessaires aux frais d'arpentage et d'expertise des communes.

LETTRE du citoyen HENNET, *aux Directeurs des contributions.*

Du 4 Ventose an XI.

L'intention du Gouvernement, citoyen, étant que les

travaux relatifs à la répartition de la contribution foncière soient menés avec la plus grande activité, le ministre desire être instruit des progrès successifs de cette opération. J'ai l'honneur, en conséquence, de vous envoyer plusieurs cadres en blanc destinés à présenter, de semaine en semaine, la situation de ces travaux.

Vous porterez, dans la première colonne, les noms des communes à arpenter et à expertiser; dans la seconde, les noms de l'inspecteur ou des contrôleurs chargés de chaque commune; la troisième énoncera le résultat des opérations.

Les premiers états que vous voudrez bien m'envoyer, ne pourront indiquer, dans cette colonne, que les matériaux et renseignemens rassemblés par vous ou vos collaborateurs: elle fera connaître que pour telle commune on est parvenu à réunir un ancien terrier, la matrice du rôle foncier de 1791, la nouvelle matrice d'une des années postérieures, deux baux nationaux; que pour telle autre commune, on a rassemblé une ancienne carte topographique ou plan particulier du territoire, une vérification générale faite pour les vingtièmes, trois baux particuliers, deux actes de ventes.

Je vous observerai, à cet égard, que les seuls actes de ventes ou de partage dont on puisse faire usage, sont ceux antérieurs à 1790, époque où le retrait lignager ou féodal empêchait de dissimuler la véritable valeur des biens. Depuis cette époque, la valeur vénale a éprouvé tant de variations, qu'il n'est plus possible d'établir des estimations sur des données aussi incertaines.

Les états que je vous demande deviendront plus intéressans à mesure que les opérations avanceront: le ministre y verra successivement les nominations du géomètre-arpenteur et de ses collaborateurs, celles des experts, les dates de l'ouverture de leurs travaux, la formation des tableaux comparatifs des anciennes et nouvelles mesures, celle des tarifs du prix des denrées, etc. etc. Enfin ces notes, dont la rédaction devra être succinte, pourront, en les rassemblant, présenter tout l'historique de l'opération.

Je vous invite à vous attacher à former, dans ce moment, pour chacune des communes désignées, la collection des matériaux la plus propre à faciliter les travaux des contrôleurs; et le premier état que vous m'enverrez, donnera sans doute au ministre une idée du succès que ce travail important obtiendra dans votre département.

Cet état présente dans la première colonne les communes à expertiser ; dans la deuxième les contrôleurs chargés de l'opération ; dans la troisième la situation des travaux.

LETTRE du citoyen HENNET *aux Directeurs des contributions.*

Du 10 Ventose an XI.

Toutes les opérations, citoyen, prescrites par l'arrêté des consuls, du 12 brumaire dernier, pour l'arpentement et l'expertise des communes, doivent être faites d'après le nouveau système des poids et mesures ; il m'a paru convenable, dès-lors, de donner aux contrôleurs quelques instructions précises sur cet objet.

Les avantages de l'uniformité des poids et mesures sont trop universellement reconnus, pour que j'entre, à cet égard, dans aucun détail ; ce vaste plan dont on avait conçu l'idée il y a plusieurs siècles, va enfin se réaliser pour la France. Rien de plus beau que le système qui a été adopté, puisqu'il repose, d'une part, sur la mesure invariable d'un degré de la terre, et de l'autre sur le calcul décimal, qui facilite et abrége toutes les opérations arithmétiques.

Il faut donc saisir toutes les occasions de propager la connaissance de ce nouveau système, et d'y habituer les peuples ; et les travaux ordonnés pour la contribution foncière, me paraissent un moyen infiniment précieux d'arriver à ce but.

Une des causes qui retardaient l'introduction de ce nouveau système, était les noms tirés du grec et du latin que l'on avait donnés aux nouvelles mesures, noms qui, quoique biens choisis en eux-mêmes, rebutaient les habitans des campagnes. Les consuls, par leur arrêté du 13 brumaire an 9, ont détruit cet obstacle, en permettant de traduire ces dénominations par des expressions françaises déjà connues.

Le ministre a cru entrer dans les vues du Gouvernement en adoptant ces dernières dénominations ; mais comme elles pourraient se confondre avec les anciennes mesures qui portent déjà ces mêmes noms, il est important de bien convenir des véritables poids et mesures que représentent aujourd'hui ces anciens noms adaptés au nouveau système.

Je joins ici une table des nouvelles mesures avec les noms systématiques traduits en noms vulgaires.

Ainsi, quand vous lisez dans l'instruction ou dans les lettres du ministre et les modèles y joints, les mots *lieue*, *mille*, *arpent*, *perche*, *muid*, *etc.*, il s'agit de lieue métrique, mille métrique, etc., et ces mots sont synonymes de ceux de *myriamètre*, *kilomètre*, *hectare*, *are*, *kilolitre*, *etc.*

Tous les contrôleurs doivent donc opérer en nouvelles mesures et en noms vulgaires, attendu que les habitans des campagnes auront beaucoup plus de facilité pour s'y accoutumer.

J'ai reconnu, en composant les huit modèles joints à la lettre du ministre du 22 de ce mois, combien tous les calculs étaient difficiles pour les personnes peu accoutumées aux opérations arithmétiques. Vous pourriez dès-lors inviter les contrôleurs à étudier le calcul décimal ; ceux qui y trouveraient des difficultés, pourraient, comme l'ont fait quelques contrôleurs, se faire seconder par des personnes instruites dans cette partie.

Je crois enfin devoir leur indiquer un ouvrage qui leur serait très-utile, et qu'ils pourront se procurer à peu de frais, le *Manuel pratique et élémentaire des poids et mesures, et du calcul décimal*, *approuvé par le ministre de l'intérieur*; par S. A. Tarbé *Membre de la Société d'agriculture et arts de Seine-et-Marne. A Paris*, *chez* Rondonneau, *libraire*, *au* Dépot des Lois, *place du Carrousel.* Prix un franc cinquante centimes, et 2 fr. franc de port.

Tableau

TABLEAU du nouveau système métrique, en noms systématiques et en noms vulgaires.

NOMS SYSTÉMATIQUES.	VALEURS NOUVELLES exprimées SYSTÉMATIQUEMENT.	NOMS VULGAIRES.	VALEURS NOUVEL. exprimées VULGAIREMENT.
MESURES ITINÉRAIRES.			
Myriamèt..	10,000 *Mètres....*	Lieue.....	10,000 Mètres..
Kilomètre..	1,000 *Mètres ....*	Mille.....	10ᵉ de lieue mét.
MESURES DE LONGUEUR.			
Décamètre.	110 *Mètres....*	Perche. . .	10 mètres.
Mètre.....	....	Mètre. . .	
Décimètre..	10.ᵉ *de Mètre.*	Palme. . .	10ᵉ de mètre.
Centimètre.	100.ᵉ *de Mètre.*	Doigt....	10ᵉ de Palme.
Millimètre.	1,000.ᵉ *de Mètre.*	Trait.. . .	10ᵉ de Doigt.
MESURES AGRAIRES.			
Hectare. . .	10,000 *Mètres car.*	Arpent.. .	10,000 mètr car.
Are.	100 *Mètres car.*	Perche car.	100ᵉ d'Arp.mét
Centiare. . .	1 *Mètre carré.*	Mètre car..	100ᵉ de Per.car.
MESURES DE CAPACITÉ POUR LES LIQUIDES.			
Décalitre. .	10 *Décim. cubes.*	Velte. . .	10 Palmes cub.
Litre. . . .	1 *Décim. cube..*	Pinte.. . .	1 Palme cube.
Décilitre...	10ᵉ *de Décim. cube*	Verre. . .	10ᵉ de Pal. cub.
MESURES DE CAPACITÉ POUR LES MATIÈRES SÈCHES.			
Kilolitre....	1 *Mètre cube. . .*	Muid.. . . .	1 Mètre cube.
Hectolitre..	100 *Décim. cubes.*	Setier. . . .	100 Palmes cub.
Décalitre...	10 *Décim. cubes..*	Boisseau...	10 Palmes cub.
Litre. . . .	1 *Décim. cube..*	Pinte. . . .	1 Palme cube.

NOMS SYSTÉMATIQUES.	VALEURS NOUVELLES exprimées SYSTÉMATIQUEMENT.	NOMS VULGAIRES.	VALEURS NOUVELL. exprimées VULGAIREMENT.
	MESURES DE SOLIDITÉ.		
Stère. . . .	1 *Mètre cube. . .*	Stère. . . .	1 Mètre cube.
Décistère...	10ᵉ *de Mètre cube.*	Solive. . .	10ᵉ de mètre cub.
	POIDS.		
. . . .	. . . .	Millier. . .	1,000 Livres mét.
. . . .	. . . .	Quintal. . .	100 Livres.
Kilogram...	. . . .	Livre.. . .	10 Onces.
Hectogram.	. . . .	Once.. . .	10 Gros.
Décagram..	. . . .	Gros. . . .	10 Deniers.
Gramme....	*Poids de l'eau dans le volume d'un centimètre cube.*	Denier. . .	10 Grains.
Décigram. .	. . . .	Grain. . .	10ᵉ de Dernier.

Lettre *du citoyen* Hennet *aux Directeurs des contributions.*

Du 15 Ventose an XI.

La correspondance de quelques directeurs m'apprend, citoyen, qu'il s'est glissé beaucoup d'erreurs dans la nomenclature des communes désignées par le sort pour être arpentées et expertisées cette année. Dans plusieurs départemens, la liste des communes désignées présente des noms inconnus, porte une commune qui a deux noms comme formant deux communes, énonce comme commune ce qui n'est que la banlieue d'une ville ou un simple hameau. Il est indispensable de rectifier ces erreurs.

Si la liste que j'ai eu l'honneur de vous adresser le 22 pluviose dernier présente ces défectuosités, il serait impossible de les rectifier par un nouveau tirage au sort; vous voudrez bien alors m'indiquer d'autres communes, et, libre dans votre choix, vous aurez soin de chercher des communes qui, sans être trop étendues, renferment des biens de différentes natures, se trouvent placées dans le centre de la justice de paix, et ne soient pas trop voisines des autres communes à arpenter.

Le tirage au sort a présenté un autre inconvénient, celui de désigner quelquefois trois ou quatre communes situées dans l'arrondissement d'un contrôleur, tandis qu'un autre contrôleur n'a dans son arrondissement qu'une seule commune, ou même n'en a point.

On ne pourrait changer ces communes sans s'écarter de l'arrêté du 12 brumaire; mais vous pourrez avoir égard à cet inconvénient, et le faire disparaître, au moins en partie, dans le choix des nouvelles communes qu'il sera indispensable de proposer d'après les observations ci-dessus. Je vous serai obligé de m'en envoyer l'indication le plutôt possible, pour que je puisse prendre les ordres du ministre.

INSTRUCTION *pour la communication des registres de l'enregistrement et des baux à ferme, partages et adjudications de domaines nationaux aux contrôleurs des contributions directes.*

Du 13 Ventose an XI.

Le conseiller d'état, directeur général de l'administration de l'enregistrement et des domaines, donne l'instruction dont la teneur suit :

Un arrêté du Gouvernement du 12 brumaire dernier, a prescrit de nouvelles opérations pour parvenir à une meilleure répartition de la contribution foncière. L'instruction qui y est annexée, porte que les experts chargés de l'évaluation des revenus fonciers, devront consulter les baux à ferme, les partages, les ventes, et tous les actes translatifs de propriété des immeubles.

Pour l'exécution de cette mesure, le ministre des finances a chargé les contrôleurs des contributions directes de faire, dans les bureaux de l'enregistrement et des domaines, des relevés des baux à ferme et autres actes propres à faire connaître la nature, la consistance, la valeur vénale, le produit brut, et le produit net des biens-fonds.

Les receveurs de l'enregistrement et des domaines devront, en conséquence, communiquer, sans déplacer, à ces employés, les baux à ferme, partages, ventes, adjudications et autres actes indiqués, concernant les domaines nationaux, ainsi que les tables alphabétiques, et, au besoin, les registres d'actes, et ceux des déclarations des héritiers, donataires et légataires.

L'importance de cette opération, et le grand intérêt que le Gouvernement attache à son succès, imposent aux employés de l'enregistrement et des domaines l'obligation d'y concourir par tous les moyens qui sont à leur disposition.

Il leur est expressément recommandé d'aider les contrôleurs des contributions directes dans leurs recherches, de leur indiquer les procédés les plus propres pour parvenir à recueillir avec rapidité le plus de renseignemens possibles, et de suppléer, d'après leurs connaissances locales, aux détails qui ne seraient pas exprimés dans les enregistremens.

La présente Instruction, à l'exécution de laquelle les administrateurs sont invités à tenir la main, sera transmise, par les directeurs, à tous les employés qu'elle se trouve concerner. Ils veilleront à ce qu'ils s'y conforment.

LETTRE *du ministre des Finances aux Préfets.*

Du 26 Germinal an XI.

J'ai l'honneur de vous envoyer, citoyen préfet, l'instruction que j'ai approuvée le 10 ventose dernier, sur l'arpentage des communes, avec une addition sur le calcul des plans, les modèles des trois cahiers de ces calculs, et le modèle du résultat du procès-verbal de l'arpenteur, qui remplacera celui n°. 3, joint à ma lettre du 22 pluviose dernier.

Je joins également ici des collections de ces instructions et modèles, en nombre égal à celui des communes à arpenter dans votre département, et une collection de plus pour le géomètre en chef. Vous voudrez bien remettre le tout à ce dernier, et lui recommander de n'en donner qu'une à chacun de ses collaborateurs actuels, de manière à en réserver et pour n'être pas dans le cas de la faire réimprimer.

Vous n'aurez donc à faire réimprimer que des cadres des quatre modèles, dépouillés de tous les calculs fictifs qu'ils contiennent, et prêts à recevoir les calculs réels des arpenteurs.

A cette instruction devaient encore être joints, 1°. le plan figuratif d'une commune pour servir de modèle à tous les plans; 2°. l'extrait d'une grande instruction, rédigée par ordre du Gouvernement, sur les signes caractéristiques et les couleurs à employer dans les plans. Ces deux objets ne sont pas encore prêts, et vous les recevrez très-incessamment.

Mais le plan n'étant que la dernière opération de l'arpenteur, on peut toujours aller en avant sur l'arpentage; et rien ne doit plus actuellement retarder ce travail.

Dans la crainte que tous les arpenteurs ne fussent pas munis des instrumens nécessaires, je me suis fait remettre, par le citoyen *Lenoir*, faiseur d'instrumens de mathématiques, et par le citoyen *Lerebours*, opticien, un devis du prix de ces instrumens; je vous envoie un exemplaire de ce devis, en vous priant de le communiquer au géomètre en chef, qui pourra ensuite s'adresser à l'un de ces deux artistes. Il n'y a pas, à cet égard, un moment à perdre, attendu que la confection des instrumens exige beaucoup de temps.

LETTRE du citoyen HENNET aux Directeurs des contributions.

Du 26 Germinal an XI.

J'ai l'honneur, citoyen, de vous envoyer deux collections de l'instruction approuvée par le ministre, le 10 du mois dernier, sur l'arpentage des communes, et une copie de la lettre d'envoi du ministre aux préfets. Vous voudrez bien donner une de ces collections à l'inspecteur, qui, dans ses tournées, la communiquera aux contrôleurs, à qui je n'ai pas pensé qu'elle fût absolument nécessaire.

INSTRUCTION sur la levée des plans du territoire des communes de la République, approuvée par le ministre des Finances le 10 ventose an XI.

L'arrêté du Gouvernement du 12 brumaire an 11, ordonnant l'arpentage par masse et par nature de propriétés, d'un certain nombre de communes de la République, il paraît convenable, pour l'exactitude de ce travail, de prescrire une marche uniforme aux géomètres qui seront chargés de l'exécuter, et de bien fixer les bases de leurs opérations.

Les points principaux de chaque département et même de chaque arrondissement communal étant donnés par des chaînes de triangles qui seront indiquées aux géomètres, chacun pour ce qui le concerne, il existera entre toutes les opérations de détail une harmonie parfaite, qui assurera et facilitera tout-à-la-fois les moyens de vérification.

Les plans doivent reposer sur trois bases principales; savoir :

1°. L'uniformité de disposition,

2°. L'uniformité d'échelle,

3°. Le rattachement à des points pris au dehors de la partie du territoire décrite.

Par *uniformité de disposition*, on entend la manière d'orienter les plans ; ils devront, comme les cartes géographiques, être tous orientés plein nord, eu égard cependant à la déclinaison de l'aiguille aimantée, calculée à l'Observatoire de Paris.

Par *uniformité d'échelle*, on entend que les plans seront dressés à la même échelle.

Les plans ayant pour objet de présenter les diverses contrées d'un même territoire et la nature des propriétés diverses que renferme chacune de ces contrées, on a pensé que l'échelle d'un sur le papier à cinq mille sur le terrain était suffisante ; elle offre d'ailleurs l'avantage de pouvoir le plus ordinairement présenter, sur une feuille de papier dit *grand-aigle*, le terrain d'une commune, qui, au taux moyen, se trouve d'environ douze cents arpens métriques ou hectares. Les essais qui ont été faits prouvent que (à moins d'un cas extraordinaire) on peut aisément exprimer sur cette échelle les parties d'une contrée qui sont en terres, celles qui sont en vignes, et enfin celles en prés ou bois. Cette échelle est d'ailleurs celle adoptée par l'arrêté des Consuls du 13 messidor dernier, concernant l'aménagement des forêts des départemens de la rive gauche du Rhin.

Les plans étant destinés à offrir une portion de territoire comprise entre ce qu'on nomme des *tenans immuables*, exprimeront les rivières, ruisseaux, ravins, fossés, chemins, et les édifices principaux compris dans cette section de territoire : on y indiquera la nature différente des propriétés que renferme la section, et les terres, les prés, les vignes, les bois, les landes, marais, etc., seront distingués et circonscrits. La superficie de chacune de ces propriétés sera calculée séparément par section, et offrira ainsi l'ensemble de l'étendue territoriale de la section. Les sections d'un même territoire étant réunies, on obtiendra l'ensemble de l'étendue du territoire.

Avant d'entreprendre la levée du plan d'un territoire, il est nécessaire de commencer par en bien fixer le périmètre ou la ligne de circonscription, et de rattacher les points principaux de cette ligne à d'autres points pris dans les territoires environnans.

Cette ligne de circonscription du territoire de la commune dont on aura à lever le plan, ainsi bien fixée et bien rattachée, on s'occupera de circonscrire les diverses sections de ce territoire. Une section circonscrite, on délimitera de même dans l'intérieur les propriétés de diverses natures qui en constituent l'ensemble ; et cette manière d'opérer, en concentrant et divisant les erreurs qui pourraient s'introduire, assurera un rapport exact entre toutes les opérations.

En effet, les lignes qui séparent les départemens, celles qui séparent les arrondissemens communaux et les justices de paix, sont toujours des lignes de circonscription du territoire d'une commune; ces lignes une fois bien fixées, les géomètres qui opéreront dans deux départemens qui se touchent, seront d'accord sur la ligne de division. Il en sera de même de ceux qui opéreront dans deux arrondissemens communaux voisins, dans deux justices de paix limitrophes; parce que ce sera toujours opérer sur des territoires de communes qui se touchent, et que les points de rattachement, respectivement pris et liés à ceux indiqués par les grandes chaînes de triangles, assureront invariablement l'ensemble de l'opération.

Après avoir tracé le périmètre, soit du territoire entier d'une commune, soit des diverses sections que ce territoire renferme, il est encore nécessaire de circonscrire le chef-lieu de la commune auquel aboutissent le plus ordinairement les divisions de son territoire. Le périmètre de la commune, celui des terrains clos attenans aux habitations et censés faire partie du chef-lieu même de la commune, seront décrits ainsi qu'il a été dit.

Beaucoup des dispositions qu'on vient de rappeler sont familières aux arpenteurs forestiers, parce que l'administration générale des forêts en a fait la base de son instruction du 7 frimaire an 10, et des circulaires y relatives; les arpenteurs forestiers semblent donc, sous ce rapport, plus particulièrement appelés à l'exécution du travail dont il s'agit.

C'est dans la vue d'accélérer et d'assurer les opérations des géomètres auxquels cet important travail sera confié, et d'obtenir des résultats utiles à la répartition de la contribution foncière, que le Ministre va tracer la marche que les géomètres auront à suivre dans leurs opérations.

TITRE PREMIER.

Instrumens.

§. Ier. Chacun des géomètres chargés de lever les plans, sera pourvu,

1°. D'un instrument propre à mesurer les angles horizontaux et ceux d'inclinaison ;

2°. D'une boussole d'un décimètre au moins de diamètre ;

3°. D'une planchette ordinaire ;

4°. D'une chaîne de dix mètres, divisée en mètres, subdivisée en décimètres ;

5°. D'une régle de métal sur laquelle seront gravées les divisions du mètre, à l'effet d'obtenir avec précision le rapport d'un à cinq mille.

II. Pour s'assurer de l'exactitude de ces instrumens, ainsi que de leur uniformité, les géomètres qui n'en seraient pas pourvus, seront tenus de les prendre au dépôt qui leur sera indiqué.

Dans le cas où ces instrumens seraient remis aux géomètres, et qu'ils désireraient n'être pas tenus d'en acquitter sur le-champ le prix, ils donneront leur reconnaissance portant obligation de tenir compte de ce prix, sur le montant des sommes qui leur seront allouées.

TITRE II.

Echelles des plans.

§. Ier. Il y aura pour la rédaction des plans, dans les communes où cela sera indispensable, deux échelles ; savoir : l'une pour les plans trigonométriques ou tableau d'assemblage, et l'autre pour les plans des territoires.

II. L'échelle du tableau d'assemblage sera d'un sur le papier pour dix mille sur le terrain ;

Celle du plan du territoire, d'un sur le papier pour cinq mille sur le terrain.

TITRE III.

Orientement des plans.

Tous les plans, de quelque nature qu'ils soient, seront orientées *plein nord*, eu égard, cependant, à la déclinaison de la boussole calculée à l'observatoire de Paris.

TITRE IV.

Mesure de la base.

§. Ier. Le géomètre choisira dans l'étendue du territoire dont il aura à lever le plan, un emplacement où il puisse mesurer une base en ligne droite.

II. Les extrémités de cette base seront fixées par des bornes dont la position sera constatée par un procès-verbal dressé en conformité de l'article II de la loi du 23 septembre 1791.

III. Cette base sera mesurée au moins deux fois, en sens contraire, pour s'assurer exactement de sa longueur, et dans l'opération de ce mesurage, la chaîne sera toujours tenue de niveau.

IV. La longueur de la base, ainsi déterminée, sera énoncée dans le procès-verbal.

TITRE V.

Périmètre du territoire.

§. Ier. La base, ainsi bien fixée, le géomètre s'en servira pour relever trigonométriquement les principaux points du territoire de la commune, et placera des signaux sur les hauteurs, ou dans les lieux les plus apparens, pour former les sommets des triangles.

II. Il procédera ensuite à la reconnaissance de la ligne de circonscription du territoire de la commune, et déterminera cette ligne, de concert tant avec les maires et adjoints de cette commune, qu'avec les maires et adjoints des communes limitrophes.

III. Cette ligne de circonscription déterminée, le géomètre commencera ses opérations trigonométriques sur chacune des deux extrémités de la base.

Il observera tant les points principaux existans, et les signaux qu'il aura placés sur le territoire de la commune, que les clochers ou autres points remarquables du territoire des communes environnantes.

IV. Il mesurera avec soin les trois angles de chaque triangle, à moins que des obstacles locaux ne le forcent de conclure le troisième.

V. La position de la base sur laquelle opérera le géomètre, sera liée aux bases de même nature, s'il en existe sur le territoire des communes voisines.

TITRE VI.

Plans.

§. Ier. Le géomètre procédera ensuite à la levée des plans de l'espace dont le périmètre est formé par les chemins, rues, rivières, ruisseaux, canaux, et autres lignes de démarcation dépendantes de l'autorité publique.

II. Il rattachera l'ensemble de ces lignes au plus grand nombre de points possible pris parmi les signaux et les objets observés dans le territoire de la commune, et même pris dans les territoires environnans, quand il opérera à l'extrémité de la commune à décrire.

III. Le géomètre divisera en sections le territoire dont il aura à lever le plan.

IV. Il adoptera, de concert avec le contrôleur des contributions, les divisions qu'indique la loi du 1er. décembre 1790, à moins qu'elles ne présentent de l'irrégularité ou de la confusion.

V. Si le géomètre et le contrôleur croient nécessaire de déterminer de nouvelles sections, ils leur donneront pour limites, autant qu'il sera possible, des chemins, rivières, ruisseaux ou autres tenans immuables.

TITRE VII.

Registre des opérations.

§. Ier. Tous les angles et toutes les longueurs seront mesurés et écrits avec soin sur des registres particuliers qui seront fournis aux géomètres.

II. Ils seront tenus de se conformer à l'ordre établi par ces registres, et de les déposer à la fin du travail, ou lors de sa vérification dans les bureaux du ministre des finances.

TITRE VIII.

Levée et construction des plans.

§. Ier. Le géomètre commencera par placer sur la minute du plan, la base et tous les triangles dont elle est un des côtés, en indiquant sur cette minute l'ouverture des angles et la longueur des côtés de chacun de ces triangles, ainsi que les distances à la méridienne et à la perpendiculaire de l'observatoire de Paris, des points divers formant le sommet des angles observés.

II. Il rapportera les points principaux du plan, et indiquera les triangles qui lient cette base aux bases des communes voisines (s'il y a été fixé de pareilles bases,) ou aux points observés dans le territoire de ces communes.

A cet effet, il prolongera les lignes jusqu'à l'encadrement, et cotera la longueur de ces lignes, ainsi que l'angle qu'elles forment avec la base.

III. Dans le cas, assez ordinaire, où tous les points observés, tant au dedans qu'au dehors du territoire de la commune à décrire, excéderaient, en construisant le plan à l'échelle d'un pour cinq mille, les dimensions d'une feuille de papier format dit *grand-aigle*, ces opérations trigonométriques seront rapportées à l'échelle d'un sur le papier pour dix mille sur le terrain ; ce qui réduira au quart les dimensions du plan.

IV. Ce plan, dressé à l'échelle d'un pour dix mille, sera divisé en carreaux, dont les lignes seront tirées à un nombre rond de mille mètres de distance à la méridienne et à la perpendiculaire de l'observatoire de Paris. Ce plan formera le tableau d'assemblage, indiquant le nombre de feuilles de développement nécessaires pour donner à l'échelle d'un à cinq mille, le territoire entier de la commune.

V. Les carreaux du tableau d'assemblage seront cotés d'un numéro correspondant à chacune des feuilles de développement, formant le plan de masse de la commune qui devra être dressé à l'échelle d'un à cinq mille.

VI. Chaque carreau du tableau d'assemblage, formant une feuille particulière du plan de masse, aura les mêmes dimensions que celles du papier propre à être commodément placé sur la planchette.

TITRE IX.

Détails du plan.

§. Ier. Le plan étant bien circonscrit, le géomètre y

placera d'abord les bornes existantes et séparatives soit des territoires des communes, soit des sections d'un même territoire.

II. Dans chacune de ces contrées ou sections, il désignera les propriétés de diverses natures, indiquera le périmètre des terres, bois, prés, vignes, marais, landes, rivières, ruisseaux, étangs, ravins, qui se trouvent dans cette contrée. Le périmètre des bois appartenant à la République, et de ceux dont elle jouit par indivis, sera exactement désigné.

III. Chaque nature de propriété sera distinguée par un numéro particulier.

IV. Lorsque l'article à numéroter se trouvera compris dans deux feuilles du plan, le géomètre écrira le numéro de cet article dans chaque feuille et sur la ligne de séparation des deux feuilles.

V. A la droite de chaque numéro, le géomètre écrira le nom de la nature de propriété à laquelle ce numéro correspond.

VI. On suivra, autant qu'il sera possible, l'ordre des nombres dans l'indication de chaque numéro.

VII. Chaque section aura son ordre de numéros particulier.

TITRE X.

Rédaction et dessins des plans.

§. Ier. Les plans porteront la date du jour où ils auront été terminés ; ils seront dessinés au simple trait à l'encre de la Chine, de manière à présenter les divers accidens du terrain, et à indiquer les objets susceptibles d'être exprimés par des traits de couleur dans les expéditions, comme il sera dit ci-après.

II. Le géomètre figurera par des hachures sur sa minute, les montagnes, ravins, cavités et élévations sensibles qu'offrira le terrain.

III. Les limites et lignes de circonscription seront tracées avec le plus grand soin au trait à l'encre de la Chine.

IV. Le géomètre, au moment même où il sera sur le terrain, écrira sur sa minute le nom des hameaux, contrées, fermes, établissemens ou habitations isolées, chemins, ravins, rivières, ruisseaux, etc., ainsi que le nom des communes limitrophes.

V. Les écritures des minutes seront en caractères de *bâtarde*.

VI. Ces écritures seront disposées, autant qu'il sera possible, horizontalement, et de la manière la plus avantageuse pour indiquer les objets qu'elles concerneront.

VII. Les calculs de la superficie des plans devront donner la contenance, en hectares ou arpens métriques,

1°. De chaque section de territoire;

2°. De chaque nature de propriété comprise dans une section;

3°. De chaque nature de propriété comprise dans les diverses sections, numériquement désignées;

4°. Celle des chemins, rivières, ruisseaux, forêts nationales, etc., et autres objets non imposables;

5°. Enfin, du territoire entier de la commune.

VIII. Ces calculs seront faits d'après des formules et tableaux que recevra le géomètre en commençant son travail, et qu'il sera tenu de déposer, à mesure de ses opérations, dans les bureaux du ministre des finances.

TITRE XI.

Périmètre du chef-lieu.

§. Ier. Le plan ainsi levé et rapporté, le géomètre circonscrira le chef-lieu de la commune, ainsi que les terrains clos y attenans et réputés en faire partie.

II. Il tracera les rues, places publiques, chemins et autres divisions que pourra offrir l'intérieur de ce chef-lieu.

TITRE XII

Copie des plans.

§. Ier. Les géomètres copieront les minutes des plans, en les calquant trait pour trait.

II. Il ne sera fait, dans la copie des plans et à la manière dont ils seront dessinés sur la minute, aucun changement autre que ceux nécessaires pour présenter à l'œil avec plus de facilité les objets décrits.

III. Ces changemens et les signes topographiques seront indiqués dans un modèle de plan, auquel le géomètre sera tenu de se conformer.

IV. Les écritures des copies de plan seront également indiquées dans le modèle.

V. Le géomètre fournira trois copies de chaque plan ; savoir,

Une pour la commune ;

Une pour le département, qui restera déposée dans les bureaux du directeur des contributions,

Et la troisième pour le Gouvernement, qui sera déposée dans les bureaux du ministre des finances.

TITRE XIII.

Minute des opérations.

§. Ier. Le géomètre restera dépositaire de la minute de ses opérations, et sera dispensé d'en rappeler les calculs sur les expéditions de ses plans.

II. Le géomètre sera tenu de communiquer ces minutes, soit lors de la vérification des plans, soit dans toute autre circonstance qui pourra nécessiter cette communication.

TITRE XIV.

Vérification du travail.

§. Ier. La vérification du travail des arpenteurs se fera avant le paiement du dernier quart de leurs travaux, et elle aura lieu de la manière qui sera indiquée par le ministre.

II. Cette vérification se fera dans les trois mois de la remise des plans. Le défaut de vérification dans ce délai ne suspendra pas le paiement du dernier quart de travaux ; mais il ne pourra servir de prétexte aux géomètres pour se refuser à toute autre vérification postérieure.

INSTRUCTION additionnelle sur l'arpentage et l'expertise des communes dans lesquelles il existe déjà des plans ou des cadastres; approuvée par le ministre des Finances le 20 floréal an XI.

Il existe dans plusieurs départemens de la République, tels que celui du Mont-Blanc, ceux de la ci-devant Haute-Guyenne, les six nouveaux formés du ci-devant Piémont, et autres, des cadastres faits avec beaucoup de soin, plus détaillés même que ceux prescrits par l'arrêté du Gouvernement du 12 brumaire dernier, parce que ce sont des cadastres parcellaires, indiquant séparément toutes les propriétés particulières.

Ces cadastres auraient donc rempli d'avance, et même au-delà, l'objet des opérations ordonnées par le Gouvernement; cependant trois considérations importantes exigent, non que le travail soit recommencé en entier, mais qu'il soit ramené aux résultats que doivent donner en dernière analyse les nouvelles opérations.

1°. Il peut être arrivé, dans les délimitations des communes ou dans la consistance des terres, des changemens considérables, sur-tout pour les communes dont les cadastres remontent à cinquante ans ou au-delà.

2°. Plusieurs de ces cadastres ne comprenaient pas ou n'énonçaient que pour mémoire les biens nobles, ecclésiastiques ou immunes.

3°. Ces cadastres, notamment ceux du Piémont, formés sur des échelles et des allivremens différens pour les différentes communes, ne sont utiles que pour la répartition entre les contribuables, et ne remplissent nullement le principal vœu de l'arrêté du 12 brumaire dernier, celui de servir de base pour la répartition entre les communes, entre les arrondissemens, et enfin entre les départemens.

Il est donc indispensable d'avoir, pour les communes désignées par le sort et déja cadastrées, 1°. un nouveau plan absolument conforme à tous ceux qui vont être levés, et ensuite une nouvelle expertise telle qu'elle est ordonnée par le Gouvernement.

Mais, si les plans déjà existans et les évaluations déjà faites ne sont pas suffisans, ils n'en sont pas moins très-utiles, et l'on peut les regarder comme un très-grand pas fait dans le nouveau travail.

En

En effet, pour les plans, il ne s'agit que de s'assurer de leur exactitude, de les réduire à l'échelle d'un à 5,000, et de traduire les mesures anciennes en mesures nouvelles.

Pour les évaluations, il ne s'agit que de vérifier un nombre d'articles suffisant pour constater la juste proportion des évaluations entre elles, reporter ensuite la livre fictive du cadastre au revenu positif qu'elle donne actuellement, étendre cette évaluation aux biens précédemment privilégiés, et exprimer le tout en mesures et en monnaies nouvelles. Tel est le but de la présente instruction.

PREMIÈRE PARTIE.

Levée du plan.

§. Ier. Le géomètre commencera par vérifier la base qui a servi à la levée de l'ancien plan de la commune, et fixera les extrémités de cette base. *Instruction du* 10 *ventose an* 11, *titre IV.*

II. Il rattachera à cette base plusieurs points pris parmi ceux qui ont dû être observés lors de la levée du plan, tant dans l'intérieur de la commune que dans les territoires environnans.

III. Si l'on ne peut retrouver la trace de cette base, il en sera mesuré une autre dans toutes les formes prescrites. *Même instruction, titres IV et V.*

IV. Le géomètre procédera ensuite à la reconnaissance des limites du territoire de la commune, pour s'assurer si elles n'ont point éprouvé de changemens depuis la levée de l'ancien plan.

V. En cas de changemens, il procédera à la circonscription actuelle du territoire, et en fixera les nouvelles limites. *Même instruction, titre V, § II, III, IV et V.*

VI. Le géomètre tracera ensuite, sur le plan, deux lignes droites, qui, se coupant à angles droits vers le centre de la commune, traverseront, chacune diamétralement, le terroire de la commune.

VII. Ces lignes tracées sur le plan, le géomètre les mesurera horizontalement sur le terrain, et s'assurera si leur longueur est la même que celle indiquée par l'échelle du plan.

VIII. Si la longueur des lignes, ainsi calculée, diffère

d'un centième de celle donnée par l'ancien plan, ce plan sera reconnu défectueux, et il sera procédé à la levée d'un nouveau plan. *Même instruction*, *titres IV et suivans.*

IX. S'il n'existe point d'erreur, ou si cette erreur se trouve au-dessous d'un centième, en plus ou moins, dans la longueur des lignes, cet ancien plan sera réduit en un nouveau plan, par les procédés ordinaires, à l'échelle d'un sur le papier, à 5,000 sur le terrain.

X. Ce nouveau plan n'étant pas aussi étendu que l'ancien, n'exprimera plus les diverses propriétés particulières, mais seulement les différentes natures de culture dans chaque section. *Même instruction*, *titre IX.*

XI. Le nouveau plan sera, au surplus, absolument conforme à ce qui est prescrit par l'instruction du 10 ventose dernier; il sera divisé en sections qui seront déterminées de concert entre le géomètre et le contrôleur des contributions. *Même instruction*, *titre* VI, § III, IV *et* V.

XII. Dans le cas où l'ancien plan serait reconnu défectueux, et exigerait qu'on en levât un nouveau, cet ancien plan pourra toujours être utilement consulté pour les détails, et, rapproché du nouveau, il pourra servir de contrôle.

DEUXIÈME PARTIE.

Expertise des biens-fonds.

§ Ier. Le contrôleur et l'expert constateront d'abord si l'ancien allivrement est juste et égal entre tous les contribuables; à cet effet ils prendront dans une section, trois propriétés sur les revenus desquelles ils auront des renseignemens. Si le revenu de la première est de 1,000 francs, celui de la seconde de 2,000 francs et celui de la troisième de 3,500 francs, et que la première soit allivrée à un franc, la seconde à 2 francs et la troisième à 3 francs 50 centimes, ils en concluront que l'allivrement est juste pour la section.

Ils répéteront la même opération dans toutes les sections.

Ils feront ensuite la même comparaison entre diverses propriétés de différentes sections; et si les résultats sont les mêmes, ils en concluront que l'allivrement est égal entre tous les propriétaires de la commune.

II. L'allivrement de la commune reconnu juste, le contrôleur et l'expert feront, avec le plus grand soin, l'évaluation d'une ou de plusieurs propriétés dans chaque section. *Instruction du 22 pluviose an* 10.

III. Ils constateront par ce moyen, combien une livre ou un sou du cadastre ancien, donne de revenu actuel; et cette proportion bien constatée, ils en feront l'application à tout l'allivrement.

IV. Ils auront l'attention de faire rentrer dans l'allivrement les biens ci-devant privilégiés qui n'y auraient pas été compris.

V. Ainsi, par des procédés différens, ils arriveront aux mêmes résultats, et devront remplir, dans leur entier et suivant les intitulés des colonnes, les huit états annexés à l'instruction du 22 pluviose dernier; ils devront également dresser le procès-verbal d'expertise. Ils feront seulement, dans ces huit états et dans ce procès-verbal, les changemens qu'exigera la différence des procédés employés pour y parvenir.

VI. Si l'allivrement ancien était reconnu défectueux, et présentait des inégalités entre les propriétaires, soit par faute de l'ancien cadastreur, soit par les changemens que le laps des temps peut avoir occasionnés, il sera rejeté. Le contrôleur et l'expert procéderont alors à l'expertise, en suivant en tous points l'instruction du 22 pluviose.

VII. Ils pourront néanmoins, dans ces cas, se servir utilement, pour les détails, des anciennes évaluations; et ce sera toujours un guide dont ils pourront tirer un grand parti.

Conclusion.

Quelle que soit la manière dont l'arpenteur se servira de l'ancien plan, quel que soit l'usage que l'expert fera de l'ancien allivrement, le premier devra toujours en définitif fournir les trois copies du nouveau plan absolument telles que les exige l'instruction du 10 ventose dernier, et remettre au contrôleur *le tableau indicatif des diverses propriétés de la commune, et de leur contenance*, conforme au modèle annexé à la même instruction.

De même, l'expert devra toujours rédiger avec le contrôleur tous les états dont les modèles sont annexés à l'instruction du 22 pluviose dernier, sauf les changemens nécessaires.

Ainsi, pour les communes qui ont des plans et des cadastres, les procédés pour l'arpentage et l'expertise pourront varier; mais les résultats devront être absolument les mêmes, la plus grande uniformité devant régner dans toute l'opération.

Lettre du ministre des Finances aux Préfets.

Du 29 Floréal an XI.

Plusieurs départemens, citoyen préfet, jouissant de l'avantage d'avoir des communes cadastrées, j'ai pensé que l'on pourrait tirer un grand parti de ces cadastres, et abréger infiniment les nouvelles opérations de l'arpentage et de l'expertise dans toutes les communes qui ont un cadastre ou au moins un plan. J'ai approuvé, en conséquence, une instruction additionnelle à celle du 10 ventose dernier, et j'en joins ici un nombre égal d'exemplaires, dont vous voudrez bien faire la même distribution.

Cette instruction concerne plus particulièrement les départemens formés de la Savoie, du Piémont, de la Haute-Guyenne, et même de la Belgique; elle peut recevoir aussi son application dans quelques communes de l'Ile-de-France, du Bordelais et du Limousin.

Je vous serai obligé, citoyen préfet, de me faire connaître l'usage que vous pourrez faire de cette instruction, d'après les circonstances où se trouve à cet égard votre département.

Plusieurs préfets m'ont demandé si les traités qu'ils passent avec les géomètres sont susceptibles du droit d'enregistrement. Je vous observe, à cet égard, que tous les actes relatifs à ces nouvelles opérations étant purement administratifs, se trouvent dans le cas de l'exception prononcée par l'article II de la section III de la loi du 22 frimaire an 7.

CARRÉS DES PLANS.

§. Ier. Le géomètre tracera sur le papier destiné à recevoir les plans, et en partant d'une ligne indiquant en nombre rond de 1,000 mètres les distances à la méridienne et à la perpendiculaire de l'observatoire de Paris, des carrés d'un décimètre de base sur un décimètre de hauteur.

II. Chacun de ces carrés représentera à l'échelle d'un à 5,000, une surface de 250,000 mètres carrés ou centiares, qui égalent 25 hectares ou arpens métriques.

III. Pour former ces carrés, on tracera, sur toute l'étendue du papier, du sud au nord, des lignes parallèles, à la distance d'un décimètre, représentant 500 mètres sur le terrain; ces parallèles figureront des colonnes qu'on désignera par un ordre numérique placé à leur tête.

IV. Lorsque ces lignes seront ainsi formées, on obtiendra des carrés parfaits, par le moyen d'autres lignes également tirées de décimètre en décimètre de l'est à l'ouest.

V. Les carrés étant déterminés, on placera verticalement des lettres, par ordre alphabétique, aux extrémités des plans; de sorte que chaque lettre qu'on devra écrire, corresponde à chaque carré des extrémités de gauche et de droite, et par-conséquent à tous les carrés établis sur la même ligne horizontale.

La combinaison de cet ordre alphabétique, et de l'ordre numérique dont on a parlé au § III du présent titre, donnera le moyen de désigner tous les carrés, par *carré* A^1., *carré* A^2., *carré* A^3., *carré* B^1., *carré* B^2., *carré* B^3., *etc. etc.*; et de même pour chaque lettre et pour tous les numéros.

VI. Ces carrés offrent plusieurs avantages.

1°. Leurs cotés homologues tracés du nord au midi, forment des parallèles à la méridienne, sur l'une desquelles indifféremment le géomètre établira sa boussole ou déclinatoire, afin de prendre le degré de l'orientement de la planchette sur tous les divers points de station où il s'établira.

2°. Ils peuvent encore servir d'objet de comparaison aux figures du plan, et par conséquent être utiles, soit pour donner au géomètre un apperçu de son travail, soit pour vérifier approximativement ce même travail dans ses détails et son ensemble.

3°. Enfin, ces carrés doivent servir à vérifier les calculs du plan, ainsi qu'il sera ci-après expliqué.

CALCULS DES PLANS.

§. Ier. Pour calculer les plans avec plus de facilité et d'exactitude, et négliger le moins possible des fractions que l'échelle du plan ne permet souvent pas de saisir, les géomètres se serviront d'une échelle de 1 à 2,500 au lieu de celle de 1 à 5,000 à laquelle ils doivent construire les plans.

II. Cette échelle de 1 à 2,500 ayant une longueur double de celle de 1 à 5,000, réduira par conséquent au quart les produits du calcul des plans; mais on élevera successivement ces produits à leur valeur réelle par le moyen simple qui sera ci-après indiqué.

III. Le paragraphe VII du titre X de l'instruction, porte : « Les calculs de la superficie des plans devront donner » la contenance en hectares ou arpens métriques ;

» 1°. De chaque section de territoire ;

» 2°. De chaque nature de propriété comprise dans une » section ;

» 3°. De chaque nature de propriété comprise dans les » diverses sections, et numériquement désignée ;

» 4°. Des chemins, rivières, ruisseaux, forêts natio- » nales, et autres objets non imposables.

» 5°. Enfin, du territoire entier de la commune. »

Pour recueillir ces notions, les géomètres emploieront les différens cahiers et tableaux dont les modèles sont ci-joint et ci-après décrits.

PREMIER CAHIER DE CALCUL.

§. Ier. Ce premier cahier remplira dans son entier l'objet du §. III du titre précédent.

II. Le géomètre commencera par diviser en triangles, au crayon, chaque numéro ou figure du plan.

III. Il mettra aussi au crayon une lettre, par ordre alphabétique, dans chaque triangle du numéro qu'il calculera, afin d'éviter les omissions ou les doubles emplois.

IV. Les numéros ainsi divisés par triangles, chaque triangle sera désigné par une lettre : le géomètre calculera le plan, numéro par numéro, en se servant de l'échelle de 1 à 2,500 et du compas, avec lequel il prendra la base, et ensuite la hauteur de chacun des triangles divisant chaque numéro ; il les écrira dans la première colonne du cahier au-dessus de la première ligne ; les multipliera l'un par l'autre, et écrira au-dessous le produit de cette multiplication ; il transportera ce produit à la colonne suivante, ayant soin d'indiquer les arpens, les perches et les mètres, par les virgules qui doivent les faire distinguer.

V. Il continuera de calculer ainsi tous les triangles du même numéro.

VI. A la fin du calcul de chaque numéro, il additionnera les produits de tous les triangles que ce numéro comprendra : la somme obtenue par cette addition n'égalera que la moitié de la contenance réelle du numéro, par la raison que chaque triangle ayant dû être calculé, ainsi qu'il a été dit aux paragraphes I et II du présent titre, sur une échelle double en longueur de celle qui a servi pour sa construction, a d'abord perdu, par ce changement d'échelle, les trois quarts de sa valeur réelle ; mais il a récupéré le tiers de cette perte, lorsque (comme on le voit au paragraphe IV du présent titre) on a multiplié sa base par sa hauteur entière, au lieu de l'avoir fait par la moitié de sa hauteur. Ainsi, en doublant le produit obtenu, on aura la véritable étendue superficielle du numéro calculé.

VII. Le géomètre continuera de calculer ainsi tous les numéros, section par section.

VIII. Quand tous les numéros d'une section seront calculés, il les additionnera, et il aura la contenance d'une section.

IX. Le géomètre continuera de calculer ainsi chaque section figurée sur le plan, et il obtiendra, section par section, et par nature de propriété, la contenance de tous les biens-fonds de la commune.

X. Immédiatement après, il calculera les chemins, ruisseaux, rivières, rues, places publiques, etc.

XI. Pour calculer les divers objets énoncés au paragraphe précédent, le géomètre pourra se dispenser de les réduire en triangles ; il multipliera leur longueur par leur largeur ; et quadruplant le produit, à cause de la différence des échelles, il aura leur véritable étendue.

XII. Les chemins, et sur-tout les rivières et les ruisseaux, décrivant communément des lignes plus ou moins courbes, le géomètre aura égard aux sinuosités, en calculant successivement les portions qui présentent des lignes droites.

XIII. Lorsque les rivières dans leur cours, et les chemins

dans leur étendue, offriront des inégalités sensibles de largeur, le géomètre les calculera par le moyen des triangles.

XIV. Les forêts nationales n'étant point assujetties à la contribution foncière, le géomètre ne confondra point leur contenance avec celle des propriétés soumises à cette contribution; mais il les classera parmi les objets non imposables désignés dans le paragraphe précédent.

XV. L'addition du produit de tous ces calculs partiels, donnera, en dernier résultat, la contenance générale du territoire de la commune.

XVI. Le géomètre aura l'attention, pour prévenir toute erreur, de mesurer et calculer deux fois chaque triangle; ce qui assurera l'exactitude de cette opération essentielle.

SECOND CAHIER DE CALCUL.

§. Ier. L'objet de ce second cahier est de vérifier les calculs du premier.

II. Les carrés tracés sur le plan servent essentiellement à cette vérification.

III. Chacun de ces carrés représente 25 arpens métriques; et en supposant que le plan occupe en plein 35 carrés, on aura 35 fois 25 arpens, ou 875 arpens, qui égaleront la mesure du plan; mais il arrivera presque toujours que les extrémités du plan n'occuperont que des portions de carrés; et dès-lors la surface totale du plan égalera la somme des carrés pleins; plus, les portions des carrés qui seront coupés par le périmètre du plan.

IV. Le géomètre réduira en triangles les portions du plan excédant les carrés pleins; il mesurera et calculera tous ces triangles par le même procédé et avec la même echelle indiqués pour le calcul des numéros du plan.

V. Il ajoutera le produit de ces triangles, qu'on suppose de 296 arpens 78,06, aux 875 arpens représentés par les 35 carrés pleins; ce qui fera 1,171 arpens 78,06, formant la superficie totale du plan; et le résultat de ce second calcul devra être le même que celui obtenu par les calculs du premier cahier.

Cependant, s'il se trouve entre les résultats des deux cahiers une différence qui n'excède pas un hectare ou arpent pour 500, cette différence sera présumée provenir soit de l'imperfection des instrumens, soit des fractions qu'on a été dans la nécessité de négliger, et les calculs seront réputés exacts.

TROISIEME CAHIER.

§. Ier. Ce cahier est destiné à présenter la récapitulation des calculs du plan.

II. Cette opération se fera en recueillant sur le premier cahier les produits des numéros de chaque section, et successivement ceux des objets non imposables.

III. Ce troisième cahier offrira ainsi,

1°. La contenance du territoire imposable de la commune, par section et par nature de propriété comprise dans chaque section;

2°. La contenance des forêts nationales, des chemins, rues, places publiques, rivières ruisseaux, etc.;

3°. Enfin, la contenance de l'entier territoire de la commune.

TABLEAU INDICATIF

Des Contenances en arpens, par numéro ou nature de culture, et par section, du territoire de la commune.

§. Ier. Ce tableau que son titre désigne assez, se compose du dépouillement du troisième cahier.

II. Il est divisé en autant de colonnes qu'il peut se rencontrer de natures de culture à distinguer. A gauche, sont deux autres colonnes qui indiquent la section et les numéros dont dépendent les propriétés, et à droite est encore une autre colonne qui offre les totaux des contenances de chaque section.

III. Le total mis au pied de chaque colonne, est celui de la contenance générale de chaque nature de culture qui se trouve sur le territoire de la commune.

IV. Ces totaux réunis égalent ceux des sections, formés de la contenance des numéros qui leur correspondent.

V. Au-dessous des colonnes sont portés les objets non imposables; et leur étendue, réunie à celle des propriétés soumises à la contribution, forme la contenance générale du territoire de la commune.

VI. Tous les cahiers et le tableau se vérifient l'un par

l'autre, et doivent, pour être exacts, présenter les mêmes résultats.

VII. Les modèles et les exemples fournis aux géomètres sur le calcul des plans, dispensent de donner un plus grand développement à cette partie de l'instruction.

DÉSIGNATION ET PRIX

Des Instrumens de mathématiques à l'usage des Géomètres employés à l'opération ordonnée par l'arrêté du Gouvernement du 12 brumaire an XI, fabriqués par le citoyen LENOIR, *ingénieur-mécanicien au Dépôt des cartes de la marine, rue de la place Vendôme, et par le citoyen* LEREBOURS, *opticien, sur le Pont-Neuf.*

GRAPHOMÈTRE, de 2 décimètres de diamètre, sans boussole.......................... 50 fr.

Nota. Le déclinatoire destiné à la planchette peut s'adapter au graphomètre, et y remplacer avantageusement la boussole.

PLANCHETTE et son pied, genou en cuivre.... 44

ALIDADE de cuivre, de 5 décimètres, à lunette de 25 centimètres.......................... 42

Nota. L'alidade sans lunette et à pinnules, 36 fr. Les géomètres peuvent employer l'une ou l'autre de ces deux alidades; mais on observe que celle à lunette est plus favorable aux vues faibles, et que d'ailleurs elle permet d'étendre plus loin les rayons visuels.

DÉCLINATOIRE à chape d'agate.............. 20

DEUX COMPAS, l'un de deux décimètres, l'autre d'un décimètre, chacun 4 francs............ 8

DÉCAMÈTRE divisé en double décimètre, et dix piquets.................................. 15

TROIS ÉCHELLES en cuivre, dont l'une de 1 à 10,000, la seconde, de 1 à 5,000, et la troisième, de 1 à 2,500, 4 fr. chacune, les trois........... 12

Nota. Il suffira que le géomètre en chef soit

pourvu de ces trois échelles, qui lui serviront d'étalons pour en dresser de semblables sur des bandes de papier un peu fort, après les avoir, quelques heures auparavant, collées sur des règles de bois bien sec. Elles pourront alors servir aux opérations, sauf à les renouveler lorsque la pointe du compas les aura dégradées.

Lettre du citoyen Hennet, *aux Directeurs des contributions, relativement au papier de calque, pour les copies des plans.*

Du 14 Prairial an XI.

Le ministre, citoyen, ayant décidé que les plans des communes seraient dessinés à Paris, sous la direction des citoyens *Chanlaire* et *Laprade*, le géomètre en chef de votre département doit leur envoyer les minutes des plans, à mesure qu'elles seront achevées. Ce ne sont pas cependant les minutes mêmes qu'ils doivent envoyer, mais le calque de ces minutes, tracé sur du papier préparé à cet effet.

J'ai l'honneur, en conséquence, de vous faire passer du papier de calque. Il en faut au plus huit feuilles par commune : vous avez dix communes à arpenter, c'est quatre-vingt feuilles dont vous avez besoin. Vous n'en recevrez, par ce premier envoi, que le quart; le surplus vous parviendra incessamment.

Je présume bien que le géomètre en chef connaît l'usage de ce papier. Je ne crois pas cependant inutile de lui rappeler qu'il faut, avant de s'en servir, l'assembler avec de la colle à bouche, pour former, avec un nombre suffisant de ces feuilles, l'ensemble qui puisse couvrir la minute entière du plan à calquer.

Pour être calquée avec précision, cette minute doit d'abord être fixée sur une table, et étendue de manière à faire disparaître tous les plis.

On appliquera ensuite le papier de calque, qui doit être adapté avec soin et fixé sur cette minute.

Cette disposition prise, on calquera aisément le plan dans tous ses détails de traits et d'écriture, à la faveur de la transparence du papier; et pour éviter toute confusion, les limites du territoire, ainsi que celles de chacune des sections qui le composent, seront indiquées par un léger filet de couleur.

Cette opération terminée, on détachera le calque de la minute, et on l'y confrontera attentivement pour s'assurer de leur entière conformité.

Le calque collationné sera roulé avec soin et sans aucun pli, sur une feuille de papier, de manière à être garanti de toute altération.

Dans cet état, et après avoir été recouvert d'un papier fort, le rouleau sera remis dans une petite caisse que le géomètre vous remettra, et que vous adresserez au ministre par la poste ou par la diligence; elle me sera renvoyée, et je la ferai passer aux citoyens *Chanlaire* et *Laprade*. Cette caisse pourra servir ensuite pour le renvoi des deux expéditions des plans.

Vous voudrez bien, citoyen, remettre au géomètre en chef les feuilles ci jointes, et une copie de cette lettre pour lui servir d'instruction.

Le ministre desire vivement être bientôt à même de pouvoir présenter au Gouvernement les premiers plans de communes.

LETTRE *du ministre des Finances, aux Préfets, relativement aux demandes d'instrumens, formées par les Géomètres.*

Du 3 Messidor an XI.

Je suis informé, citoyen préfet, que plusieurs géomètres en chef ont besoin d'instrumens pour les opérations prescrites par l'arrêté du 12 brumaire dernier, et qu'ils ont à ce sujet formé des demandes dont beaucoup n'ont point encore été remplies.

Plusieurs de ces géomètres se sont adressés à moi; d'autres au commissaire du Gouvernement pour la répartition; d'autres aux directeurs du cours de géométrie pratique; d'autres enfin aux citoyens *Lenoir* et *Lerebours*, ingénieurs mécaniciens, qui ont offert de construire ces instrumens: il est même des géomètres en chef qui ont écrit à-la-fois à plusieurs personnes pour le même sujet; ce qui ne pouvait manquer de présenter de l'incertitude, et de mettre de la confusion dans le véritable objet de leurs demandes.

D'un autre côté, les géomètres, en écrivant aux citoyens *Lenoir* et *Lerebours*, et en leur promettant le paiement des instrumens qu'ils desirent, ne disent rien de précis sur le mode et l'époque de ce paiement.

Un pareil état de choses, citoyen préfet, ne peut que nuire à la célérité qu'il convient d'apporter dans la confection des instrumens, et m'a paru nécessiter une mesure qui régularisât la correspondance à cet égard.

Voici en conséquence la marche que j'ai cru devoir être suivie.

Lorsque les géomètres en chef chargés de l'arpentage des communes, auront besoin d'instrumens, ils en formeront la demande par écrit au directeur des contributions, qui la transmettra au commissaire du Gouvernement pour la répartition.

Le commissaire du Gouvernement adressera successivement ces demandes aux citoyens *Lenoir* et *Lerebours*.

Le directeur des contributions, auquel ces instrumens seront envoyés pour en faire la remise aux géomètres, vous en référera, citoyen préfet, pour que la retenue du prix de ces instrumens ait lieu en vertu du mandat délivré par vous, et pour qu'elle s'opère sur les paiemens de l'indemnité accordée aux géomètres.

L'avance que vous devez faire au géomètre ne peut éprouver de retard; vous êtes autorisé à en prendre le montant sur le fonds des dépenses variables de l'an XI, qui est mis, tous les mois, par douzième, à votre disposition.

Sur cette avance que vous ferez au géomètre, le directeur des contributions retiendra le montant du prix des instrumens, et il remettra cette somme au receveur général, pour que celui-ci délivre des mandats en vertu desquels l'agence des receveurs généraux à Paris paiera les artistes qui auront livré ces instrumens.

Ce mode m'a paru réunir le double avantage d'empêcher, d'une part, que les demandes des géomètres en chef présentent de l'incertitude sur leur véritable objet; et d'autre part, de donner aux artistes qui livreront ces instrumens, l'assurance du paiement exact de leurs fournitures et la plus grande facilité pour l'obtenir.

Vous voudrez bien, citoyen préfet, faire part au géomètre en chef de ces dispositions, pour qu'il ait à s'y conformer.

LETTRE du citoyen HENNET *aux Directeurs des contributions.*

Du 26 Messidor an XI.

Le ministre, citoyen, envoie au préfet de votre département une instruction supplémentaire à celle du 22 pluviose dernier, pour l'expertise des communes arpentées. Je joins ici une copie de sa lettre et plusieurs exemplaires de l'instruction; vous voudrez bien en remettre une à chaque contrôleur.

LETTRE du Ministre des finances, aux Préfets.

Du 26 Messidor an XI.

J'ai l'honneur de vous envoyer, citoyen préfet, une instruction supplémentaire à celle du 22 pluviose dernier, pour l'expertise des communes arpentées : vous en trouverez un nombre suffisant d'exemplaires pour les experts que vous avez chargés de cette opération.

J'en ai ajouté un pour le géomètre en chef, que les articles I et II concernent particulièrement; je vous serai obligé de veiller à ce qu'il s'y conforme exactement.

INSTRUCTION supplémentaire pour l'expertise des communes arpentées; approuvée par le ministre des Finances, le 16 Messidor an XI.

L'arpentage des communes est en activité dans presque tous les départemens; déjà même un assez grand nombre de communes sont arpentées. Les experts sont dès-lors en état de commencer leurs opérations : il ne reste à ajouter, aux instructions qui leur ont été données, que quelques observations sur le parti qu'ils peuvent tirer des plans levés par les géomètres.

Il semble difficile, au premier coup-d'œil, que, sur un plan qui ne présente, pour chaque section de commune, que la masse de chaque nature de culture, l'expert puisse déterminer en combien de classes chacune de ces masses doit se partager.

L'expert trouve, par exemple, d'après le plan, que dans la section A il y a en masse 760 arpens métriques de terres labourables, 390 arpens de prés, etc.; mais s'il juge que telle portion des terres, située au midi, est de première classe, telle portion située à l'est, de seconde classe, et telle autre située au nord, de troisième classe; comment parviendra-t-il à connaître combien d'arpens la première classe prend sur la totalité des 760 arpens, combien en prennent la seconde et la troisième ?

Il est cependant un moyen facile d'y parvenir, pris dans la manière dont le plan lui-même est levé et tracé. Il est un moyen de faire ressortir, de ce plan de masse, un plan de détails, un véritable parcellaire.

Avant d'en donner l'explication, il est nécessaire de poser quelques principes préliminaires qui commenceront déjà à diminuer les difficultés.

Sans doute, une étendue de terrain de même nature de culture, peut présenter, dans sa fertilité, des nuances sensibles, que l'expert doit toujours saisir et quelquefois distinguer dans la classification et le classement des propriétés; mais aussi, quelque varié que soit, dans sa qualité, le territoire d'une commune, il n'est pas ordinaire que cette variation soit remarquable dans une masse souvent très-circonscrite, si toutefois les diverses parties qui la composent sont entretenues avec le même soin.

On rappellera ici un principe général qui ne souffre que peu d'exceptions; c'est que la contribution foncière n'atteint point l'industrie du cultivateur, d'où l'on doit tirer cette juste conséquence, qu'elle est sans égard pour sa négligence.

L'expert devra donc rechercher, avec attention, la cause des différences qu'il apercevra dans une même masse, et s'assurer si ces différences dérivent d'une culture bien ou mal soignée, relativement aux travaux agricoles usités dans le pays, ou bien si elles sont inhérentes à la qualité ou à la situation du sol. Ce n'est que dans ce dernier cas qu'il devra faire une distinction, et c'est aussi ce seul cas qui a motivé les nouvelles dispositions qu'on va prescrire.

Art. I. Le titre XIII de l'instruction sur la levée des plans, est considéré comme non avenu : en conséquence, le géomètre ne restera point dépositaire de la minute de ses opérations. Il en fera la remise au contrôleur des contributions, mais il aura la faculté d'en retirer une copie, soit avant cette remise, soit dans les trois mois qui la suivront.

II. Lorsque le plan d'une commune sera levé et calculé, le géomètre, avant d'en faire la remise, tracera sur toute son étendue, en traits fins et à l'encre rouge, des carrés de 50 mètres de haut sur 50 mètres de large, mesurés à l'échelle de 1 à 5,000.

III. Les carrés représentant 25 hectares ou arpens métriques qui existeront déjà sur le plan, conformément à l'instruction sur les calculs, se trouveront dès-lors sous-divisés chacun en cent parties égales par les nouveaux carrés qui représenteront chacun 25 ares ou perches métriques.

IV. Lorsque l'expert aura déterminé sur le terrain, que depuis tel point jusqu'à tel autre, les terres sont de première classe, il cherchera ces deux points sur le plan ; il comptera combien cet intervalle renferme de carrés ; chaque carré contenant 25 perches, si l'intervalle renferme 6 carrés, il en conclura qu'il y a six fois 25 perches ou 150 perches, ou un arpent et demi de terre de première qualité.

V. Si un carré se trouvait coupé, l'expert pourrait ou subdiviser ce carré en 10 autres, ou apprécier la portion du carré qui appartient à la classe dont il cherche l'étendue.

VI. L'expert ayant ainsi constaté le nombre des arpens ou perches de terres de première qualité, écrira ce nombre sur le plan, au centre de l'intervalle autant qu'il le pourra, et mettra au-dessous de ce nombre, *première classe.*

VII. Il fera de même pour les terres de seconde, et ensuite pour celles de troisième classe.

VIII. S'il n'y a point de place sur le plan pour écrire le nombre d'arpens et l'indication de la classe, l'expert mettra un N°. qui renverra à une table sur laquelle il portera ce qu'il n'aura pu copier sur le plan.

IX. Si l'expert ne trouvait pas sur le plan les points à

l'aide

l'aide desquels il aurait circonscrit sur le terrain l'étendue de chaque classe, il y suppléerait en se faisant déclarer par les indicateurs, ou en cherchant sur les anciennes matrices de rôles, le nombre d'arpens que contient l'intervalle circonscrit; puis mesurant avec le compas, d'après l'échelle indiquée par la carte, il parviendrait à tracer cette circonscription sur le plan.

X. L'expert reconnaîtra facilement et rectifiera ses erreurs, en additionnant le nombre d'arpens ou de perches de chaque classe; le total de cette addition devant égaler le nombre d'arpens et de perches indiqué par le géomètre pour la masse entière.

XI. Ayant ainsi opéré sur chaque nature de culture, dans chaque section de la commune, l'expert aura obtenu des notions nécessaires pour remplir le tableau de la classification des propriétés foncières et celui de leur classement, conformément aux instructions et aux modèles qui lui ont été remis.

CENTIMES ADDITIONNELS.

POUR LES FRAIS DE LA GUERRE.

Lettre du ministre des Finances aux Préfets.

Du 23 Messidor an XI.

Les conseils généraux, citoyen préfet, convoqués extraordinairement, ont voté, pour les frais de la guerre, des centimes additionnels aux contributions directes.

Si cette mesure, dans votre département, a été connue et approuvée avant que les rôles fussent commencés, ces centimes additionnels peuvent, sans inconvénient, être compris dans ces rôles; mais dans le cas contraire, les rôles qui se trouvent maintenant expédiés ne doivent pas être recommencés; ce travail important ne doit même souffrir aucune interruption. Pour assurer, au surplus, dans ce dernier cas, l'exécution de la délibération du conseil général, il suffira de prendre un arrêté spécial contenant un tarif qui puisse mettre le contribuable à portée de voir quelle est la somme proportionnelle à sa cote qu'il doit supporter pour cet objet. Cet arrêté devra recevoir la plus grande publicité, et être même affiché chez tous les percepteurs.

Par ce moyen, la confection des rôles, qui ne pourrait, sans les plus graves inconvéniens, être reculée au-delà des époques que j'ai déterminées, n'éprouvera aucun retard.

Je vous serai obligé, citoyen préfet, de m'accuser la réception de cette lettre, et de me faire part des mesures que vous aurez prises pour l'exécution des dispositions qu'elle renferme.

TABLE ALPHABÉTIQUE DES MATIERES

CONTENUES dans le Troisième Supplément.

A.

B.

C.

tition, 57. Premières opérations pour établir celle de l'an XII, 49. Mutations à faire aux matrices des rôles, 53. Sa répartition pour l'an XII, 56. Les officiers d'état-major et autres à résidence fixe, y sont assujettis, 59. Décisions ministérielles sur la taxe somptuaires des officiers en activité de service, la réimposition des décharges, la contribution mobilière d'un patentable, d'un défunt, des ministres du culte, des célibataires, des vieillards, et les doubles habitations, 61 et 62.

Contributions Indirectes (Les), sont prorogées pour l'an XII, 14.

Contributions (Direction des) : ses fonctions, 139 et suiv. Voyez *Directeurs des Contributions.*

Contrôle, (Arrondissement de) fixé pour chaque inspecteur des contributions, 142.

Contrôleur général des Recettes, (La place de) est supprimée, 105.

Contrôleurs des Contributions (Les) se procurent l'état des mutations proposées pour les matrices des rôles, 53; jouissent de la franchise des ports de lettres, 140; rédigent les procès-verbaux d'évaluation du territoire, 150; accompagnent l'expert estimateur à cet effet, 155; adressent son travail au directeur des contributions, 198; doivent opérer d'après le nouveau système des poids et mesures, et en noms vulgaires, 224.

Convois militaires : (Entrepreneurs de) décision sur leur patente, 87.

Copies des procès-verbaux d'arpentement et du plan : l'arpenteur doit en faire trois, 154.

Cote mobilière : elle n'est due par le patentable qu'à raison de la valeur locative de son habitation personnelle, 62.

Cours pratiques d'arpentage (Les) encouragés par le minstre des finances, 215.

Crédit ouvert pour les dépenses des années 5, 6, 7 et 8, 9, 10, 11 et 12, *p.* 9 et suiv.

Culture : (frais de) manière de les estimer, 157 et 161.

D.

Décharges (Demandes en) pour double emploi : délai pour y statuer, 137. Voyez *Contribution mobilière.*

G.

H.

I.

J.

L.

M.

N.

N.

O.

P.

valeur, 86 ; les adjudicataires des fourrages, des droits de passe, d'octroi, de poids et mesures, entrepreneurs de subsistances et de transports militaires, *ibid.* ; les prêteurs d'argent, 87 ; la remise des percepteurs, 88.

Patentables (Le) doit la cote mobilière à raison de la valeur locative de son habitation personnelle, 62.

Pâtis. Voyez *Pâtures.*

Pâtures plantés d'arbres (Les) s'estiment de la même manière que les vignes, prairies et terres plantées, 163.

Payeurs divisionnaires et généraux : leur cautionnement, 104.

Pensions. Voyez *Rentes viagères.*

Percepteurs (Centimes additionnels pour les remises des), 24. Mode de paiement de ces remises, 85, 88 et 101 Il en est nommé d'office dans les communes dont les rôles sont au-dessous de 15,000 francs, 101. Ceux qui refusent après trois mois la remise de leurs rôles, sont poursuivis comme retentionnaires de deniers, 102.

Perception (Mode de la) pour l'an XII, 99. Etablissement de receveurs particuliers dans les villes où la perception est au-dessus de quinze mille francs, *ibid.* Décisions relatives à la perception, et qui traitent, 1°. des contraintes contre les percepteurs qui refusent de remettre leurs rôles ; 2°. des obligations des cautions des percepteurs insolvables ; 3°. des quittances pour solde délivrées aux percepteurs ; 4°. des centimes réservés aux communes, 101 et suiv.

Périmètre du territoire et du chef-lieu : opérations relatives à leur établissement par les géomètres-arpenteurs, 234, 238.

Perquisition (Procès-verbaux de) pour constater l'insolvabilité ou l'absence des receveurs, 107.

Plans (Bases principales des) des géomètres-arpenteurs chargés du nouvel arpentage, 153. Instruction pour l'échelle, l'orientement, la levée, la réduction, le dessin, et la copie de ces plans, 211, 217, 229, 230, 233, 235, 236, 237, 238, 241, 244, 245, 246, 251 et 256.

Poids anciens (Tableau comparatif des) avec les nouveaux : nécessité d'en faire usage pour l'expertise, 193, 223 et 225.

Poids et mesures : (Adjudicataire des) décision sur sa patente, 87.

Poids public, (Le revenu des communes s'accroît par l'établissement d'un) 93.

Ponts (Les) doivent être imposés à la contribution foncière, 56.

Portes et fenêtres (Contribution des) pour l'an XII, 14.

Q.

Queue d'étang : mode de son estimation, 165.

Quittance pour solde en comptabilité ne libère pas le percepteur, 103

R.

Rattachement (Le) est une des trois bases principales de l'arpentage : instruction sur la manière de l'exécuter, 153, 230, 231.

Recettes et dépenses (L'apperçu des) est divisé par chapitres, 93. Les percepteurs n'ont droit à des remises que sur les recettes effectives, 103. Voyez *Receveurs.*

Receveurs généraux, leur cautionnement, 104. Ils reçoivent un double des bordereaux, des bons et mandats donnés en paiement des contributions, 108. Ils ont le tiers du centime par franc sur la taxe des routes, 107. Compte rendu par le ministre du trésor public sur le traité passé pour l'an XI, avec eux, pour assurer et régulariser le service des finances, 110. Extrait de l'instruction du ministre des finances, qui traite des recettes en général, de la tenue des écritures, et de la comptabilité des receveurs, 114. Comment ils doivent justifier au ministre du trésor public de l'acquittement de leurs obligations, 115, Manière dont ils doivent rendre leurs comptes, 117 ; dont ils font connaître au ministre du trésor public les recettes qu'ils ont faites dans le mois, 108 et 120. Comment ils doivent faire les versemens et envois de leur recette au trésor public, 124. Formes à suivre en cas de mutations, 126. Leurs obligations relativement à la tenue de leurs livres de caisse, et peines qu'ils encourent faute d'un enregistrement exact de leurs recettes et dépenses, 132.

Receveurs municipaux (Les) ne peuvent payer une somme plus forte que celle portée au chapitre, sous peine de responsabilité, 94. Celui de Paris ne peut être destitué que par le gouvernement, 98.

Receveurs particuliers. Il en est établi dans les communes où les rôles sont au-dessus de 15,000 francs, 99. Obligations de celui de la ville de Paris, 97 et 98. leur cautionnement, 104.

Réclamations, (Jugemens des) 135, 136 et 147.

Récolte (Proportion de la) à la semence, 159.

Réductions de la contribution somptuaire. Voyez *Contribution mobilière*, 62.

Régie (La) de l'enregistrement est chargée des poursuites

Fin de la Table des Matières.

Editions du CODE CIVIL *in-4°, in-8°, et in-32, format de poche, qui se trouvent chez* RONDONNEAU, *au dépôt des Lois.*

RECUEIL DES LOIS composant le Code civil, avec les Discours, Rapports et Opinions prononcés, tant au Tribunat qu'au Corps législatif, format *in*-8°. caractères *cicéro*, beau papier. 5 vol. *in*-8°. Prix *quinze francs* et *vingt francs*, franc de port.

CODE CIVIL, ou Recueil contenant le Texte seul des Lois décrétées en l'an XI, avec les formules de promulgation, et Tables chronologique et alphabétique des matières *in*-8°. caractères *cicéro*, beau papier, 1 fr. 80 cent.; — 2 fr. 40 cent. franc de port.

CODE CIVIL, format *in*-32, pour mettre dans la poche, en petit texte, jolie édition, 1 fr. 20 cent.; — 1 fr. 50 cent.

DICTIONNAIRE DU CODE CIVIL ou Table analytique des matières contenues dans les titres du Ier. et du IIIe. livres du Code civil décrétés en l'an XI; ouvrage qui peut s'appliquer à toutes les éditions du Code civil, et suppléer même le texte, les dispositions presque textuelles étant rapportées sous chaque mot dans l'ordre alphabétique : un vol. *in* 8°. 5 fr. 75 c. *franc de port.*

RECUEIL des Lois composant le Code civil, texte seulement, format *in*-4°. en feuilles détachées, 4 fr. — 5 fr. franc de port. *On vend séparément chaque Loi à raison de* 30 *cent. la feuille* (six sous) *prise à Paris*, *et* 35 *cent. franc de port.*

PROCÈS-VERBAUX du Conseil d'Etat, par le citoyen LOCRÉ, secrétaire-général du Conseil d'Etat. Edition originale, *in*-4°. Le prix de la Souscription est de 7 francs 50 cent. pour recevoir, *franc de port*, cinquante feuilles, dont chaque livraison est composée.

Les PANDECTES françaises, ou Recueil complet de toutes les Lois en vigueur, contenant les Codes civil, criminel, de Commerce, Militaire, de Marine, Judiciaire, et les dispositions des autres Lois, soit Romaines, soit Coutumières, soit Edits, Ordonnances ou Déclarations, soit Décrets que ces Codes laissent subsister, avec des Observations sur chaque matière, J. B. D. et P. N. R. C. anciens Avocats, Jurisconsultes des Universités de Paris et d'Orléans. — Premier volume, contenant partie du *Code Civil.* Prix 5 fr. — 6 fr. 50 cent. *franc de port. Les autres volumes se succèderont rapidement.*

Abrégé méthodique des Lois civiles et du Droit commun de la France, considéré dans ses rapports avec le Code civil, 2 vol. *in*-8°. Prix 6 fr. — 7 fr. 50. cent. *franc de port.*

Conférences sur les Lois formant le Code civil, suivies d'une Table alphabétique, très-ample, et pouvant servir de Manuel, par le citoyen Hua, jurisconsulte, auteur des Notions élémentaires sur le régime hypothécaire, 2 vol. *in*-12, 6 fr. — 7 fr. 50 cent. *franc de port.*

Code des Successions, ou Traité complet des dispositions du Code civil, relatives aux Successions Donations Testamens, partages etc.. avec des modèles des principaux actes, rédigés d'après les formes nouvelles, et le texte des Lois et des Discours des citoyens Treilhard, Bigot-Préameneu et Siméon, par A. Firmigier-Lanoix, Jurisconsulte, membre de l'Académie de législation, 2 vol. *in*-12, 6 fr. — 7 fr. 50 cent.

Code de l'Etat civil, ou Traité complet des dispositions du Code civil relatives aux Naissances, Mariages, Décès, Divorce et Adoption, avec des formules, 1 vol. *in*-12, 1 fr. 50 cent. — 2 francs.

Code matrimonial, ou Traité complet des dispositions du Code civil relatives au Mariage et au Divorce, avec des formules, *in*-12.

Code de la Tutelle et de la Curatelle, ou Traité complet des dispositions du Code civil, relatives à la Minorité, à l'Emancipation, à la Puissance paternelle, à l'Adoption et Tutelle officieuse, avec des formules, *in*-12. (*Ces trois Codes paraîtront en vendémiaire an XI*).

Nota. Les Fonctionnaires publics jouissent, sur tous les Ouvrages de fonds du Dépôt, d'une remise de 10 pour cent lorsque la demande est de 50 francs; de 15 pour cent, lorsqu'elle est de 100 francs, et de 20 pour cent, lorsqu'elle est de 250 francs. Leur intérêt est de former des demandes collectives.

www.ingramcontent.com/pod-product-compliance
Lightning Source LLC
Chambersburg PA
CBHW032329210326
41518CB00041B/1800
* 9 7 8 2 0 1 1 3 0 6 4 6 3 *